21世纪高等职业教育精品教材 · 金融类

保险实务

（第二版）

杨华　主编

鞠文欣　副主编

BAOXIAN SHIWU

东北财经大学出版社
Dongbei University of Finance & Economics Press
大连

图书在版编目（CIP）数据

保险实务 / 杨华主编．—2版．—大连：东北财经大学出版社，2024.11．—（21世纪高等职业教育精品教材·金融类）．
ISBN 978-7-5654-5364-9

Ⅰ．F840.4

中国国家版本馆CIP数据核字第2024QF7465号

东北财经大学出版社出版
（大连市黑石礁尖山街217号　邮政编码　116025）
网　　址：http://www.dufep.cn
读者信箱：dufep@dufe.edu.cn

大连图腾彩色印刷有限公司印刷　　东北财经大学出版社发行

幅面尺寸：185mm×260mm　　字数：312千字　　印张：14
2024年11月第2版　　2024年11月第1次印刷

责任编辑：李丽娟　王　玲　　责任校对：刘贤恩
封面设计：原　皓　　版式设计：原　皓

定价：45.00元

教学支持　售后服务　联系电话：（0411）84710309

如有印装质量问题，请联系营销部：（0411）84710711

第二版前言

本书系淄博职业学院校级混合式教学改革课程、思政课程、精品资源共享课程“保险实务”的主要成果。

第二版教材的特色主要有：

（1）思政引领，德技并修。本教材以习近平新时代中国特色社会主义思想为指导，坚持正确的政治方向和价值观，将保险职业素养培养理念贯穿全书，践行党的二十大精神，全面落实立德树人的根本任务，培养学生诚信做事、诚信做人、诚信立业的良好品质和职业素养。

（2）知识点和技能点由浅入深，层层递进。书中尽量简化概念的讲述与描述，从岗位工作所需的关键知识点入手，汇集了多个真实的案例，帮助学生理解知识点的应用。另外，本书配套提供不同学时的教学大纲，便于教师分层次安排教学。

（3）通俗易懂，易学易教。遵循职业院校学生的认知规律，对于理论性强的内容，融入编者多年的保险实务教学经验，尽量做到通俗易懂、精简完善。书中还以“教学互动”“案例分析”“拓展阅读”等栏目形式，对重点概念、知识点和技能点予以提示和巩固，有利于读者对内容的理解和把握，增强了本书的可读性和趣味性。

（4）资源丰富，新形态一体化。在本书的编写中，深化产教融合、校企合作，吸收企业财经专家参与编写，校企“双元”合作开发，突出“做中学、做中教”的职业教育教学特色。本书配套有教学大纲、教学计划、教学课件、习题与实训参考答案、微课、视频等相关教学资源。

本书由淄博职业学院杨华教授任主编，鞠文欣任副主编，马晗悦、王菡参与编写，太平洋保险公司淄博分公司的李萍对书稿进行审阅并提出了修改意见。本书具体编写分工如下：杨华编写项目一，马晗悦编写项目二，鞠文欣编写项目三，王菡编写项目四，最后由杨华总纂、定稿。

本书参考和引用了国内许多作者的观点和有关资料，在此谨向相关作者表示深深的谢意。由于编者水平有限，书中疏漏之处在所难免，恳请广大读者指正。

编　者

2024年7月

第一版前言

自姜大源教授提出“工作过程系统化课程理念”以来，高等职业教育课程改革出现了新气象。为了解决“保险实务”课程授课教师长期以来面临的教学内容抽象、学生学习难度大的困扰，本书编者在校级精品资源共享课程建设中，不断尝试、总结经验，终于探索出这样一本系统化的教学用书。

本书采用“项目-任务”式结构形式，分为保险基础、财产保险实务、人身保险实务、管理保险公司4个项目，囊括16个任务，突出体现了保险从业人员必须掌握的基本保险知识和实用技能。本书注重知识应用，以实践为主，大量引用实际案例，使初学者形成对保险的正确认识，激发对保险职业的热爱。本书可供高等职业院校金融类专业的学生使用，也可作为有志于从事保险行业的人员的入门之书。

本书系淄博职业学院校级精品资源共享课程教材，主要特点有：

（1）结构新颖。本书摒弃了传统知识体系的章节结构形式，改用工作体系的“项目-任务”式结构形式。项目来源于保险从业人员岗位工作分析确定的工作内容，任务来源于完成工作项目的工作过程。按照本书组织教学，能够达到按照工作过程的逻辑来组织教学进程的目的，实现教、学、做一体化。

（2）内容实用。本书的内容不再依据传统保险实务课程的理论知识体系编写，而是根据保险从业人员岗位的工作内容编写。教学内容的选取从岗位工作所需的关键知识点入手，并汇集了多个真实的案例，帮助学生理解知识点的应用。

（3）实训丰富。本书不再停留在对课程内容的直接描述，而是十分注重对保险基础知识和理论的应用。本书在每一个任务前，精心设计了导入案例，之后设计有综合实训题，不仅包括案例分析题，还包括保单填写训练，可以有效地锻炼学生的实践操作能力。

（4）数字化资源丰富。本教材配套有在线课程平台，教学所需的基本资料（如课程标准、授课计划、课件等）和扩展资源（如从业考试资料、保险单样本、从业现场视频等）都可在平台上找到。在线课程平台网址为：http：//xdjy.zbvc.cn/meol/jpk/course/layout/newpage/index.jsp?courseId=20896。

本书由淄博职业学院杨华副教授任主编，崔玉娟副教授、程雷博士任副主编，陈亮讲师、张莎莎讲师、鞠文欣讲师参与编写，太平洋保险公司淄博分公司的李萍给予了大力支持。本书具体编写分工如下：杨华编写项目一，崔玉娟和鞠文欣编写项目二，程雷和陈亮编写项目三，张莎莎和李萍编写项目四，最后由杨华总纂、定稿。

本书参考和引用了国内许多作者的观点和有关资料，在此谨向相关作者表示深深的谢意。由于编者水平有限，书中疏漏之处在所难免，恳请广大读者指正。

编　者

2019年5月

目录

项目一

保险基础

学习目标

知识目标：1.了解保险的含义、特征、要素、种类、功能及其相互关系；
2.熟悉保险合同的特征、种类、主体、客体、内容、形式、常见条款和一般法律程序；
3.掌握保险的基本原则。

技能目标：1.为客户讲解一份保险合同；
2.结合保险案例，正确运用基本原则。

素养目标：1.关注我国政府推广政策性农业保险，关注“三农”发展，培养学生爱国情怀；
2.理解权利和义务之间的关系，培养公平观念；
3.了解最大诚信原则，培养诚信观念。

项目思维导图

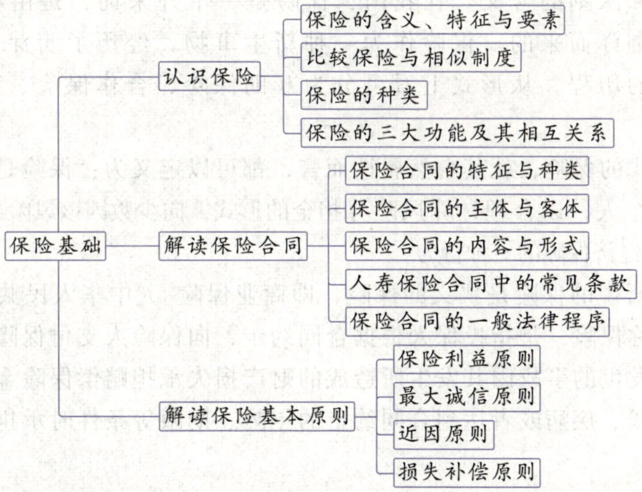

任务1 认识保险

案例导入

狮子和老鼠

一只狮子躺在树下打盹，一只老鼠走过来问道："大王，您需要我帮忙吗？"狮子鄙夷地对老鼠说："我是百兽之王，你那么小的个子，能帮我什么？快滚开！"

过了几天，狮子在森林中掉入了猎人的陷阱，被绳索绑在了树上。正当它无计可施、痛哭不已时，老鼠跑过来，用牙齿咬断了绑在狮子身上的绳索，使狮子重新获得了自由。

正如一只小老鼠能给强大的狮子以自由，有时一点小小的投资也会给我们带来一生幸福。

资料来源：作者根据相关资料整理。

思考题：人们为什么会购买保险？保险具有哪些功能？

❖ 活动1 解析保险的含义、特征与要素

一、掌握保险的含义

微课1-1

保险的含义

"保险"是一个在我们的日常生活中出现频率很高的名词，其一般是指办事稳妥或有把握的意思。但是在保险学中，"保险"一词有其特定的内容和深刻的含义。在我国，保险是一个外来词，是由英语"insurance"一词翻译而来的。保险作为一种新生事物，经历了萌芽、产生、成长和发展的历程，从形式上看可分为互助保险、合作保险、商业保险和社会保险。

无论何种形式的保险，就其自然属性而言，都可以定义为：保险是集合具有同类风险的众多单位和个人，以合理计算风险分担金的形式，向少数因该风险事故发生而受到经济损失的成员提供经济保障的一种行为。

通常，我们所说的保险是狭义的保险，即商业保险。《中华人民共和国保险法》明确指出：本法所称保险，是指投保人根据合同约定，向保险人支付保险费，保险人对于合同约定的可能发生的事故因其发生所造成的财产损失承担赔偿保险金责任，或者当被保险人死亡、伤残、疾病或者达到合同约定的年龄、期限等条件时承担给付保险金责任的商业保险行为。

教学互动

（判断题）保险就是当被保险人死亡、伤残、患病或者达到合同约定的年龄期限时，承担给付保险金责任的互助行为。（　　）

二、掌握保险的特征

微课 1-2

保险的特征

保险的特征，是指与其他经济活动相比，保险活动所表现出的基本特点。一般而言，商业保险具有以下四个基本特征：经济性、互助性、法律性和科学性。

（一）经济性

保险是一种经济保障活动，是整个国民经济活动的一个有机组成部分，其保障对象包括财产和人身，采取支付货币的形式进行补偿或给付，保障的目的是有利于经济发展。

（二）互助性

保险具有“一人为众，众为一人”的互助特性。在一定条件下，保险通过保险人用投保人交纳的保险费建立的保险基金对少数遭受损失的被保险人提供补偿或给付的形式，分担了个别单位或个人所不能承担的风险，从而形成了一种经济互助关系。

（三）法律性

保险的法律性主要体现在保险合同上。法律是保险行为的规范和实现的条件，而且法律也是保险组织和某些保险业务活动（如法定保险、责任保险等）产生的前提条件。此外，对保险的监督管理也是以法律为依据的。

教学互动

（单选题）保险的法律性主要体现在（　　）上。

A.保险索赔　　B.保险合同　　C.保险监管　　D.保险纠纷

（四）科学性

保险是以科学的方法处理风险的一种有效措施。现代保险经营以概率论和大数法则等科学的数理理论为基础，保险费率的厘定、保险准备金的提存等都是以科学的数理计算为依据的。

三、熟悉保险的要素

保险的要素，是指进行保险经济活动所应具备的基本条件，包括五个方面，如图1-1示。

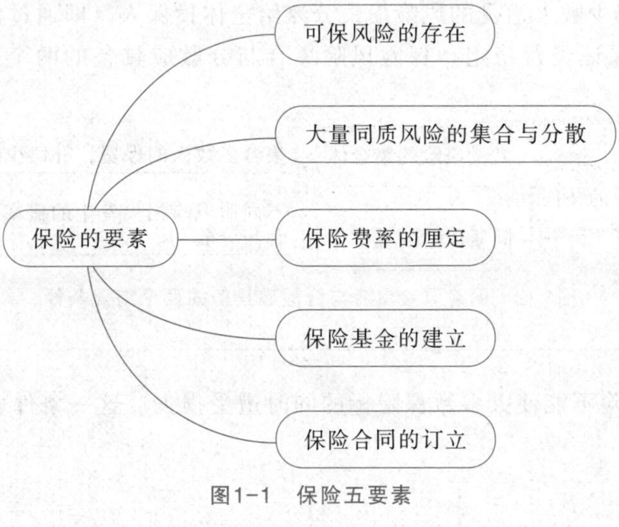

图1-1　保险五要素

（一）可保风险的存在

可保风险也称可保危险或保险危险，是指符合保险人承保条件的特定风险。理想的可保风险应具备六个基本条件：

1.风险应当是纯粹风险

风险是一种只有损失机会、没有获利可能的风险。纯粹风险引起的事故构成可保风险的基础。

2.风险应当具有不确定性

风险是否发生是不确定的，风险发生的时间是不确定的，风险发生的原因和结果是不确定的。

3.风险应该使大量标的均有遭受损失的可能

这一条件要求大量性质相近、价值相近的风险单位面临同样的风险。

4.风险应该有导致重大损失的可能

风险一旦发生，由其导致的损失是被保险人无力承担的，假如采用自保等方式自行承担，也是一种不经济的选择。

5.风险不能使大多数保险标的同时遭受损失

如果大多数保险标的同时遭受重大损失，则保险人通过收取保险费建立的保险基金就无法补偿所有损失。

6.风险应当具有现实的可测性

保险的经营要求制定准确的费率，费率的计算依据是风险发生的概率及风险所导致标的损失的概率，因此，风险必须具有可测性。

教学互动

（单选题）纯粹风险引起的事故构成保险危险的（　　）。

A.结果　　B.原因　　C.前提　　D.基础

（二）大量同质风险的集合与分散

保险人通过保险将众多投保人所面临的分散性风险集合起来，当发生保险责任范围内的损失时，又将少数人遭受的风险损失分摊给全体投保人，即通过保险的补偿或给付行为分摊损失或保证经营稳定。保险风险集合与分散应具备的两个前提条件如图1-2所示。

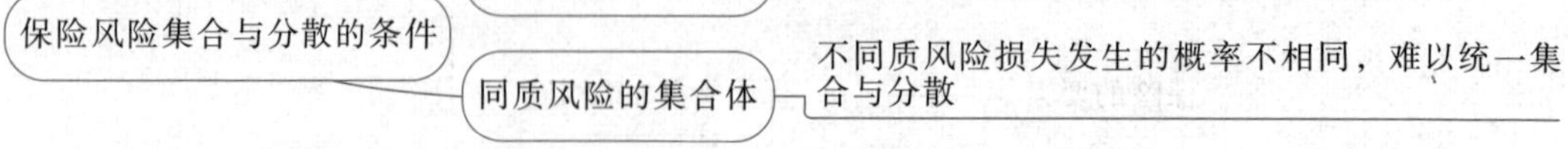

图1-2　保险风险集合与分散应具备的两个前提条件

教学互动

（单选题）风险不能使大多数保险标的同时遭受损失。这一条件表明损失的发生具有（　　）。

A.分散性 B.规律性 C.可测性 D.稳定性

(三)保险费率的厘定

保险是一种经济保障活动，而从经济角度看则是一种特殊商品交换行为，即厘定保险费率，其构成了保险的基本要素。

厘定保险费率主要是根据保险标的的风险状况确定某一保险标的的费率，以确定保险人应收取的风险保费，其构成了保险产品定价的基础。

(四)保险基金的建立

保险的分摊损失与补偿功能是建立在具有一定规模的保险基金基础之上的。保险基金是用以补偿或给付因自然灾害、意外事故和人体自然规律所致的经济损失、人身损害及收入损失，并由保险公司筹集、建立起来的专项货币基金，主要来源于保险公司开业资金和向投保人收取的保险费，其中保险费是形成保险基金的主要来源。

与其他行业的基金相比，保险基金具有来源的分散性和广泛性、总体上的返还性、使用上的专项性、赔付责任的长期性和运用上的增值性等特点。

教学互动

(单选题)用以补偿或给付因自然灾害、意外事故和人体自然规律所致的经济损失、人身损害及收入损失，并由保险公司筹集、建立起来的专项货币基金是(　　)。

A.公积金 B.保险费 C.保险基金 D.保障基金

(五)保险合同的订立

保险关系作为一种经济关系，主要体现投保人与保险人之间的商品交换关系，这种经济关系需要通过一定的法律形式固定下来，这种法律形式就是保险合同。

风险最基本的特征是不确定性，这就要求保险人与投保人应在确定的法律或契约关系下履行各自的权利与义务。倘若不具备在法律上或契约上规定的各项权利与义务，那么，保险保障活动也难以实施。

❖ 活动2 比较保险与相似制度

从现象上看，现有一些制度与保险类似。为了更清晰地了解保险的含义，现将保险与其中一些制度做比较。

一、保险与救济

保险与救济都是借助他人安定自身经济生活的一种方法。但是，两者的根本性质不同。

1.提供保障的主体不同

保险保障是由商业保险公司提供的，是一种商业行为。救济包括民间救济和政府救济。民间救济由个人或单位提供，是一种慈善行为；政府救济属于社会行为。

2.提供保障的资金来源不同

保险保障以保险基金为基础，主要来源于投保人交纳的保险费。而民间救济的资金是救济方自己拥有的，政府救济的资金则来源于国家财政，救济资金的来源限制了救济的时间、地区、范围和数量。

3.提供保障的可靠性不同

保险以保险合同约束双方当事人的行为，被保险方能得到及时可靠的保障，而民间救济则是一种单纯的临时性施舍，是否救济、救济多少均由救济人决定。至于政府救济，虽然不是合同行为，却受到法律的约束。

4.提供保障的水平不同

保险保障的水平取决于保险双方当事人的权利和义务，与投保人的缴费水平直接相联系，因而能使被保险人的实际损失得到充分的保障。民间救济的水平并不取决于被救济方的实际损失，而是取决于救济方的心愿和能力。至于政府救济，要依法实施，但一般救济标准很低，通常视当地的最低生活水平而定。

教学互动

（单选题）救济包括民间救济和政府救济。民间救济由（　　）提供。

A.个人或单位　　B.事业单位　　C.法律机构　　D.政府

二、保险与储蓄

保险与储蓄都是以现在的剩余资金做未来所需的准备，即同为未雨绸缪之计，尤其是人身保险的生存保险及两全保险的生存部分，几乎与储蓄难以区分。但是，两者属于不同的经济范畴，有着明显的差异。

1.消费者不同

保险的消费者必须符合保险人的承保条件，经过核保可能会有一些人被拒保或有条件地承保；储蓄的消费者可以是任何单位或个人，一般没有特殊条件的限制。

2.技术要求不同

保险集合多数面临同质风险的单位和个人，分摊少数单位和个人的损失，需要有特殊的分摊计算技术；而储蓄则总是使用本金加利息的公式，不需要特殊的分摊计算技术。

3.受益期限不同

保险由保险合同规定受益期限，在保险合同的有效期间，被保险人可以得到的保险赔付数额可能是其所交纳的保险费的几倍、几十倍；而储蓄则以本息返还为受益期限，只有达到了一定期间，储户才能得到预期的利益。

4.行为性质不同

保险用全部投保人交纳的保险费建立的保险基金对少数遭受损失的被保险人提供补偿或给付，是一种互助行为；而储蓄是个人留出一部分财产做准备，以应对将来的需要，无须求助他人，完全是一种自助行为。

5.消费目的不同

保险消费的主要目的是应对各种风险事故造成的经济损失；而储蓄的主要目的是获得利息收入。

❖ 活动3 识别保险的种类

一、按照保险标的的分类解读保险

按照保险标的分类，保险可分为财产保险和人身保险。财产保险和人身保险的具体分类如图1-3所示。

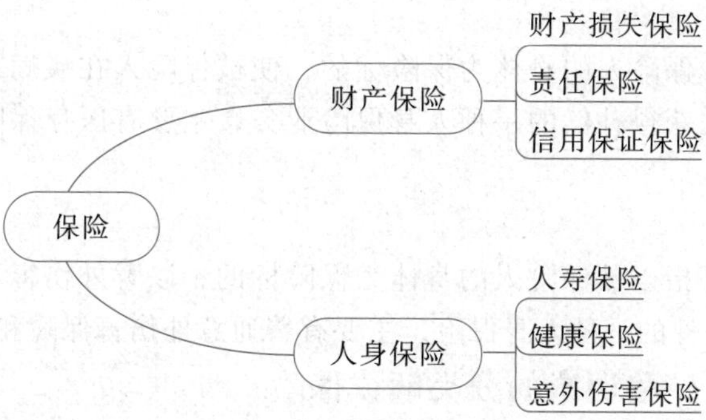

图1-3 保险按保险标的分类

(一) 财产保险

财产保险是以财产及其有关利益为保险标的的一种保险，包括财产损失保险、责任保险和信用保证保险等。

1.财产损失保险

财产损失保险是以各类有形财产为保险标的的财产保险，主要有企业财产保险、家庭财产保险、运输工具保险和货物运输保险等。

2.责任保险

责任保险是指以被保险人对第三者的财产损失或人身伤害依照法律和契约应负的赔偿责任为保险标的的保险，主要有公众责任保险、产品责任保险、雇主责任保险和职业责任保险等。

3.信用保证保险

信用保证保险是以各种信用行为为保险标的的保险，主要有商业信用保险、出口信用保险、合同保证保险、产品保证保险和忠诚保证保险等。

教学互动

(单选题) 既具有储蓄和投资的作用，又具有理财特征的是（　　）。

A.财产保险　　B.人寿保险　　C.信用保险　　D.再保险

(二) 人身保险

人身保险是以人的寿命和身体为保险标的的保险，包括人寿保险、健康保险和意外伤害保险等。

1.人寿保险

人寿保险是以被保险人的寿命作为保险标的，以被保险人的生存或死亡为给付保险金条件的一种人身保险，主要有定期寿险、终身寿险、两全寿险、年金保险、投资连结保险、分红寿险和万能寿险等。

教学互动

（单选题）将“保险是一种财务安排”的特性表现得最为明显的险种是（　　）。

A.人寿保险　　B.财产保险　　C.信用保险　　D.再保险

2.健康保险

健康保险是以被保险人的身体为保险标的，使被保险人在疾病或意外事故所致伤害时发生的费用或损失获得补偿的一种人身保险业务，主要有医疗保险、疾病保险和收入补偿保险等。

3.意外伤害保险

意外伤害保险是指以被保险人的身体为保险标的，以意外伤害而致被保险人身故或残疾为给付保险金条件的一种人身保险，主要有普通意外伤害保险和特定意外伤害保险。

二、按照风险转移层次的分类解读保险

按照风险转移层次的分类，保险可分为原保险和再保险。

（一）原保险

原保险是保险人与投保人直接签订保险合同而建立保险关系的一种保险。在原保险关系中，保险需求者将其风险转嫁给保险人，当保险标的遭受保险责任范围内的损失时，保险人直接对被保险人承担赔偿责任。

（二）再保险

微课1-3

保险的三大功能

再保险（也称分保）是保险人将其所承保的风险和责任的一部分，转移给其他保险人的一种保险。转让业务的是原保险人，接受分保业务的是再保险人。这种风险转嫁方式是保险人对原始风险的纵向转嫁，即第二次风险转嫁。

除上述两种分类外，按照实施方式分类，保险可分为强制保险和自愿保险；按照承保方式分类，保险可分为共同保险、复合保险和重复保险。

❖ 活动4　解读保险的三大功能及其相互关系

一、掌握保险的三大功能

一般而言，保险主要有三大功能：保障功能、资金融通功能和社会管理功能，具体分类如图1-4所示。

（一）保障功能

保障功能是保险业的立业之基，最能体现保险业的特色和核心竞争力，具体表现为财产保险的补偿功能和人身保险的给付功能。

1.财产保险的补偿功能

保险是在特定灾害事故发生时，在保险的有效期和保险合同约定的责任范围以及保险金额内，按其实际损失金额给予赔付。通过赔付，可以使已经存在的社会财富因灾害事故所致的实际损失在价值上得到补偿，在使用价值上得以恢复，从而使社会再生产过程得以连续进行。

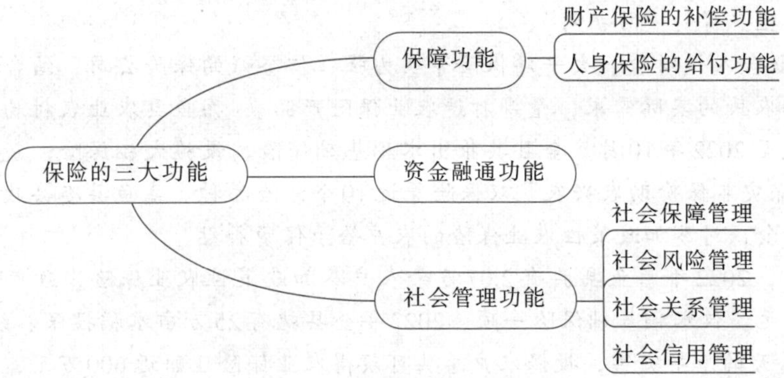

图1-4 保险的三大功能

2.人身保险的给付功能

人身保险是与财产保险完全不同性质的保险。人的生命价值很难用货币来计价，所以，人身保险的保险金额是由投保人根据被保险人对人身保险的需要程度和投保人的缴费能力，在法律允许的范围与条件下，与保险人双方协商约定后确定的。在保险合同约定的保险事故发生或者约定的年龄到达或者约定的期限届满时，保险人才按照约定进行保险金的给付。

（二）资金融通功能

保险的资金融通功能，是指将保险资金中闲置的部分重新投入到社会再生产过程中所发挥的金融中介作用。保险人为了使保险经营稳定，必须保证保险资金的保值与增值，对保险资金进行集中运用。但是，保险资金的融通应以保证保险的赔偿或给付为前提，同时也要坚持合法性、流动性、安全性和效益性原则。

（三）社会管理功能

保险的社会管理功能不同于国家对社会的直接管理，而是通过保险内在的特性，促进经济社会的协调以及社会各领域的正常运转和有序发展。这主要体现在以下四个方面：

1.社会保障管理

社会保障被誉为社会的“减震器”，是保持社会稳定的重要措施。商业保险是社会保障体系的重要组成部分，在完善社会保障体系方面发挥着重要作用。一方面，商业保险可以为城镇职工、个体工商户、农民和机关事业单位等没有参与社会基本保险的劳动者提供保险保障，有利于扩大社会保障的覆盖面；另一方面，商业保险具有产品灵活多样、选择范围广等特点，可以为社会提供多层次的保障服务，提高社会保障的水平，减轻政府在社会保障方面的压力。

案例分析

政府推广政策性农业保险，为农业生产撑起“防护网”

湖北省咸宁市嘉鱼全县有耕地近51万亩，水产养殖面积15万余亩，蔬菜种植常年保持在44万亩以上，是名副其实的“米袋子”“菜篮子”。为提高农业抗风险能力，更好地保护农民利益，提高农民的生产积极性，近年来，嘉鱼县积极推广政策性农业保险，为农业生产撑起“防护网”。

“我们联合人保财险、太平洋保险等实力强、信誉好的保险公司，结合嘉鱼农业生产的特点和农民的实际需求，量身打造农业保险产品。”嘉鱼县农业农村局副局长黄伟进介绍，截至2022年10月，全县共推出水稻基础保险、设施大棚保险、蔬菜灾害性种植保险、“保灾+保价助农兴农”双保险等近10个保险品种。嘉鱼县委县政府统筹安排专项财政资金，对参加政策性农业保险的农户给予保费补贴。

据统计，2022年嘉鱼县共有2.07万余农户参加政策性农业保险，政府财政支持资金792.07万元。仅水稻基础保险一项，2022年全县就有25万亩水稻投保。经初步评估，因2022年夏天的干旱灾害，投保农户总共可获得农业保险理赔近600万元，有效减少了种植户们的损失。

资料来源：佚名．嘉鱼给25万亩水稻买保险 为农业生产撑起“防护网”［EB/OL］．［2022-10-15］．http：//www.xianning.gov.cn/xwzx/xssm/202210/t20221015_2824482.shtml.

分析：农业保险是分散农业生产经营风险的重要手段，对推进现代农业发展、保障农民收益等具有重要作用。要把好事办好，政府尚需在政策和服务上继续加力，一方面要进一步完善农业保险政策，另一方面要提高农业保险服务能力。

2.社会风险管理

保险公司从开发产品、制定费率到承保、理赔的各个环节，都直接与灾害事故打交道，不仅具有识别、衡量和分析风险的专业知识，而且积累了大量的风险损失资料，为全社会风险管理提供了有力的数据支持。同时，保险公司能够积极配合有关部门做好防灾防损工作，并通过采取差别费率等措施，鼓励投保人和被保险人主动做好各项预防工作，降低风险发生的概率，实现对风险的控制和管理。

3.社会关系管理

通过保险应对灾害损失，不仅可以根据保险合同约定对损失进行合理补偿，而且可以提高事故处理的效率，减少当事人可能出现的各种纠纷。保险介入灾害处理的全过程，参与到社会关系的管理之中，逐步改变了社会主体的行为模式，为维护政府、企业和个人之间正常、有序的社会关系创造了有利条件，减少了社会摩擦，大大提高了社会运行的效率。

4.社会信用管理

保险公司经营的产品实际上是一种以信用为基础、以法律为保障的承诺，在培养和增强社会的诚信意识方面具有潜移默化的作用。同时，保险在经营过程中可以收集企业和个人的履约行为记录，为社会信用体系的建立和管理提供重要的信息资料，实现社会信用资源的共享。

教学互动

（单选题）作为保险业的立业之基，最能体现保险业的特色和核心竞争力的是保险的（　　）。

A.资金融通功能　B.经济功能　C.保障功能　D.互助功能

二、理解三大功能的关系

保险的三大功能是一个有机联系、相互作用的整体。保障功能是保险最基本的功能，是保险区别于其他行业的最根本的特征。资金融通功能是在保障功能基础上发展起来的，是保险金融属性的具体体现，也是实现社会管理功能的重要手段。社会管理功能是保险业发展到一定程度并深入社会生活的诸多层面之后产生的一项重要功能，其发挥在许多方面都离不开保障功能和资金融通功能的实现。同时，随着社会管理功能逐步得到发挥，其为保障功能和资金融通功能的发挥提供更加广阔的空间。因此，保险的三大功能之间既相互独立，又相互联系、相互作用，形成了一个统一、开放的功能体系。

教学互动

（单选题）体现保险区别于其他行业的保险的基本功能是（ ）。

A.资金融通功能　B.保障功能　C.防灾防损功能　D.互助功能

实践训练

【要求】每6人一组，根据“拓展阅读1-1”的资料制作PPT，讲述保险发展历史。

拓展阅读1-1

中国保险历史的发展过程

任务2 解读保险合同

案例导入

不时之需

有个富家子弟特别爱吃饺子，每天都要吃。但他又特别挑剔，只吃馅，把饺子皮尖丢到家后面的小河里去。好景不长，在他十六岁那年，一把大火烧光了他的家，父母在悲伤中相继病逝。这下他身无分文，又不好意思要饭。邻居大嫂非常好，每餐给他吃一碗面糊糊。他则发奋读书，三年后考取功名回来，一定要感谢邻居大嫂。邻居大嫂对他说：“不要感谢我，我没有给你什么，都是我收集的当年你丢下的饺子皮尖，晒干后装了几麻袋，本来是想备不时之需的，正好你有需要，就又还给你了。”

在生活中，我们往往会丢弃很多我们自以为不重要的东西，但恰恰是那些丢弃的东西有可能改变我们的一生。保险就是你以备不时之需的应急现金。

资料来源：佚名．HR必看的经典故事——爱吃饺子的富家子弟［EB/OL］．［2020-01-14］．https：//www.sohu.com/a/366945434_795470.

思考题：为了防备不时之需，你考虑购买保险吗？你能看懂一份保险合同吗？

❖ 活动1 了解保险合同的特征与种类

一、熟悉保险合同的含义

合同，也称为契约，是平等主体的当事人为了实现一定的目的，以双方或多方意思表示一致设立、变更和终止权利义务关系的协议。保险合同就是投保人与保险人约定权利义务关系的协议。保险合同的当事人和内容如图1-5所示。

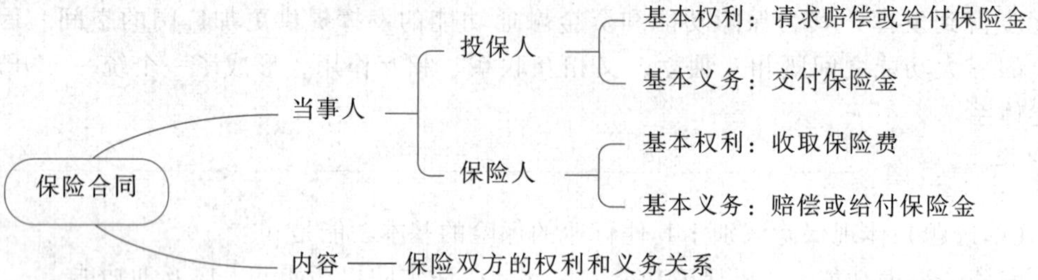

图1-5 保险合同的当事人和内容

教学互动

（单选题）投保人与保险人约定权利、义务关系的协议是（　　）。

A.保险承诺　　B.投保协议　　C.保险合同　　D.保险约定

二、解析保险合同的特征

保险合同是一种民商合同，其设立、变更或终止是具有保险内容的民事法律关系。但是，保险合同是一种特殊的民商合同，除具有一般合同的法律特征外，还具有一些独特的法律特征。保险合同的特征如图1-6所示。

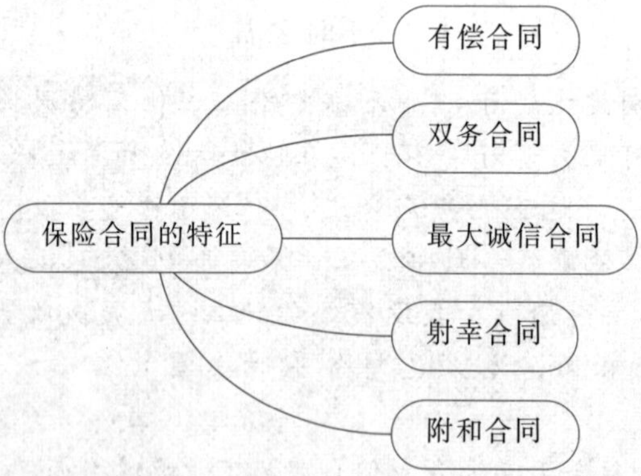

图1-6 保险合同的特征

（一）保险合同是有偿合同

有偿合同是指因为享有一定的权利而必须偿付一定对价的合同。保险合同以投保人支付保险费作为对价换取保险人对风险的保障。这种对价是相互的，投保人的对价是向保险人支付保险费，保险人的对价是承担投保人转移的风险。

（二）保险合同是双务合同

双务合同是指合同双方当事人相互享有权利、承担义务的合同。保险合同的被保险人在保险事故发生时，依据保险合同享有请求保险人支付保险金或补偿损失的权利，投保人则具有支付保险费的义务；保险人应享有收取保险费的权利，承担约定事故发生时给付保险金或补偿被保险人损失的义务。

（三）保险合同是最大诚信合同

保险合同的订立和履行都应当遵守诚实信用的原则，投保人对保险标的的过去情况和未来事项要向保险人做出保证。保险人在订立保险合同时，也应向投保人说明保险合同的内容，以及在约定的保险事故发生时履行赔偿或给付保险金的义务。

（四）保险合同是射幸合同

射幸合同是指合同的效果在订约时不能确定的合同，即合同当事人一方并不必然履行给付义务，而只有当合同中约定的条件具备或合同约定的事件发生时才履行。保险合同是一种射幸合同，投保人根据保险合同支付保险费的义务是确定的，而保险人的义务是否履行在保险合同订立时尚不确定，而是取决于偶然的、不确定的保险事故是否发生。

教学互动

（单选题）保险合同的射幸性是就单个保险合同而言的，也是仅就（　　）而言的。

A.名义保障　　B.无形保障　　C.有形保障　　D.实物保障

（五）保险合同是附和合同

附和合同是指其内容不是由当事人双方协商拟订，而是由一方当事人事先拟订，另一方当事人只是做出是否同意的意思表示的一种合同。在采用保险单和保险凭证形式订立保险合同时，保险条款已由保险人事先拟订，当事人双方的权利义务已规定在保险条款中，投保人一般只是做出是否同意的意思表示。投保人可以与保险人协商，增加特别约定条款，或对保险责任进行限制或扩展，但一般不能改变保险条款的基本结构和内容。

三、划分保险合同的种类

（一）单一风险合同、综合风险合同与一切险合同

按照合同承担风险责任的方式分类，保险合同可分为单一风险合同、综合风险合同与一切险合同。

1.单一风险合同

单一风险合同是指只承保一种风险责任的保险合同，如农作物雹灾保险合同就只对冰雹造成的农作物损失负责赔偿。

2.综合风险合同

综合风险合同是指承保两种以上的多种特定风险责任的保险合同。这种保险合同必须把承保的风险责任一一列举出来，只要损失是由所保风险造成的，保险人就负责赔偿。

3.一切险合同

一切险合同是指保险人承保的风险是合同中列明的不保风险之外的一切风险的保险合同。可见，一切险合同并非意味着保险人承保一切风险，保险人承保的风险仍然是有限制的。在一切险合同中，保险人并不列举规定承保的具体风险，而是以责任免除条款

确定其不承保的风险。

（二）定值保险合同与不定值保险合同

定值保险合同与不定值保险合同是财产保险合同的专有概念，这与财产保险坚持“损失补偿”原则有直接关系，即保险人的保险赔偿不能超过保险标的的实际价值，投保人和被保险人不能因为保险赔偿而获得额外利益。

1.定值保险合同

定值保险合同是指在订立保险合同时，投保人和保险人已确定保险标的的保险价值，并将其载明于合同中的保险合同。定值保险合同成立后，一旦发生保险事故，就应以事先确定的保险价值作为保险人确定赔偿金数额的计算依据。如果保险事故造成保险标的的全部损失，无论该保险标的实际损失如何，保险人均应支付合同所约定的保险金额的全部，不必对保险标的重新估价；如果保险事故仅造成保险标的的部分损失，则只需要确定损失的比例。运输货物保险多采用这一形式。

2.不定值保险合同

不定值保险合同是指投保人和保险人在订立保险合同时不预先确定保险标的的保险价值，仅载明保险金额作为保险事故发生后赔偿最高限额的保险合同，一旦发生保险事故，保险人需估算保险标的的实际价值，并以此作为保险人确定赔偿金数额的计算依据。如果实际损失大于保险金额，保险人的赔偿责任仅以保险金额为限；如果实际损失小于保险金额，则保险人仅赔偿实际损失。大多数财产保险业务采用不定值保险合同的形式。

教学互动

（单选题）在定值保险合同中，如果保险事故仅造成保险标的部分损失，则需要确定损失的（　　）。

A.重置价值　　B.价值　　C.全额　　D.比例

（三）补偿性保险合同与给付性保险合同

按照合同的性质分类，保险合同可分为补偿性保险合同与给付性保险合同。

1.补偿性保险合同

补偿性保险合同是指保险人的责任以补偿被保险人的经济损失为限，并不得超过保险金额的合同。各类财产保险合同和人身保险中的健康保险合同的疾病津贴和医疗费用合同都属于补偿性保险合同。

2.给付性保险合同

给付性保险合同是指保险金额由双方事先约定，在保险事件发生或约定的期限届满时，保险人按合同规定标准金额给付的合同。各类寿险合同属于给付性保险合同，事故发生时，保险人以保险金额作为给付金额。

（四）个别保险合同与集合保险合同

根据保险标的的不同情况，保险合同可分为个别保险合同与集合保险合同。

1.个别保险合同

个别保险合同又称为独立保险合同，是以一人或一物为保险标的的保险合同。

2.集合保险合同

集合保险合同又称为团体保险合同，是指投保人将多数性质相似的保险标的，与保险人订立一个合同，每个标的按照价值或者约定确定具体的保险金额，于出险时保险人分别按照损失程度承担责任的一种保险合同。

（五）足额保险合同与不足额保险合同

在不定值保险合同里，当发生保险事故时，保险标的的实际价值与保险金额就会出现不一致的情况。此时，按保险金额与保险标的的实际价值的对比关系划分，保险合同可分为足额保险合同与不足额保险合同。

1.足额保险合同

足额保险合同又称全额保险合同，是指保险金额大体相当于财产的实际价值的保险合同。在这种情况下，被保险人既可获得充分的经济保障，也不会多支付保险费。在保险事故发生时，如果保险标的全部损失，保险人按实际损失数额如数赔偿。

2.不足额保险合同

不足额保险合同又称低额保险合同，是指保险金额小于财产实际价值的保险合同。这种情况的出现有三种原因：（1）保险人的规定，促使被保险人注意防范危险；（2）被保险人自愿节省保险费；（3）财产价值的上涨，使财产的实际价值高于保险金额。

在不足额保险合同中，保险人的赔偿方式有两种：比例赔偿方式和第一危险赔偿方式。前者是按保险金额与财产实际价值的比例计算赔偿；后者则不考虑保险金额与实际价值的比例，在保险金额限度内，按照实际损失赔偿。

❖ 活动2 明确保险合同的主体与客体

一、界定保险合同的主体

保险合同的主体包括保险合同的当事人、保险合同的关系人和保险合同的辅助人，如图1-7所示。

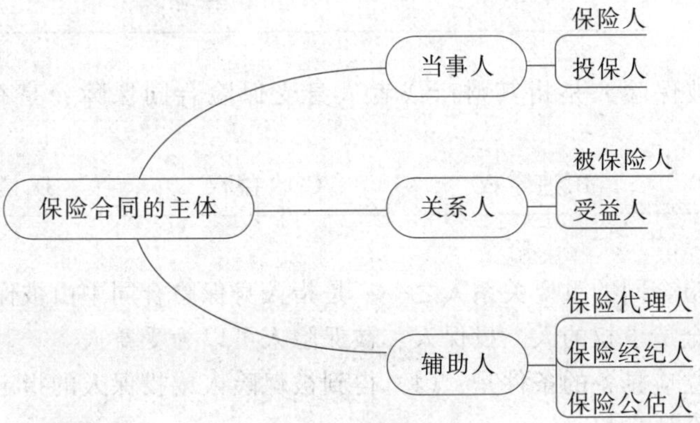

图1-7 保险合同的主体

（一）保险合同的当事人

保险合同的当事人是指订立并履行合同的自然人、法人或其他组织。他们在合同关系中享有权利并承担相应的义务。当投保人与被保险人为同一人时，保险人、投保人（被保险人）是保险合同的当事人；当投保人与被保险人不是同一人时，投保人是保险合同的当事人，而被保险人是保险合同的关系人，受益人也是保险合同的关系人。

1.保险人

保险人是指与投保人订立保险合同，并按照合同约定承担赔偿或给付保险金责任的保险公司。保险人必须符合如下条件：（1）具备法定资格；（2）须以自己的名义订立保险合同；（3）须依照保险合同承担保险责任。

按照保险合同的约定承担保险责任，是保险人最主要、最基本的合同义务。

2.投保人

投保人是指与保险人订立保险合同，并按照合同约定负有支付保险费义务的人。投保人并不以自然人为限，法人和其他组织也可以成为投保人。投保人应具备的条件是：（1）须具有民事权利能力和民事行为能力；（2）须对保险标的具有保险利益；（3）须与保险人订立保险合同并按约定交付保险费。

（二）保险合同的关系人

1.被保险人

被保险人是指其财产或者人身受保险合同保障，享有保险金请求权的人。投保人可以为被保险人。当投保人为自己利益投保时，投保人、被保险人为同一人。当投保人为他人利益投保时，须遵守以下规定：（1）被保险人应是投保人在保险合同中指定的人；（2）投保人要征得被保险人同意；（3）投保人不得为无民事行为能力人投保以死亡为给付保险金条件的人身保险，但父母为未成年子女投保的人身保险不受此限制，但是被保险人死亡给付的保险金总和不得超过国务院银行保险监督管理机构规定的限额。

被保险人的成立应具备的条件是：（1）财产或人身受保险合同保障；（2）保险事故发生时享有保险金请求权。

教学互动

（单选题）被保险人是指其财产或者人身受保险合同保障，享有保险金（　　）的人。

A.赔偿权　　B.追索权　　C.收益权　　D.请求权

2.受益人

受益人是保险合同的重要关系人之一，是指人身保险合同中由被保险人或者投保人指定的享有保险金请求权的人。投保人、被保险人可以为受益人。

受益人的成立应具备的条件是：（1）得到被保险人或投保人的指定；（2）保险事故发生时享有保险金请求权。

当被保险人与受益人不是同一人时，保险事故或事件发生后，如果被保险人死亡，则受益人能够从保险人处获得保险金。

(三) 保险合同的辅助人

保险合同的辅助人包括保险代理人、保险经纪人和保险公估人等。

保险代理人是指根据保险人的委托，在保险人授权的范围内代为办理保险业务，并依法向保险人收取代理手续费的单位或者个人。

保险经纪人是基于投保人的利益，为投保人与保险人订立保险合同提供中介服务，并依法收取佣金的机构。

保险公估人是指依照法律规定设立，受保险公司、投保人或被保险人委托办理保险标的的查勘、鉴定、估损以及赔款的理算，并向委托人收取酬金的公司。

二、界定保险合同的客体

保险合同虽然属于民事法律关系范畴，但它的客体不是保险标的本身，而是投保人或者被保险人对保险标的具有法律上承认的利益，即保险利益。

投保人必须凭借保险利益投保，而保险人必须确定投保人对保险标的有保险利益才可以接受投保人的投保申请，并以保险利益作为保险金额的确定依据和赔偿依据。

保险标的是保险利益的载体。保险标的是投保人申请投保的财产及其有关利益或者人的寿命和身体，是确定保险合同关系和保险责任的依据。在不同的保险合同中，保险人对保险标的的范围都有明确规定，即哪些可以承保，哪些不予承保，哪些在一定条件下可以特约承保等。

教学互动

（单选题）在保险合同中，客体是保险利益，而（　　）则是保险利益的载体。

A.保险标的　　B.保险合同　　C.保险内容　　D.保险对象

❖ 活动3　分析保险合同的内容与形式

一、分析保险合同的内容

(一) 保险合同内容的构成

保险合同的内容是指以双方权利义务为核心的保险合同的全部记载事项。从保险法律关系的要素上看，保险合同由以下几部分构成：

1.主体部分

它包括保险人、投保人、被保险人和受益人等。

2.权利义务部分

它包括保险责任和责任免除、保险费及其支付办法、保险金赔偿或者给付办法、保险期间和保险责任开始时间、违约责任等。

3.客体部分

保险合同的客体是保险利益，财产保险合同表现为保险价值和保险金额；人身保险合同表现为保险金额。保险标的是保险利益的载体。

4.其他声明事项部分

它包括其他法定应记载事项和当事人约定事项，前者是指除上述事项外的法定应记载事项，如争议处理、订约日期等；后者是指投保人和保险人在法定事项之外约定的其他事项。

从条款的拟定上看，保险合同的内容由基本条款和特约条款构成。基本条款由保险法以列举方式直接规定，是保险合同必不可少的法定条款，由保险人拟定；特约条款是保险法所列举条款以外的条款，特约条款由双方共同拟定。

（二）保险合同的基本条款

1.保险人的名称和住所

保险人专指保险公司，其名称须与保险监督管理机构和市场监督管理机构批准和登记的名称一致。保险人的住所即保险公司或分支机构的主营业场所所在地。

2.投保人、被保险人、受益人的姓名或者名称、住所

投保人是指与保险人订立保险合同，并按照合同约定负有支付保险费义务的人。被保险人是指其财产或者人身受保险合同保障，享有保险金请求权的人。受益人则是指在保险合同中指定的，在保险事故发生时，对保险人享有保险金请求权的人。

3.保险标的

保险标的是指作为保险对象的财产及其有关利益或者人的寿命和身体，它是保险利益的载体。保险标的如为财产及其有关利益，应包括该标的的具体坐落地点；保险标的如为人的寿命和身体，应包括被保险人的性别和年龄。

4.保险责任和责任免除

保险责任是指保险合同约定的保险事故或事件发生后，保险人所应承担的保险金赔偿或给付责任。

责任免除是指保险人依照法律规定或合同约定，不承担保险责任的范围，是对保险责任的限制。责任免除条款的内容应当以列举方式规定。

5.保险期间和保险责任开始时间

保险期间是指保险合同的有效期间。保险期间可以按年、月、日计算，也可按一个运程期、一个工程期或一个生长期计算。

保险责任开始时间即保险人开始承担保险责任的时间，通常以年、月、日、时表示。在保险实务中，一般以约定起保日的零点为保险责任开始时间，以合同期满日的二十四点为保险责任终止时间。

6.保险价值

保险价值是指保险标的的实际价值，即投保人对保险标的的所享有的保险利益的货币估价额。

教学互动

（单选题）保险价值是指保险标的的（　　）。

A.重置价值　　B.实际价值　　C.估计价值　　D.市场价值

7.保险金额

保险金额是指保险人承担赔偿或者给付保险金责任的最高限额。保险金额不得超过保险价值，超过的部分无效。保险金额在财产保险合同中根据保险价值计算，以保险标的的实际价值为限，可以小于保险价值。在人身保险中，保险金额由双方当事人自行约定。

8.保险费及其支付办法

保险费是指投保人为取得保险保障，按合同约定向保险人支付的费用。

9.保险金赔偿或给付办法

保险金赔偿或给付办法是指保险人承担保险责任的具体方法，由保险合同当事人在合同中依法约定。

10.违约责任和争议处理

违约责任是指保险合同当事人因其过错不履行或不完全履行合同约定的义务所应承担的法律后果。承担违约责任的方式应在保险合同中订明，主要是支付违约金或支付赔偿金。

争议处理是指保险合同发生争议后的解决方式，包括协商、仲裁和诉讼。具体使用何种方式可由当事人双方在合同中事先约定或在争议发生后协商决定；如事先无任何约定（尤其是未约定采用仲裁方式），一方当事人也可在争议发生后直接向法院提起诉讼。

（三）保险合同的特约条款

保险合同除了基本条款以外，当事人还可根据特殊需要约定其他条款。为区别于基本条款，这类条款为特约条款。特约条款包括附加条款和保证条款两种类型。

1.附加条款

附加条款是指保险合同当事人在基本条款的基础上，另行约定的补充条款。附加条款一般采取在保险单空白处批注或在保险单上用附贴批单的方式，使之成为保险合同的一部分。附加条款是对基本条款的修改或变更，其效力优于基本条款。

2.保证条款

保证条款是指投保人或被保险人就特定事项担保的条款，即保证某种行为或事实的真实性的条款。保证条款一般由法律规定或同业协会制定，是投保人或被保险人必须遵守的条款，如有违反，保险人有权解除合同或拒绝赔偿。

二、分析保险合同的形式

在保险实务中，为了便于当事人双方履行合同，特别是在保险事故或事件发生后，能够为被保险人、受益人索赔和为保险人承担保险责任提供法律依据，避免日后发生纠纷，也为了便于举证，如无特殊情况，保险合同通常采用书面形式。保险合同的书面形式包括保险单、投保单、暂保单、保险凭证和批单等，如图1-8所示。

微课1-4

保险合同的形式

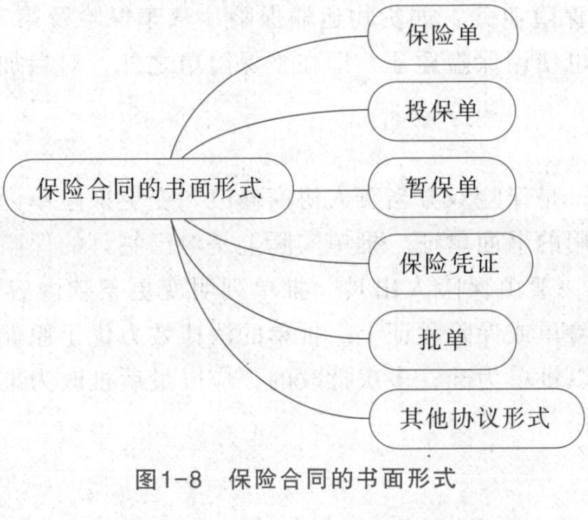

图1-8　保险合同的书面形式

（一）保险单

保险单也称保单，是指保险合同成立后，保险人向投保人（被保险人）签发的正式书面凭证。保险单由保险人制作，经签章后交付投保人。保险合同成立后，保险人应当及时向投保人签发保险单或者其他保险凭证。保险单或者其他保险凭证应当载明当事人双方约定的合同内容。

教学互动

（单选题）有关保险双方当事人的权利和义务，都以（　　）的规定为准。

A.保险单　　B.保险条款　　C.投保单　　D.保费收据

（二）投保单

投保单是保险合同的重要法律文件之一。投保单又称要保单，是投保人向保险人申请订立保险合同的书面要约。投保单一般由保险人按照事先统一格式印制，通常为表格形式。投保单所列项目因险种不同而有所区别，投保人应逐一填写表格所列项目并回答保险人提出的有关保险标的的情况和事实。投保单一经保险人接受并签章，即成为保险合同的组成部分。

教学互动

（单选题）投保单所列项目因（　　）不同而有所区别。

A.特点　　B.保费　　C.险种　　D.目的

（三）暂保单

暂保单也称临时保险单，是指由保险人在签发正式保险单之前出立的临时保险凭证。暂保单的内容比较简单，一般只载明被保险人、保险标的、保险金额、保险险种等重要事项，以及保险单以外的特别保险条件。有关保险双方当事人的权利和义务，都以保险单的规定为准。

（四）保险凭证

保险凭证也称小保单，是保险人向投保人签发的证明保险合同已经成立的书面凭证，是一种简化了的保险单。保险凭证的法律效力与保险单相同，只是内容较为简单，实践中只在少数几种保险业务，如货物运输保险、汽车保险及第三者责任保险中使用。另外，在团体保险中也使用保险凭证，即在主保险单之外，对参加团体保险的个人再分别签发保险凭证。

（五）批单

批单，又叫背书，是保险双方当事人协商修改和变更保险单内容的一种单证，也是保险合同变更时最常用的书面单证。批单实际上是对已签订的保险合同进行修改、补充或增减内容的批注，一般由保险人出具。批单列明变更条款内容事项，须由保险人签章，一般附贴在原保险单或保险凭证上。批单的法律效力优于原保险单的同类条款。凡经批单改过的内容均以批单为准；多次批改的，应以最后批改为准。批单也是保险合同的重要组成部分。

（六）其他协议形式

除了以上书面形式外，保险合同也可以采取其他协议形式，如保险协议书、电报、电传和电子数据交换等形式。

教学互动

（单选题）保险合同通常采用（ ）。

A.背书形式 B.交纳保证金形式 C.口头形式 D.书面形式

❖ 活动4 解读人寿保险合同中的常见条款

一、解读不可抗辩条款

不可抗辩条款，又称不可争条款。在订立人寿保险合同时，投保人对被保险人的有关身体健康的情况以及其他会影响保险人决定是否承保及保险费率高低的情况，都应依法据实告知，不得有任何隐瞒或欺骗。如果投保人故意隐瞒或因重大过失遗漏或做不实的说明，足以变更或减少保险人对危险的估计的，保险人就有权解除保险合同或不负赔偿责任。但是，保险人对被保险人是否履行如实告知义务提出异议的权利是受到时间限制的。

为了保护被保险人和受益人的利益，不少国家和地区规定，保险人只能在两年内可以以投保人告知不实为理由解除保险合同。这段时间就称为可抗辩期或可争期间，超过这段时间即进入不可抗辩或不争期间，保险人就不得再提出异议，即使投保人确有告知不实的情形，保险人在保险事故发生后仍应负给付责任。

教学互动

（单选题）在一切险合同中，保险人以（ ）条款确定其不承保的风险。

A.列明不保风险 B.责任免除 C.不可抗力 D.限制性

二、解读年龄误告条款

被保险人的年龄是决定保险费率的重要依据，也是在承保时测量危险程度，决定可否承保的依据。一般而言，年龄越大，危险也越大。但是，在订立人身保险合同时，要逐个验明被保险人的实际年龄是有困难的，因此，保险人往往在发生保险事故或者在年金保险开始要发放年金时，才核实年龄。

如果投保人申报的被保险人年龄不真实，致使投保人支付的保险费少于应付保险费的，保险人有权更正并要求投保人补交保险费，或者在给付保险金时按照实付保险费与应付保险费的比例支付。投保人申报的被保险人年龄不真实，致使投保人支付的保险费多于应付保险费的，保险人应当将多收的保险费退还投保人。

三、解读宽限期条款

宽限期，又称交付保险费的宽限期间或优惠期间，一般是30日或60日。人身保险合同规定宽限期条款，一方面为了方便投保人；另一方面为了不使保险合同轻易失效，巩固保险人的已有业务。有了宽限期，即使投保人未按约定的期限交付保险费，但只要未超过宽限期，保险合同仍然有效。但在宽限期内发生保险事故时，保险人可以在应给付的保险金中扣除欠缴的保险费。投保人超过宽限期未缴保险费，将导致保险合同效力中止或失效。除非投保人要求复效，否则保险人不能要求投保人补交保险费。

教学互动

（单选题）在人身保险合同中，其一方面为了方便投保人，另一方面为了不使保险合同轻易失效，巩固保险人的已有业务的特别规定属于（　　）。

A.不可抗辩条款　B.宽限期条款　C.年龄误告条款　D.复效条款

四、解读复效条款

投保人因不能如期交付保险费而导致合同效力中止后，既可以重新投保成立新的保险合同，也可以在一定条件下，要求恢复原保险合同的效力。对投保人来说，恢复原保险合同的效力，往往要比重新投保更为有利。特别是效力中止后，如果被保险人已经超过投保年龄限制，也只有要求恢复原保险合同的效力，才能继续享有参加保险的权利。保险合同中所规定的复效办法称为复效条款。申请复效的一般条件如图1-9所示。

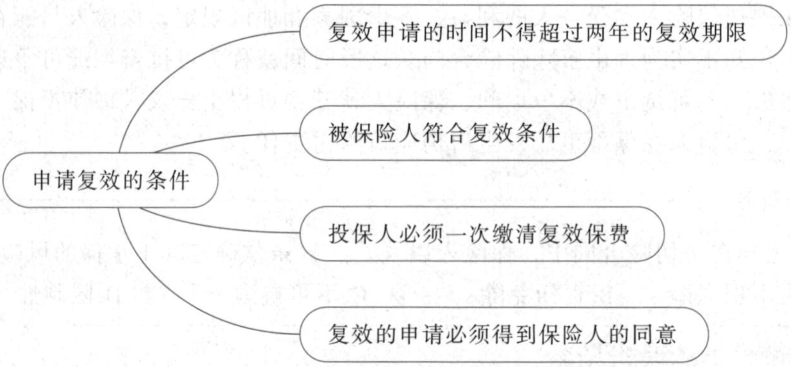

图1-9　申请复效的一般条件

五、解读自杀条款

自杀条款规定的自杀是指被保险人的自杀。如果自杀也能获得保险金，就可能会诱导有自杀意图的人在自杀前投保巨额的人身保险，从而产生道德风险。但只有在保险合同生效后一定期限内所发生的自杀行为可以作为除外责任，超过一定期限后的自杀，保险人仍要承担给付保险金的责任。

六、解读不丧失价值条款

不丧失价值条款，又称为不丧失价值任选条款。除定期保险外，一般人身保险合同在交付保险费一定期间后都有现金价值，并且随着时间延长而不断递增。这种价值一般称为不没收价值或不没收给付。换言之，人身保险费交给保险人后，其中一部分用于支付保险人的费用，其余大部分没有用出去，积存为责任准备金。保险事故发生前，投保人也可以利用这部分现金价值。如果发生保险事故，投保人可以取回全部保险金，而投保人不愿继续投保而致使保险合同失效时，也不能剥夺投保人享有现金价值的权利，因此，它称为不丧失价值条款。

教学互动

（单选题）如果发生保险事故，投保人可以取回全部保险金，而投保人不愿继续投保而致使保险合同失效时，也不能剥夺投保人享有的现金价值的权利的规定属于（　　）。

A.复效条款　　　　B.不丧失价值条款

C.贷款条款　　　　D.不可抗辩条款

七、解读保单贷款条款

保单贷款通常是投保人以保险单作质押向保险人贷款，贷款数额按有关法律或合同约定，一般不超过保单现金价值的一定比例。合同约定的贷款期届满时，投保人应返还所借款项本息；逾期不能归还借款，投保人可申请延期。但贷款本息累计已达到其保险单的现金价值，投保人又未按期归还借款时，保险人有权终止保险合同。若贷款本息清偿之前，保险合同已发生保险事故，保险人要从应给付的保险金中扣除投保人所借贷款本息，其余部分作为保险金支付。但按照以死亡为给付保险金条件的合同所签发的保险单，未经被保险人书面同意，不得转让或者质押。

八、解读自动垫交保费条款

自动垫交保费条款是指保险合同生效满一定期限之后（一般是1年或2年之后），如果投保人不按期交纳保险费，保险人则自动以保单项下积存的现金价值垫交保险费。对于此项垫交保险费，投保人要偿还并支付利息。在垫交保险费期间，如果发生保险事故，保险人要从应给付的保险金中扣除已垫交的保险费及利息；当垫交的保险费及利息达到退保金的数额时，保险合同即行终止。自动垫交保险费条款适用于分期交费的寿险合同。自动垫交保险费条款必须经保单持有人同意，否则该条款不能生效。

九、解读保单转让条款

人寿保险合同是个人资产的一部分，其现金价值逐年递增，因此可以转让或用作借款抵押。但保险单的转让，非经书面通知保险人，不发生效力。保险单受让人受让后，一方面取得了因合同而产生的所有权利，另一方面也须承担因合同而产生的一切义务。

❖ 活动5　解析保险合同的一般法律程序

一、解析保险合同的订立

保险合同的订立是投保人与保险人之间基于意思一致而进行的法律行为。投保人提出保险要求，经保险人同意承保，保险合同才能成立。

保险合同的订立是一个反复协商的过程，保险合同成立后，保险人应当及时签发保险单或者其他保险凭证。

二、解析保险合同的成立与生效

保险合同的成立是指投保人与保险人就保险合同条款达成协议。我国实务中通常约定交纳保险费为保险合同生效的条件。

保险合同的生效是指保险合同对双方当事人发生约束力，即合同条款产生法律效力。在我国保险实务中普遍实行“零点起保”的规定。

保险合同成立后，尚未生效前，发生保险事故的，保险人不承担保险责任；保险合同生效后，发生保险事故的，保险人则应按合同约定承担保险责任。

教学互动

（单选题）在我国保险实务中普遍实行（　　）的规定。

A.交齐保费即生效　B.约定生效　C.零点起保　D.签字生效

三、解析保险合同的履行

保险合同的履行是指保险合同当事人双方依法全面完成合同约定义务的行为。

（一）投保人义务的履行

投保人履行义务的流程如图 1-10 所示。

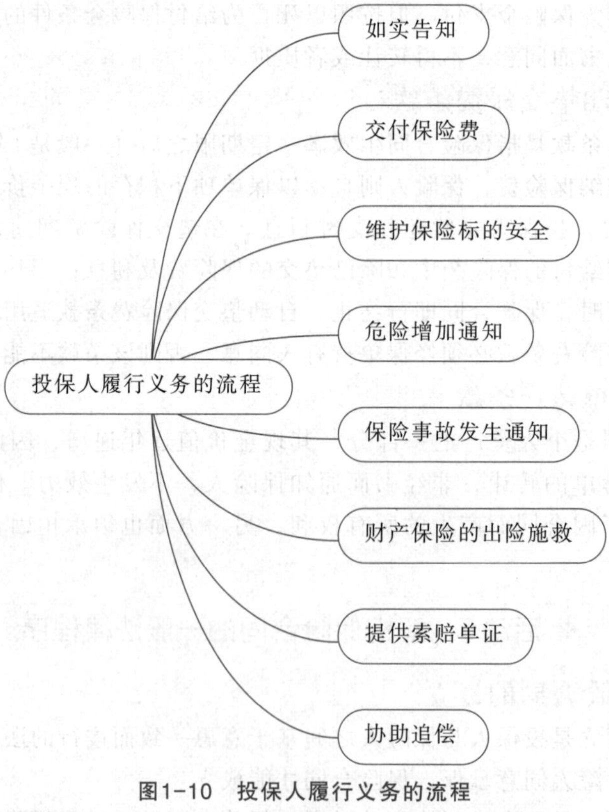

图1-10　投保人履行义务的流程

1.如实告知

如实告知是指投保人在订立保险合同时将保险标的重要事实，以口头或书面形式向保险人做真实陈述。如实告知是投保人必须履行的基本义务，也是保险人实现其权利的必要条件。我国《保险法》实行询问告知的原则，即投保人对保险人询问的问题必须如实告知，而对询问以外的问题，投保人没有义务告知；保险人没有询问到的问题，投保人不告知不构成对告知义务的违反。

2.交付保险费

交付保险费是投保人最基本的义务，通常也是当事人约定保险合同生效的条件。我国《保险法》要求投保人在保险合同成立后按照约定交付保险费。

3.维护保险标的安全

保险合同订立后，财产保险合同的投保人、被保险人应当遵守国家有关消防、安全、生产操作、劳动保护等方面的规定，维护保险标的安全。保险人有权对保险标的的安全工作进行检查，经被保险人同意，可以对保险标的采取安全防范措施。投保人、被保险人未按约定维护保险标的安全的，保险人有权要求增加保险费或解除保险合同。

4.危险增加通知

按照权利义务对等和公平原则，被保险人在保险标的的危险程度增加时，应及时通知保险人；保险人则可以根据保险标的的危险增加的程度决定是否提高保险费或解除保险合同。被保险人未履行危险增加通知义务的，保险标的因危险程度增加而发生的保险事故，保险人不负赔偿责任。

5.保险事故发生通知

投保人、被保险人或者受益人知道保险事故发生后，应当及时通知保险人。故意或者因重大过失未及时通知，致使保险事故的性质、原因、损失程度等难以确定的，保险人对无法确定的部分，不承担赔偿或者给付保险金的责任，但保险人通过其他途径已经及时知道或者应当及时知道保险事故发生的除外。

6.财产保险的出险施救

保险事故发生时，被保险人应当尽力采取必要的措施，防止或者减少损失。

7.提供索赔单证

保险事故发生后，向保险人提供索赔单证是投保人、被保险人或受益人的法定义务。向保险人索赔应当提供的单证，是指与确认保险事故的性质、原因、损失程度等有关的证明和资料，包括保险单、批单、检验报告、证明材料等。财产保险合同、人身保险合同的保险金请求均应履行该项义务。

8.协助追偿

保险人向第三者行使代位请求赔偿的权利时，被保险人应当向保险人提供必要的文件和所知道的有关情况。被保险人故意或者因重大过失致使保险人不能行使代位请求赔偿的权利的，保险人可以扣减或者要求返还相应的保险金。

教学互动

（单选题）财产保险合同、人身保险合同的保险金请求均应履行的义务是（　　）。

A.提供索赔单证　　B.协助追偿　　C.代位求偿　　D.提供损失证明

(二)保险人义务的履行

保险人履行义务的流程如图1-11所示。

1.条款说明

订立保险合同，采用保险人提供的格式条款的，保险人向投保人提供的投保单应当附格式条款，保险人应当向投保人说明合同的内容。对保险合同中免除保险人责任的条款，保险人在订立合同时应当在投保单、保险单或者其他保险凭证上做出可以引起投保人注意的提示，并对该条款的内容以书面或者口头形式向投保人做出明确说明；未做提示或者明确说明的，该条款不产生效力。

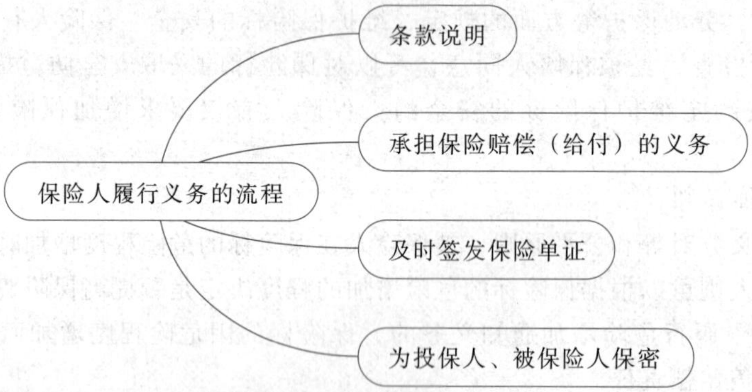

图1-11 保险人履行义务的流程

2.承担保险赔偿（给付）的义务

承担保险赔偿（给付）的义务是保险人依照法律规定和合同约定所应承担的最重要、最基本的义务。保险人承担保险赔偿（给付）的义务的范围包括：（1）保险金；（2）施救费用；（3）争议处理费用；（4）检验费用。

3.及时签发保险单证

保险合同成立后，保险人应当及时向投保人签发保险单或者其他保险凭证。保险单或者其他保险凭证应当载明双方当事人约定的合同内容。当事人也可以约定采用其他书面形式载明合同内容。

4.为投保人、被保险人保密

保险公司及其工作人员在保险业务活动中，不得泄露在业务活动中知悉的投保人、被保险人的商业秘密。

四、解析保险合同的变更

保险合同的变更是指在保险合同有效期间，当事人依法对合同条款所做的修改或补充。保险合同变更，包括主体、客体和内容的变更。

(一)保险合同的主体变更

保险合同的主体变更是指保险合同的当事人或关系人的变更，即保险合同的转让。保险合同的主体变更有两个基本特征：一是不改变合同的权利义务和客体；二是合同主体变更的对象主要是投保人、被保险人或者受益人。

1.财产保险合同的主体变更

财产保险合同的主体变更即财产保险合同的投保人、被保险人变更。主要有下述几种：

（1）保险标的所有权、经营权发生转移。这是指由买卖、赠予、继承等民事法律行为所引起的保险标的所有权的转移。

（2）保险标的用益权的变动。用益权是指对他人财产的使用和收益的权利。保险标的的承包人、租赁人因承包、租赁合同的订立、变更、终止致使保险标的使用权或收益权发生变更，从而导致保险合同主体的变更。

（3）债务关系发生变化。在保险标的为担保物的情况下，主债权债务的设立、变更、终止也可导致保险合同主体的变更。

保险标的转让的，保险标的的受让人承继被保险人的权利和义务，被保险人或者受让人应当及时通知保险人。但是，在下述两种情况下，保险合同主体的变更可以不通知保险人：（1）货物运输保险合同保险标的的转让；（2）保险人与投保人、被保险人事先约定，保险标的转让可以不通知保险人的，按合同约定执行。

2.人身保险合同的主体变更

人身保险合同主体的变更，不以保险标的的转移为基础，而是取决于投保人或被保险人的主观意愿。人身保险合同主体的变更主要有下列情形：

（1）投保人的变更须征得被保险人的同意并通知保险人，经保险人核准后方可变更。

（2）被保险人的变更。被保险人与投保人是同一人时，投保人经保险人同意即可变更被保险人。

（3）受益人的变更。被保险人或者投保人可以变更受益人并书面通知保险人。投保人变更受益人时须经被保险人同意。

教学互动

（单选题）人身保险合同主体的变更，不以（　　）的转移为基础，而是取决于投保人或被保险人的主观意愿。

A.保险人　　B.代理人　　C.保险合同　　D.保险标的

（二）保险合同的客体变更

保险合同客体变更的主要原因是保险标的的价值发生增减变化，引起保险利益发生变化。保险合同客体的变更，通常是由投保人或被保险人提出，经保险人同意，加批后生效。保险人往往根据变更后的保险合同客体调整保险费率，从而导致保险合同权利义务的变更。

（三）保险合同的内容变更

保险合同的内容变更，是指保险合同主体的权利和义务的变更。保险合同内容的变更一般由投保人提出。投保人变更保险合同的情形有两种：

1.投保人根据实际需要提出变更保险合同内容

例如，延长或缩短保险期限，增加或减少保险金额等。在这种情况下，保险合同内容的变更主要取决于投保人、被保险人的主观意志。

2. 投保人根据法律规定提出变更保险合同内容

在保险合同的履行过程中，由于某些法定事由的出现，投保人必须根据法律规定及时通知保险人。在这种情况下，变更保险合同内容取决于法律的规定。

教学互动

（单选题）保险合同内容的变更一般由（　　）提出。

A. 保险人　　B. 投保人　　C. 代理人　　D. 受益人

（四）保险合同变更的法定程序和法定形式

1. 保险合同变更的法定程序

投保人和保险人可以协商变更合同内容。

2. 保险合同变更的法定形式

变更保险合同须采取书面形式。保险合同变更的书面形式主要有：（1）保险人在保险单或其他保险凭证上批注；（2）保险人在保险单或其他保险凭证上附贴批单；（3）投保人与保险人订立变更保险合同的书面协议。

五、解析保险合同的解除

（一）保险合同解除的含义

保险合同的解除是指在保险合同有效期间，当事人依法律规定或合同约定提前终止合同效力的一种法律行为。保险合同解除与保险合同变更的区别是，前者的目的是终止权利义务关系；后者的目的在于修改权利义务关系，保险合同在修改后将继续履行。

（二）保险合同解除的方式

保险合同解除的方式有以下两种：

1. 法定解除

法定解除是法律赋予合同当事人的一种单方解除权。《保险法》第十五条规定："除本法另有规定或者保险合同另有约定外，保险合同成立后，投保人可以解除保险合同，保险人不得解除合同。"不过，法律对此也有必要的限制：

（1）货物运输保险合同和运输工具航程保险合同，保险责任开始后，合同不得解除；

（2）当事人通过保险合同约定，对投保人的合同解除权做出限制的，投保人不得解除保险合同。

依照《保险法》的有关规定，当发生以下事由时，保险人有权解除保险合同：

（1）投保人故意或过失未履行如实告知义务，足以影响保险人决定是否承保或者以何种保险价格承保；

（2）投保人、被保险人未履行维护保险标的的义务；

（3）被保险人未履行危险增加通知的义务；

（4）在人身保险合同中，投保人申报的被保险人的年龄不真实，并且其真实年龄不符合合同约定的年龄限制；

（5）分期支付保险费的人身保险合同，投保人在支付了首期保险费后，未按约定或法定期限支付当期保险费的，合同效力中止，合同效力中止后两年内双方未就恢复保险合同效力达成协议的，保险人有权解除保险合同；

（6）被保险人或者受益人在未发生保险事故的情况下，谎称发生了保险事故，向保险人提出索赔或者给付保险金的请求的，保险人有权解除保险合同，并不退还保险费；

（7）投保人、被保险人或者受益人故意制造保险事故的，保险人有权解除保险合同，不承担赔偿或给付保险金的责任，并不退还保险费。

2.协议解除

协议解除又称约定解除，是指当事人双方经协商同意解除保险合同的一种法律行为。由于保险合同的解除关系到双方的重大利益，故其约定解除事由应当以书面形式予以记载，解除协议时也应采取书面形式。

六、解析保险合同的终止

（一）保险合同终止的含义

保险合同的终止是指某种法定或约定事由的出现，致使保险合同当事人双方的权利义务灭失。保险合同终止的主要原因有合同的期限届满、履行完毕、主体消失等法定或约定事由，其结果是合同权利义务的终止。

（二）保险合同终止的原因

保险合同的终止，除因合同被解除外，还可能有下述原因：

1.保险合同因期限届满而终止

保险合同终止的最常见、最普遍的原因，是保险合同期限届满。

2.保险合同因履行而终止

所谓保险合同因履行而终止，是指在保险合同有效期间，发生保险事故后，合同因保险人按约定履行了全部保险金赔偿或给付义务而终止。

3.财产保险合同因保险标的灭失而终止

这里所说的保险标的灭失是指保险事故以外的原因造成的保险标的的灭失或丧失。如果保险标的非因保险事故而灭失，投保人就不再具有保险利益，保险合同也就因客体的消失而终止。

4.人身保险合同因被保险人的死亡而终止

人身保险合同以被保险人的寿命或身体为保险标的，其保险利益是投保人对被保险人的寿命或身体所具有的法律上承认的利益。被保险人如果非因保险事故或事件而死亡，投保人对于该保险合同就不再有保险利益，保险合同也就随之而终止。

教学互动

（单选题）保险合同期限届满或履行完毕是指（　　）。

A.合同终止　　B.合同变更　　C.合同无效　　D.合同解除

实践训练

解读一份保险合同

保险合同

甲　　　方：宏达物业管理有限公司

法定代表人：王××

注 册 地 址：北京市××路××号

乙　　　方：齐鲁保险公司

法定代表人：李××

注 册 地 址：北京市××路××号

甲、乙双方本着自愿、平等、互利和诚实信用的原则，经充分协商，就甲方指定乙方为宏达物业管理有限公司××项目（以下统称“本项目”）的承保人，乙方为甲方提供相应保险服务达成以下协议：

一、定义

1.被保险人

甲方为本项目的被保险人。

2.保险人

乙方为本项目的保险人。

3.经纪公司

甲方聘请齐鲁保险公司为保险经纪人，为甲方××项目提供保险经纪服务。

二、合同组成

下列文件应作为本合同的组成部分：

（1）本保险合同；

（2）保险单及批单；

（3）中标通知书；

（4）保险谈判达成的书面协议；

（5）投标文件澄清及投标文件；

（6）招标文件答疑及招标文件；

（7）形成合同的其他有关文件。

上述文件互为补充和解释，如有不清或互相矛盾之处，以上面所列顺序在前的为准，但双方有特别约定的除外。

三、保险明细表及保险条款

详见本章附件。

四、保险费率和保险费

1.保险费率

待保险公司报价。

2.保险费

待保险公司报价。

3.保费支付

详见保单明细。

五、保险期限

一年，自2023年1月1日零时起至2023年12月31日二十四时止。

六、保险服务条款

1.服务机构与服务网络的建立

乙方应专门成立××项目服务小组，在本协议或保单生效后（以先发生者为准）立即投入正式运营，负责受理所有涉及本协议保险的索赔案件。

项目服务小组成员包括：

组　长：张三

副组长：李四

其他成员：王五、赵六、洪七

项目小组组长、副组长人员变动须与甲方协商确定，其他成员人员变动须通知甲方。

2.保险培训服务

本协议有效期内，乙方应根据甲方要求提供培训服务，以提高甲方相关人员的安全意识和防灾防损技能，培训费用由乙方承担，具体举办时间和地点由甲方、乙方和经纪公司协商确定。

3.参加经纪公司组织的例会

乙方应按照甲方要求，参加经纪公司组织召开的保险联席会议，向甲方和经纪公司通报承保、理赔与服务情况，就有关问题进行沟通与协商，保持良好的合作关系。

七、理赔服务条款

1.受理报案

保险事故发生后，甲方应及时向乙方报案，若因特殊情况未能在规定时间内报案，乙方应认可甲方事后出具的书面说明，并视同为及时报案。

2.现场查勘

（1）乙方接到报案后，应向甲方提出事故处理意见，如需现场查勘，应明确告知查勘人员到达事故现场的时间并在承诺时间内到达，否则，甲方有权自行处理事故现场。

（2）在乙方进行现场查勘前，如情况紧急必须尽快恢复生产运营，乙方同意甲方先行施救、修复或人员救治，但甲方应保留相关事故现场材料和事故现场照片。

（3）对于乙方未进行现场查勘的事故，甲方应保留事故现场照片及有关实物证据，乙方同意以甲方提供的索赔资料作为理赔依据。

（4）查勘人员到达事故现场后，应立即查明出险时间、地点、原因，配合甲方做好必要的施救工作以及受损财产的保护、整理工作，查勘人员的现场查勘工作包括：

① 会同甲方进行现场查勘，了解事故原因，对损失现场和损失财产进行必要的拍照；

② 估计损失情况：详细了解人员伤亡、财产损失情况，对受损财产的名称、数量

等进行必要的分类、清点和登记；

③ 对受损财产的损失程度有分歧的，应进行必要的检验；

④ 与甲方商定初步的后续处理方案；

⑤ 与甲方对现场查勘记录进行签字确认等。

3.受理赔案

（1）乙方收到索赔材料后应立即审核，若认为有关证明或资料不完整的，应尽快告知甲方或经纪公司需补充提供的有关证明或资料；

（2）乙方应在自收到完整的索赔资料之日起10个工作日内完成定责定损，并在上述时限内以书面或网络方式给予甲方或经纪公司定责定损意见，否则，即视为双方就赔偿结果达成一致。

4.结案

（1）甲、乙双方就赔偿结果达成一致后，乙方应在7个工作日内缮制赔案；

（2）在已定责的前提下，乙方自收到索赔资料之日起10个工作日内未能确定赔偿金额的，根据甲方要求，应按照已有证明和资料将可以确定的最低数额先予支付，待最终确定赔偿金额后，在3个工作日内支付相应差额。

5.赔案统计表

乙方应在每季度结束后7个工作日内向甲方（或经纪公司）提供截至本季度末的赔案统计表，包括事故发生时间、地点、原因、损失情况、赔案进展情况等信息。

八、其他优惠条件

参见投标文件相关内容。

九、一般条款

1.合同有效期

本合同自签订之日起生效，并在保险有效期内持续有效，如果保险期限结束后存在遗留问题，本合同继续有效，直至保单涉及的各项遗留事宜最终处理完毕为止。

2.合同的变更、解除和续订

本合同如有未尽事宜，经甲方和乙方协商后可随时以书面形式修改或补充，并作为本合同的组成部分，修改或补充部分的效力优于本合同相关内容。

如因特殊原因确有需要解除本合同的，甲方可随时书面通知乙方终止本合同，并注销保单；乙方应提前90天（含）通知甲方退出或终止本合同，并对保单进行相应修改或注销，同时承担因提前退出或终止本合同给甲方造成经济损失的赔偿责任。

3.保密条款

除非下列情况，自本合同生效之日起，甲、乙双方不得将本合同涉及的所有有形、无形的信息及资料（包括但不限于双方的往来书面文件、电子邮件及其他信息资料等）泄露给第三方：

（1）告知经纪公司、为执行本合同而提供相关服务的雇员或顾问，或再保险人、再保险经纪人，或________。

（2）应法律或司法管辖要求而提供，或________。

（3）经甲方和乙方各保险公司书面同意。

本合同一方因过错造成泄密而给另一方造成损失的，过错一方承担经济赔偿责任。

本合同终止时本条款继续并长期有效。

（4）法律责任。

由于本合同一方当事人的过错，造成本合同不能履行或者不能完全履行的，由有过错的一方依法承担违约责任；如属双方当事人的过错，则根据双方当事人过错的实际情况，由双方当事人分别承担各自应负的违约责任。

若发生违约情形，违约方依法依约承担其相应法律责任后，除非守约方同意终止本合同，本合同仍须继续履行。

十、争议解决

1.甲乙双方之间的一切有关本合同的争议应通过友好协商解决。如果协商不成，可通过法律途径解决。

2.因某一保单赔付出现争议的，保单所涉甲方分支机构（被保险人或受益人）有权选择管辖法院。

十一、其他

1.乙方按本合同出具的正式保单作为本合同的有效组成部分，保单与本合同冲突之处，以本合同内容为准，甲乙双方另有明确约定的情况除外。

2.本合同正本2份、副本3份，甲方和乙方各执正本1份、副本1份，经纪公司执副本1份。

甲方：	乙方：
（盖章）	（盖章）
法定代表人：	法定代表人：
（签字）	（签字）
年　月　日	年　月　日

【要求】

1.指出合同的主体和客体；

2.指出合同的类别；

3.指出合同的形式；

4.按保险合同的一般法律程序，讲解其订立、成立、生效、履行、变更、解除和终止的具体事宜。

任务3　解读保险基本原则

案例导入

保险合同订立后要继续履行告知义务

2022年12月，A保险公司承保了一家纺织品公司的企业财产险，保险金额为1亿元，保险期限从2023年1月1日起到2023年12月31日止。保险公司在承保时曾以风险询问表的形式询问纺织品公司是否安装消防自动喷淋设备，纺织品公司告知“已安装”。2023 年 2 月，该纺织品公司告知保险公司其存放成品的仓库未安装消防自动喷淋设备，但强调，根据产品特性，其仓库不能安装该设备，按照惯例也不需要安装。该纺织品公司同时声称，已经采取了其他有效的消防措施，足以保证仓库安全，请求保险人按原保险条件承保。保险公司接到该申请后，随即以批单的形式同意按原保单条件继续承保。2023 年 9 月，该纺织品公司发生火灾，其存放成品的仓库损失严重。该纺织品公司向保险公司提出索赔请求，要求保险公司赔偿人民币 2 500 万元。

资料来源：佚名. 保险的四大基本原则及案例分析［EB/OL］.［2022-04-30］. https://wenku.baidu.com/view/e8bcd6c61ae8b8f67c1cfad6195f312b3169eb39.html?_wkts_=1725793749033.

思考题：保险公司是否应该承担赔偿责任？

保险基本原则是指贯穿于保险法律、法规及其法律活动中的指导思想或指导方针，是人们对保险制度适用经验的总结，也是保险的基本性质和社会功能的总结。它不仅是保险活动当事人应该遵循的基本准则，而且对保险立法、保险司法也有指导意义。保险的基本原则有四个：保险利益原则、最大诚信原则、近因原则、损失补偿原则。

❖ 活动 1　解读保险利益原则

一、明确保险利益及其成立的条件

（一）保险利益与保险利益原则的含义

微课 1-5

保险利益原则

保险利益是指投保人或者被保险人对保险标的具有的法律上承认的利益。它体现了投保人或者被保险人与保险标的之间存在的利害关系。

保险利益原则是指在签订保险合同时或履行保险合同过程中，投保人或者被保险人对保险标的必须具有保险利益的规定。

（二）保险利益成立的条件

保险利益成立的条件如图 1-12 所示。

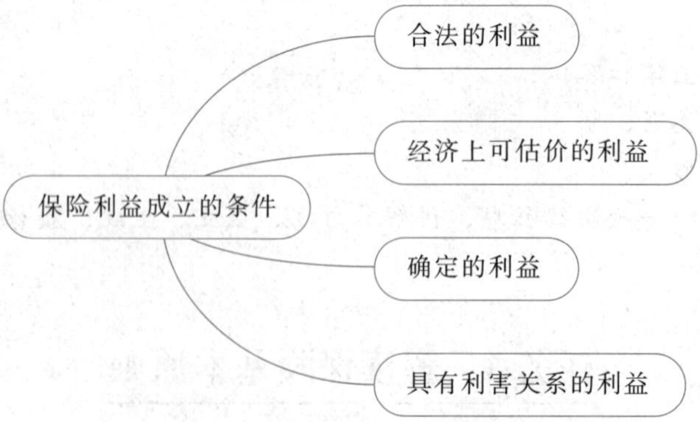

图1-12　保险利益成立的条件

1.保险利益应为合法的利益

保险利益必须是符合法律规定的、符合社会公共秩序、为法律所认可并受到法律保护的利益。因违反法律规定或损害社会公共利益而产生的利益，不能作为保险利益。例如，因盗窃、走私、贪污等非法行为所得的利益不得作为保险利益而投保。

2.保险利益应为经济上可估价的利益

投保人对保险标的的保险利益在数量上应该可以用货币来计量，无法定量的利益不能成为可保利益。在财产保险中，保险利益一般可以精确计算。不能用货币计量其价值的财产（如纪念品、日记、账册等），虽然对投保人有利益，但一般不作为可保财产。一般情况下，人身保险合同的保险利益有一定的特殊性，只要投保人与被保险人具有利害关系，就认为投保人对被保险人具有保险利益。

3.保险利益应为确定的利益

保险利益必须是一种确定的利益，可以用货币形式估价，而且是客观存在的利益，不是当事人主观臆断的利益。

4.保险利益应为具有利害关系的利益

利害关系是指保险标的的安全与损害直接关系到投保人的切身经济利益。投保人与保险标的之间不存在利害关系的话是不能签订保险合同的。在财产保险合同中，保险标的的毁损、灭失直接影响投保人的经济利益，视为投保人对该保险标的具有保险利益；在人身保险合同中，投保人的近亲属，如配偶、子女以及与投保人有雇佣关系的劳动者等的生老病死，与投保人有一定的经济关系，视为投保人对这些人具有保险利益。

二、明确主要险种的保险利益

（一）财产保险的保险利益

财产保险的保险标的是财产及其有关利益，凡因财产及其有关利益受损而遭受损失的投保人，对其财产及有关利益具有保险利益。财产保险的保险利益有下列情况：

1.财产所有人、经营管理人的保险利益

财产所有人、经营管理人因其所有或经营管理的财产一旦损失就会给自己带来经济损失而对该财产具有保险利益，可以为该项财产投保。例如，货物所有人可为其货物投保运输保险；企业的经营者可以为其经营的财产投保企业财产险。

2.抵押权人与质权人的保险利益

抵押权人与质权人因债权债务关系对财产具有经济上的利害关系，因而对抵押、出质的财产均具有保险利益。就银行抵押贷款的抵押品而言，在贷款偿还之前，抵押品的损失会使银行蒙受损失，银行对抵押品具有保险利益；在借款人还款后，银行对抵押品的抵押权消失，其保险利益也随之消失。

教学互动

（单选题）抵押权人与质权人因债权债务关系对财产具有经济上的利害关系，因而对抵押、出质的财产均具有（　　）。

A.保险损失　　B.保险关系　　C.保险利益　　D.保险补偿

3.负有经济责任的财产保管人、承租人等的保险利益

财产的保管人、承租人、承包人等对他们所保管、使用的财产只要负有经济责任，就具有保险利益。

4.合同双方当事人的保险利益

在合同关系中，一方当事人或双方当事人，只要合同标的能给他们带来损失，其对合同标的就具有保险利益。例如，在进出口贸易中，出口方或进口方对其贸易货物均具有投保货物运输保险的保险利益。

（二）人身保险的保险利益

人身保险的保险标的是人的生命或身体，其价值难以用货币计量，但人身保险合同的签订同样要求投保人与保险标的之间具有利害关系。

人身保险的保险利益包括如下情况：

（1）本人对自己的生命和身体具有保险利益，可以作为投保人为自己投保。

（2）投保人对配偶、子女和父母的生命和身体具有保险利益。

（3）投保人对前项以外与投保人有抚养、赡养或者扶养关系的家庭其他成员、近亲属具有保险利益。

（4）投保人对与其有劳动关系的劳动者具有保险利益。例如，单位、企业或雇主对员工具有保险利益，他们可以作为投保人为员工投保。

（三）责任保险的保险利益

责任保险的保险标的是被保险人对第三者依法应负的赔偿责任，因承担经济赔偿责任而支付损害赔偿金和其他费用的人具有责任保险的保险利益。责任保险的保险利益主要包括：

（1）各种固定场所的所有人或经营人（诸如饭店和影剧院），对其顾客、观众等人身伤害或财产损失，依法承担经济赔偿责任的，具有保险利益，可投保公众责任险。

（2）各类专业人员（如医生和律师），由于工作上的疏忽或过失致使他人遭受损害而依法承担经济赔偿责任的，具有保险利益，可投保职业责任险。

（3）制造商和销售商等，因商品质量或其他问题给消费者造成人身伤害或财产损失，依照法律承担经济赔偿责任的，具有保险利益，可投保产品责任保险。

（四）信用保险、保证保险的保险利益

在信用保险和保证保险中，权利人与被保险人之间必须建立合同关系，他们之间存在着经济上的利害关系。债权人对债务人的信用具有保险利益，可以投保信用保险。债务人对自身的信用也具有保险利益，可以按照债权人的要求投保自身信用的保险，即保证保险。

三、保险利益的时效

订立和履行保险合同必须坚持保险利益原则，但在财产保险和人身保险中，保险利益的时效是有区别的。

（一）财产保险保险利益的时效规定

在财产保险中，一般要求从保险合同订立到合同终止，始终都应存在保险利益。如果投保时具有保险利益，发生损失时已丧失保险利益，则保险合同无效，被保险人无权获得赔偿。

（二）人身保险保险利益的时效规定

在人身保险中，由于保险期限长并具有储蓄性，强调在订立保险合同时投保人必须具有保险利益，而索赔时不追究有无保险利益，即使投保人对被保险人因离异、雇佣合同解除或其他原因而丧失保险利益，也不影响保险合同效力，保险人仍负给付被保险人保险金的责任。

教学互动

（案例题）王某以市场价50万元购得一处房产，其预计该房产在一年后将增值100%，申请投保保险金额100万元。请问保险公司是否承保？

❖ 活动2 解读最大诚信原则

一、明确最大诚信原则的含义

最大诚信原则的含义是指当事人真诚地向对方充分而准确地告知有关保险的所有重要事实，不允许存在任何虚伪、欺骗、隐瞒行为。而且，不仅在保险合同订立时要遵守此项原则，在整个合同有效期间和履行合同过程中也都要求当事人遵守最大诚信原则。否则，受到损害的一方，按《中华人民共和国民法典》的规定可以此为由宣布合同无效，或解除合同，或不履行合同约定的义务或责任，甚至对因此而受到的损害还可要求对方予以赔偿。

教学互动

（单选题）保险合同当事人订立合同及在合同有效期内，应依法向对方提供足以影响对方做出订约与履约决定的全部实质性重要事实，同时绝对信守合同订立的约定与承诺，因此，保险合同是（ ）合同。

A.利益 B.最大诚信 C.法律 D.经济

二、明确最大诚信原则的基本内容

最大诚信原则的基本内容包括告知、保证、弃权与禁止反言。告知与保证是对投保人、保险人等保险合同关系人的共同约束；弃权与禁止反言的规定主要是约束保险人的。

（一）告知

告知是指投保方对保险合同成立时保险标的的有关事项向保险人进行口头或书面陈述。

1.告知的内容

保险合同订立时，投保人应将那些足以影响保险人决定是否承保和确定费率的重要事实如实告知保险人。例如，将财产保险中保险标的的价值、品质和风险状况等如实告知保险人；将人身保险中被保险人的年龄、性别、健康状况、既往病史、家族遗传史、职业、居住环境和嗜好等如实告知保险人。

投保人要求保险人告知的内容主要有两方面：

（1）在保险合同订立时，要主动向投保人说明保险合同条款内容，明确说明责任免除条款；

（2）保险人对于不属于保险赔偿（给付）义务的索赔请求，应当向被保险人或者受益人发出拒绝赔偿或者拒绝给付保险金通知书来履行其告知义务。

2.告知的形式

告知的形式有两种，即无限告知和询问回答告知。

（1）无限告知，是指法律或保险人对告知的内容没有明确规定，投保方须主动将保险标的的状况及有关重要事实如实告知保险人。

（2）询问回答告知，又称主观告知，是指投保人只对保险人询问的问题如实告知，对询问以外的问题投保人无须告知。目前，我国采用询问回答告知的形式。

教学互动

（单选题）保险人对于不属于保险赔偿（给付）义务的索赔请求，应当向被保险人或者受益人发出拒绝赔偿或者拒绝给付保险金通知书，以履行其（　　）义务。

A.禁止反言　　B.弃权　　C.保证　　D.告知

（二）保证

1.保证的含义

所谓保证，是指保险人要求投保人或被保险人对某一事项的作为或不作为或对某种事态的存在或不存在做出许诺。保证是保险人签发保险单或承担保险义务，要求以投保人或被保险人必须履行某种义务为条件。保证的内容属于保险合同的重要条款之一。

2.保证的类型

（1）确认保证和承诺保证。

根据保证事项是否已存在，保证可分为确认保证和承诺保证。

①确认保证，是指投保人或被保险人对过去或现在某一特定事实的存在或不存在的保证。确认保证要求投保人或被保险人对过去或投保当时的事实做出如实陈述，而不是对该事实以后的发展情况做出保证。

②承诺保证，是指投保人对将来某一事项的作为或不作为的保证，即对该事项今后的发展作保证。例如，投保人在投保家庭财产盗窃险时，必须保证家中无人时，门窗一定要关好、上锁等。

（2）明示保证和默示保证。

根据保证存在的形式，保证可分为明示保证和默示保证。

①明示保证，是指以文字或书面的形式载明于保险合同中，成为保险合同的条款。明示保证是保证的重要表现形式。例如，机动车辆保险条款规定："被保险人必须对保险车辆妥善保管、使用、保养，使之处于正常技术状态。"

②默示保证，是指习惯上或社会公认的被保险人应在保险实践中遵守的规则，而不载明于保险合同中。默示保证的内容通常是以往法庭判决的结果，是保险实践经验的总结。默示保证在海上保险中运用比较多。

教学互动

（单选题）默示保证的内容通常是以往（　　）的结果。

A.监督机关督察　　B.法庭判决　　C.政府机关立法　　D.仲裁机构仲裁

3.保证与告知的关系

保证与告知都是对投保人或被保险人诚信的要求，但二者还是有区别的。

（1）告知强调的是诚实，对有关保险标的的重要事实如实申报；保证则强调守信，恪守诺言，许诺的事项与事实一致。所以，保证对投保人或被保险人的要求比告知更为严格。

（2）告知的目的是使保险人能够正确估计其所承担的风险；而保证则在于控制风险。

（三）弃权与禁止反言

弃权是指保险人放弃其在保险合同中可以主张的某种权利。禁止反言是指保险人既已放弃某种权利，日后不得再向被保险人主张这种权利。

弃权与禁止反言在人寿保险中有特殊的时间规定，规定保险方只能在合同订立之后一定期限内（一般为两年）以被保险方告知不实或隐瞒为由解除合同，如果超过规定期限没有解除合同，则视为保险人已经放弃这一权利，不得再以此理由解除合同。

教学互动

（单选题）弃权与禁止反言在人寿保险中有特殊的时间规定，规定保险方只能在合同订立之后，一般为（　　），以被保险方告知不实或隐瞒为由解除合同。

A.半年　　B.1年　　C.2年　　D.3年

三、明确违反最大诚信原则的表现和法律后果

（一）告知的违反及其法律后果

投保人或被保险人违反告知的表现主要有四种：

（1）漏报，即投保人一方由于疏忽对某些事项未予申报，或者对重要事实误认为不重要而遗漏申报。

（2）误告，即投保人一方因过失而申报不实。

（3）隐瞒，即投保人一方明知而有意不申报重要事实。

（4）欺诈，即投保人一方有意捏造事实，弄虚作假，故意对重要事实不做正确申报并有欺诈意图。

投保人故意不履行如实告知义务的，保险人对于合同解除前发生的保险事故，不承担赔偿或者给付保险金的责任，并不退还保险费。投保人因重大过失未履行如实告知义务，对保险事故的发生有严重影响的，保险人对于合同解除前发生的保险事故，不承担赔偿或者给付保险金的责任，但应当退还保险费。

（二）保证的违反及其法律后果

无论是明示保证还是默示保证，保证的事项均属重要事实，因而被保险人一旦违反保证的事项，保险合同即告失效，或保险人拒绝赔偿损失或给付保险金，而且，除人寿保险外，保险人一般不退还保险费。

教学互动

（案例题）一家银行投保了火险附加盗窃险，在投保单上写明24小时有警卫值班，保险公司予以承保并以此作为减费的条件。后来该银行被窃，经调查当日24小时内有半小时警卫不在岗。请问：该保险公司是否承担赔偿责任？

❖ 活动3　解读近因原则

一、明确近因原则的含义

近因，是指在风险和损失之间，导致损失的最直接、最有效、起决定作用的原因，而不是指时间上或空间上最接近的原因。

近因原则是判断风险事故与保险标的损失之间的因果关系，从而确定保险赔偿责任的一项基本原则，是保险实务中处理赔偿案时所遵循的重要原则之一。

保险损失的近因，是指引起保险事故发生的最直接、最有效、起主导作用或支配作用的原因。

近因原则，就是指在风险与保险标的损失关系中，如果近因属于被保风险，保险人应负赔偿责任；如近因属于除外风险或未保风险，则保险人不负赔偿责任。

二、分析近因的认定与保险责任的确定

（一）认定近因的基本方法

认定近因的关键是确定风险因素与损失之间的关系。确定这种因果关系的基本方法有以下两种：

（1）从最初事件出发，按逻辑推理直到最终损失发生，最初事件就是最后一个事件的近因。例如，雷击折断大树，大树压坏房屋，房屋倒塌致使家用电器损毁，家用电器损毁的近因就是雷击。

（2）从损失开始，从后往前追溯到最初事件，如没有中断，最初事件就是近因。例如，第三者被两车相撞致死，导致两车相撞的原因是其中一位驾驶员酒后开车，酒后开车就是第三者死亡的近因。

（二）近因的认定与保险责任的确定

致损原因是多种多样的，如图1-13所示，因而对近因的认定和保险责任的确定也比较复杂，要根据具体情况做出具体的分析。

1.单一原因造成损失

单一原因造成损失，即造成保险标的损失的原因只有一个。若这个近因属于被保风险，保险人负赔偿责任；若该项近因属未保风险或除外责任，则保险人不承担赔偿责任。例如，投保人投保了普通家庭财产险，地震引起房屋倒塌，家庭财产受损。若保险条款列明地震属于保险责任，则保险人负责赔偿；反之，则不赔偿。

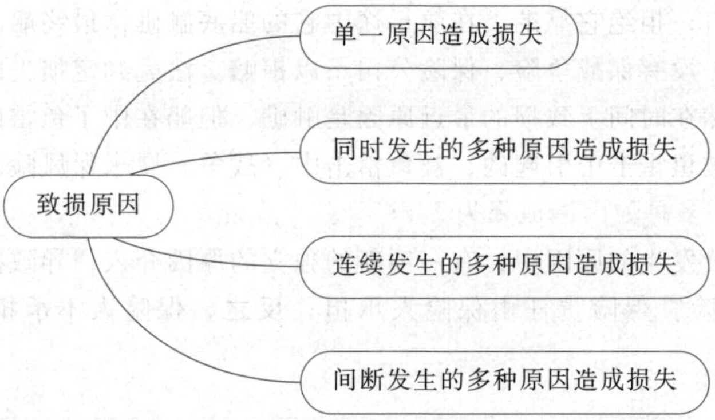

图1-13　致损原因

2.同时发生的多种原因造成损失

同时发生的多种原因造成损失，即各原因的发生无先后之分，且对损害结果的形成都有直接与实质的影响效果，那么，原则上它们都是损失的近因。至于是否承担保险责任，可分为两种情况：

（1）多种原因均属被保风险，保险人负责赔偿全部损失。例如，洪水和风暴均属保险责任，洪水和风暴同时造成企业财产损失，保险人负责赔偿全部损失。

（2）多种原因中，既有被保风险，又有除外风险或未保风险，保险人的责任应视损害的可分性如何而定。如果损害是可以划分的，保险人就只负责被保风险所致损失部分的赔偿。但在很多情况下损害是无法划分的，保险人有时倾向于不承担任何损失赔偿责任，有时倾向于与被保险人协商解决，对损失按比例分摊。

3.连续发生的多种原因造成损失

多种原因连续发生，即各原因依次发生，持续不断，且具有前因后果的关系。如果损失是由两个以上的原因所造成的，且各原因之间的因果关系未中断，那么最先发生并造成一连串事故的原因为近因。如果该近因为保险责任，保险人应负责赔偿损失；反之，不负责赔偿。

（1）连续发生的原因都是被保风险，保险人赔偿全部损失。例如，在财产险中，地震、火灾都属于保险责任。如果是地震引起火灾，火灾导致财产损失这样一个因果关系过程，则保险人应赔偿损失。

（2）连续发生的原因中含有除外风险或未保风险。这分为两种情况：

① 若前因是被保风险，后因是除外风险或未保风险，且后因是前因的必然结果，保险人对损失负全部责任。例如，有艘装载皮革和烟叶的船舶遭遇海难，大量海水侵入船舱，皮革腐烂。海水虽未直接接触包装烟叶的捆包，但由于腐烂皮革的恶臭，使烟叶完全变质。当时被保险人以海难为近因要求保险人全部赔付，但保险人却以烟叶包装没有水渍的痕迹为由而拒赔。后经法院判决，本案烟叶全损的近因是海难，保险人应负赔偿责任。

② 前因是除外风险或未保风险，后因是承保风险，后因是前因的必然结果，保险人对损失不负责任。例如，在第一次世界大战期间，船舶公司的一艘轮船被敌潜艇用鱼雷击中，但仍拼力驶向港口。由于情况危急，又遇到大风，港务当局担心该船会沉在码

头泊位上堵塞港口，拒绝它靠港。在航行途中它的船底触礁，最终船沉没了。该船只保了海上一般风险，没有保战争险，保险公司予以拒赔。法庭判定损失的近因是战争，保险公司胜诉。虽然在时间上致损的最近原因是触礁，但船在中了鱼雷以后，始终没有脱离险情。触礁是被鱼雷击中引起的，被鱼雷击中（战争）属未保风险。

4.间断发生的多种原因造成损失

在一连串连续发生的原因中，有一项新的独立的原因介入，导致损失，若新的独立的原因为被保风险，保险责任由保险人承担；反之，保险人不承担损失赔偿或给付责任。

教学互动

（案例题）战争期间，一批咖啡被投保了海运货物一切险，但未保战争险。运送该批咖啡的船舶突然意外触礁，船长下令施救，结果有1 000袋咖啡被救上岸，却被敌方所捕获。其余的咖啡则因来不及抢救，和船舶一起沉没。对此事故，保险人应该如何赔偿？

❖ 活动4　解读损失补偿原则

一、明确损失补偿原则的含义、限制条件和例外

（一）损失补偿原则的含义

损失补偿原则是指保险合同生效后，当保险标的发生保险责任范围内的损失时，通过保险赔偿，使被保险人恢复到受灾前的经济原状，但不能因损失而获得额外收益。该原则包括两层含义：（1）补偿以保险责任范围内损失的发生为前提；（2）补偿以被保险人的实际损失及有关费用为限，不仅包括被保险标的的实际损失价值，还包括被保险人花费的施救费用、诉讼费等。

（二）损失补偿原则的限制条件

损失补偿原则的限制条件如图1-14所示。

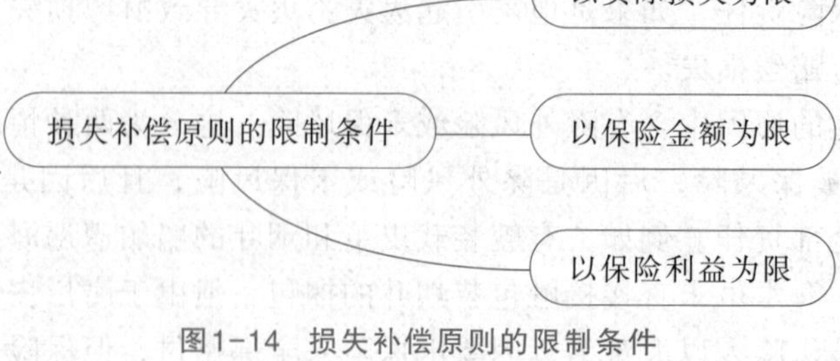

图1-14　损失补偿原则的限制条件

1.以实际损失为限

在补偿性保险合同中，保险标的遭受损失后，保险赔偿以被保险人所遭受的实际损失为限，全部损失全部赔偿，部分损失部分赔偿。例如，财产保险以受损标的当时的市场价计算赔款额，赔款额不应超过该项财产损失时的市价。

教学互动

（案例题）一台机床投保时按其市价确定保险金额为5万元，发生保险事故时的市场价为2万元，则保险公司应赔偿多少？

2.以保险金额为限

保险金额是指保险人承担赔偿或者给付保险金责任的最高限额。赔偿金额只应低于或等于保险金额而不应高于保险金额。即使发生通货膨胀，仍以保险金额为限。

教学互动

（案例题）一房屋投保时按其市场价值确立保险金额为20万元，发生保险事故全损，全损时的市场价为25万元。请问：保险公司的赔偿金额应为多少？

3.以保险利益为限

保险人的赔偿以被保险人所具有的保险利益为前提条件和最高限额，被保险人所得的赔偿以其对受损标的的保险利益为最高限额。例如，在财产保险中，如果保险标的受损时财产权益已全部转让，则被保险人无权索赔；如果受损时保险财产已转让，则被保险人对已转让的财产损失无索赔权。在银行抵押贷款中，如银行将抵押品投保，则银行的可保利益以其贷款额度为限。

教学互动

（案例题）王某独立经营一运输船，投保时船的保险价值和保险金额为1 000万元，保险期限为1年。投保3个月后，将其船只的40%转让给李某，投保8个月后船全损。请问：保险公司的赔偿金额应为多少？

（三）损失补偿原则的例外

损失补偿原则虽然是保险的一项基本原则，但有一些例外情况。

1.人身保险

由于人身保险的保险标的是无法估价的人的生命或身体机能，其可保利益也是无法估价的。被保险人发生伤残、死亡等事件，对其本人及其家庭所带来的经济损失和精神上的痛苦都不是保险金所能弥补的，所以人身保险合同不是补偿性合同，而是给付性合同，损失补偿原则不适用于人身保险。

2.定值保险

定值保险，是指保险合同双方在订立保险时，约定保险标的的价值，并以此确定为保险金额，视为足额保险。当保险事故发生时，保险人不论保险标的的实际价值是大于还是小于保险金额，均按损失程度足额赔付，在这种情况下，保险赔款可能超过实际损失。

3.重置价值保险

重置价值保险，是指以被保险人重置或重建保险标的所需费用或成本确定保险金额的保险。一般情况下，财产保险是按保险标的的实际价值投保，发生损失时，按实际损失赔付，使受损的财产恢复到原来的状态，由此恢复被保险人失去的经济利益。但是，由于通货膨胀、物价上涨等因素，有些财产（如建筑物或机器设备）即使按实际价值足额投保，保险赔款也不足以进行重置或重建。为了满足被保险人对受损的财产进行重置或重建的需要，保险人允许投保人按超过保险标的实际价值的重置或重建价值投保，发生损失时，按重置费用或成本赔付。这样就可能出现保险赔款大于实际损失的情况，所以，重置价值保险也是损失补偿原则的例外。

教学互动

（单选题）人身保险的保险标的是无法估价的，其可保利益也是无法估价的。保险金只能在一定程度上帮助被保险人及其家庭缓解由于保险事故的发生所带来的经济困难，所以（　　）原则不适用于人身保险。

A.保险利益原则　B.损失补偿原则　C.近因原则　D.最大诚信原则

二、明确损失补偿的派生原则

（一）重复保险分摊原则

1.重复保险分摊原则的含义

重复保险分摊原则是指在重复保险的情况下，当保险事故发生时，各保险人应采取适当的分摊方法分配赔偿责任，使被保险人既能得到充分的补偿，又不会超过其实际损失而获得额外的利益。

2.重复保险的分摊方式

重复保险的分摊赔偿方式主要包括比例责任分摊方式、限额责任分摊方式和顺序责任分摊方式三种。

（1）比例责任分摊方式。

在这种方式下，各保险人按其承保的保险金额占保险金额总和的比例分摊保险事故造成的损失支付赔款。在我国，重复保险依法采用比例责任方式赔偿。其计算公式为：

$$\text{各保险人承担的赔款}=\frac{\text{损失金额}\times\text{该保险人承担的保险金额}}{\text{各保险人承担的保险金额总和}}$$

教学互动

（案例题）B财产的保险金额总和是140万元，投保人与甲、乙保险人订立合同的保险金额分别是80万元和60万元。若保险事故造成的实际损失是80万元，那么，甲、乙保险人各应赔偿多少?

（2）限额责任分摊方式。

在这种方式下，各家保险公司的分摊不以其保险金额为基础，而是在假设无他保情况下以单独应负的赔偿责任限额占各家保险公司赔偿责任限额之和的比例分摊损失金额。其计算公式为：

$$\text{各保险人承担的赔款}=\frac{\text{损失金额}\times\text{该保险人的赔偿限额}}{\text{各保险人承担的赔偿限额总和}}$$

教学互动

（案例题）A、B两家保险公司承保同一财产，A公司保额为4万元，B公司保额为6万元，实际损失为5万元。A公司在无B公司的情况下应赔4万元，B公司在无A公司的情况下应赔5万元。那么，A、B保险公司实际各应赔偿多少？

（3）顺序责任分摊方式。

在这种方式下，各保险公司按出单时间顺序赔偿，先出单的公司先在其保额限度内负责赔偿，后出单的公司只在损失额超出前一家公司的保额时，在自身保额限度内赔偿超出部分。

教学互动

（案例题）发货人及其代理人同时向甲、乙两家保险公司为同一财产分别投保10万元和12万元，甲公司先出单，乙公司后出单，被保财产实际损失16万元。那么，甲、乙保险公司实际各应赔偿多少？

（二）代位追偿原则

1.代位追偿原则的含义

代位追偿原则是损失补偿原则的派生原则，是指在财产保险中，由于第三者责任导致发生保险事故造成保险标的的损失，保险人按照合同的约定履行保险赔偿义务后，依法取得对保险标的的所有权或对保险标的的损失负有责任的第三者的追偿权。保险人所获得的这种权利就是代位追偿权。

教学互动

（单选题）代位追偿权是（　　）的转移。

A.索赔权　　B.追索权　　C.债权　　D.偿付权

2.代位追偿原则的适用范围

（1）保险代位追偿原则适用于财产保险合同，而不适用于人身保险合同。在人身保险合同中，被保险人因第三者的行为而发生死亡、伤残或者疾病等保险事故的，保险人向被保险人或者受益人给付保险金后，不享有向第三者追偿的权利，但被保险人或者受益人仍有权向第三者请求赔偿。

（2）在财产保险合同中，保险人不得对被保险人的家庭成员或者其组成人员行使代位请求赔偿的权利，除非被保险人的家庭成员或者其组成人员故意造成保险事故。

3.代位追偿原则的主要内容

代位追偿原则的主要内容包括权利代位和物上代位。

（1）权利代位。

权利代位即追偿权的代位，是指在财产保险中，保险标的由于第三者责任导致保险损失，保险人向被保险人支付保险赔款后，依法取得对第三者的索赔权。因第三者对保险标的的损害而造成保险事故的，保险人自向被保险人赔偿保险金之日起，在赔偿金额范围内代位行使被保险人对第三者请求赔偿的权利。

(2) 物上代位。

物上代位是指保险标的遭受保险责任范围内的损失，保险人按保险金额全数赔付后，依法取得该项标的的所有权。物上代位一般产生于对保险标的做推定全损的处理。所谓推定全损是指保险标的遭受保险事故尚未达到完全损毁或完全灭失的状态，但实际全损已经不可避免；或者修复费用将超过保险价值；或者失踪达一定时间，保险人按照全损处理的一种推定性的损失。由于推定全损是保险标的并未完全损毁或灭失，即还有残值，而失踪可能是被他人非法占有，并非物质上的灭失，日后或许能够得到索还，所以保险人在按全损支付保险赔款后，理应取得保险标的的所有权，否则被保险人就可能由此而获得额外的收益。

教学互动

(案例题) A工厂有栋价值1 000万元的厂房，现分别向甲、乙、丙三家保险公司投保一年期的火灾保险，三家公司承保的保险金额分别为200万元、800万元和1 000万元。若在保险有效期内厂房发生火灾损失800万元，甲、乙、丙三家保险公司该如何分摊赔偿责任？假定三家公司的出单顺序为甲、乙、丙，在顺序责任分摊方式下，各家保险公司实际应支付多少赔偿款？

实践训练

分析保险基本原则的运用

实训一

4岁女孩韩某的父母在国外工作，其暂时由居住在北京的爷爷抚养。在韩某父母不知情的情况下，爷爷为其购买了一份定期保险，并指定自己为该保险受益人。半年后，韩某意外死亡。父母和爷爷要求保险公司给付死亡保险金，遭到保险公司拒绝。请问：保险公司的做法合理吗？

实训二

A宾馆投保了火险附加盗窃险，在投保单上写明能做到全天有警卫值班，保险公司予以承保并以此作为减费的条件。该宾馆于50日之后被盗。经调查，事发时该日值班警卫因正当理由离开岗位仅10分钟。请问：宾馆所做的保证是一种什么保证？保险公司是否能以此为由拒赔？

实训三

有一批货物出口，货主以定值保险的方式投保了货物运输保险，按投保时的实际价值与保险人约定保险价值为100万元，保险金额也为100万元。后货物在运输途中发生保险事故，出险时当地完好市价为80万元。请问：(1) 如果货物全损，保险人如何赔偿？赔款为多少？(2) 如果部分损失，损失程度为50%，则保险人如何赔偿？赔款为多少？

实训四

黄某2023年12月23日向A保险公司投保了保险期间为1年的家庭财产保险，其保险金额为20万元。2024年2月26日，黄某家因意外发生火灾。火灾发生时，黄某的家庭财产实际价值为30万元。若按第一危险赔偿方式（按保险金额范围内的损失均予以赔偿的方式），则：（1）财产损失15万元时，保险公司应赔偿多少？为什么？（2）家庭财产损失25万元时，保险公司又应赔偿多少？为什么？

实训五

2022年3月，赵某被确诊患有高血压，同年8月15日，赵某投保了保险金额为20万元、期限为20年的定期寿险，投保时隐瞒了病情。2023年9月12日，赵某病情发作，不幸去世。被保险人的丈夫叶某作为家属请求保险公司给付保险金。请问：保险公司是否应承担给付保险金的责任？为什么？

实训六

李某在游泳池内被从高处跳水的张某撞昏，溺死于水池底。李某生前投保了一份健康保险，保额为5万元，游泳馆也为每位游客投保了一份意外伤害保险，保额为2万元。事后，张某承担民事损害赔偿责任10万元。请问：（1）在未指定受益人的情况下，李某的家人能领取多少保险金？（2）对张某的10万元赔款应如何处理？

项目小结

保险是集合具有同类风险的众多单位和个人，以合理计算风险分担金的形式，向少数因该风险事故发生而受到经济损失的成员提供经济保障的一种行为。按照保险标的分类，保险可分为财产保险和人身保险，我们将在项目二和项目三中分别学习。一般而言，保险主要有三大功能：保障功能、资金融通功能和社会管理功能。其中，保障功能是保险业的立业之基，最能体现保险业的特色和核心竞争力。

保险合同就是投保人与保险人约定权利义务关系的协议，是一种民商合同。保险合同的当事人是投保人和保险人；保险合同的内容是保险双方的权利义务关系。

保险原则是在保险发展的过程中逐渐形成并被人们公认的基本原则。保险的基本原则有四个：保险利益原则、最大诚信原则、近因原则、损失补偿原则。

项目训练

（一）单选题

1.投保人或被保险人失去了对保险标的的保险利益，保险合同随之失效，但（　　）合同除外。

A.信用保险　　B.财产保险　　C.人寿保险　　D.责任保险

2.保险与救济的根本性质不同，以下描述正确的是（　　）。

A.保险和救济的提供主体和资金来源相同

B.救济是一种商业行为，而保险则是社会行为

C.保险和救济的受益期限和可靠性相同

D.保险和救济在消费目的上完全相似

3.以下不属于财产保险的具体分类的是（　　）。

A.企业财产保险　B.家庭财产保险　C.运输工具保险　D.医疗保险

4.在损失补偿原则中，补偿以保险责任范围内的（　　）为前提。

A.损失　B.风险　C.事件　D.危险

5.以下不属于投保人在保险合同订立时应当告知保险人的内容的是（　　）。

A.保险标的的价值　B.被保险人的健康状况

C.保险人的财务状况　D.被保险人的职业

6.关于保证的含义，以下说法正确的是（　　）。

A.保证仅指投保人对保险人询问问题的回答

B.保证是投保人对某一事项做出的承诺，保险人可据此决定是否签发保险单

C.保证是保险合同中可有可无的条款

D.保证只在财产保险中存在

7.保险的三大功能中，保障功能主要体现在（　　）。

A.保险资金的融通和再投资

B.保险资金的保值和增值

C.财产保险的补偿功能和人身保险的给付功能

D.保险对社会风险的主动控制和预防

8.保险的资金融通功能是指（　　）。

A.保险公司提供保险产品的过程

B.将保险资金中闲置的部分重新投入到社会再生产过程中的金融中介作用

C.保险公司与客户签订保险合同的过程

D.保险公司对风险进行管理和控制的过程

9.保险的社会管理功能主要体现在（　　）。

A.保险资金的流动性和安全性

B.保险公司的风险管理和风险控制

C.社会保障管理、社会风险管理、社会关系管理和社会信用管理

D.保险产品的设计和推广

（二）多选题

1.人身保险的主要类型包括（　　）。

A.人寿保险　B.财产损失保险

C.健康保险　D.意外伤害保险

2.关于最大诚信原则，下列选项正确的有（　　）。

A.当事人必须在合同订立时向对方充分告知有关保险的重要事实

B.最大诚信原则仅适用于保险合同订立时，不适用于合同履行过程中

C.如果一方违反最大诚信原则，另一方可以宣布合同无效

D.最大诚信原则包括告知、保证、弃权与禁止反言四个方面

3.以下情况属于投保人违反告知义务的表现的有（　　）。

A.投保人故意不申报重要事实

B.投保人因疏忽漏报某些事项

C.投保人对重要事实误认为不重要而遗漏申报

D.投保人因过失申报不实

4.保险合同的订立过程中，以下说法正确的有（ ）。

A.保险合同的订立需要投保人和保险人的意思达成一致

B.保险合同的订立是一个反复协商的过程

C.保险合同成立后，保险人应及时签发保险单或其他保险凭证

D.保险合同的订立过程中只需要保险人同意即可成立

5.以下关于保险合同的生效说法，正确的有（ ）。

A.保险合同的生效需要满足约定的交纳保险费条件

B.在我国保险实务中通常采用“零点起保”的规定

C.保险合同的生效和成立是相同的概念

D.保险合同生效后，即使发生保险事故，保险人也不承担责任

（三）简答题

1.简述保险与储蓄的相似点和不同点。

2.简述保险的社会管理功能，并提供一个具体的例子加以说明。

3.简述保险合同的订立过程和保险合同成立后的保险人责任。

4.简述告知的形式及其在保险合同中的重要性。

（四）综合实训

1.张某以自己为受益人为其丈夫李某投保死亡保险，并征得李某的同意。后双方离婚，李某未变更受益人。在李某因保险事故死亡后，张某能否作为受益人请求给付保险金？

2.2021年11月12日，一家单位为全体职工投保了简易人身险，每个职工50份(5年期)，月交保险费30元。2024年5月，该单位职工付某因交通事故不幸死亡，他的家人带着单位开出的介绍信及相关的证明资料，到保险公司申领保险金。保险公司在查验这些单证时，发现被保险人付某投保时所填写的年龄与其户口簿上所登记的不一致，投保单上所填写的64岁显然是不真实的。实际上，投保时付某已经67岁，超出了简易人身险条款规定的最高投保年龄（65岁）。于是，保险公司以单位投保时申报的被保险人的年龄已超出保险合同约定的年龄限制为理由，拒付该笔保险金，并在扣除手续费后，向该单位退还了付某的保险费。请问：保险公司的做法是否合适？

3.一企业集体投保团体人身意外伤害保险，被保险人王某骑车被卡车撞倒，造成伤残并住院治疗。在治疗过程中，王某因急性心肌梗死而死亡。请问：保险公司是否承担保险责任？

4. S企业以价值200万元的厂房作抵押贷款100万元，发生保险事故，厂房全损。请问：保险公司的赔偿金额应为多少？

5. 王某之子正在上小学。学校集体为学生购买了平安保险附加意外伤害医疗保险。2023 年 9 月 12 日，王某之子在学校操场上活动，被一个学生抛来的石子击中右眼，之后被马上送医院救治。虽经医院多方医治，无奈眼球已经被打坏，最后，只能将眼球摘除。保险公司根据合同，支付了保险金和医疗费。有人说，还应该找肇事孩子的家长，要求其赔偿损失；还有人说，保险公司已经赔了，不能也没有权利再要求事故责任方进行赔偿。你如何看待此事呢？

项目二

财产保险实务

学习目标

知识目标：1. 了解财产保险的概念、企业财产保险的含义和保障范围、家庭财产保险的含义和保障范围、机动车辆保险的含义及特点、各种货物运输保险的概念、各种责任保险的概念；

2. 熟悉财产保险的种类、企业财产保险保险费率的影响因素和保险金额的确定方式、家庭财产两全保险和家庭财产附加险、机动车辆保险的险别、机动车辆保险的保险金额和赔偿标准、机动车辆保险的无赔款优待；

3. 掌握财产保险的特征，各种财产保险的保险责任、附加责任、除外责任、保险期限、保险费率、保险金额、保险价值和赔偿处理。

技能目标：1. 能够正确判断财产保险的类别；

2. 结合案例，解读企业财务保险单，正确计算和处理企业财产保险的赔偿；

3. 结合案例，解读家庭财务保险单，正确计算和处理家庭财产保险的赔偿；

4. 结合案例，解读机动车辆保险单，正确计算和处理机动车辆保险的赔偿；

5. 结合案例，解读货物运输保险单，正确计算和处理货物运输保险的赔偿；

6. 结合案例，解读各种责任保险单，正确计算和处理各种责任保险的赔偿。

素养目标：1. 引导学生关注我国政府致力于扩大农业保险覆盖面，培养学生爱国情怀；

2. 了解机动车辆保险，加强学生安全意识；

3. 了解野生动物公众责任保险，提高学生对野生动物保护工作的知晓度和认可度。

项目思维导图

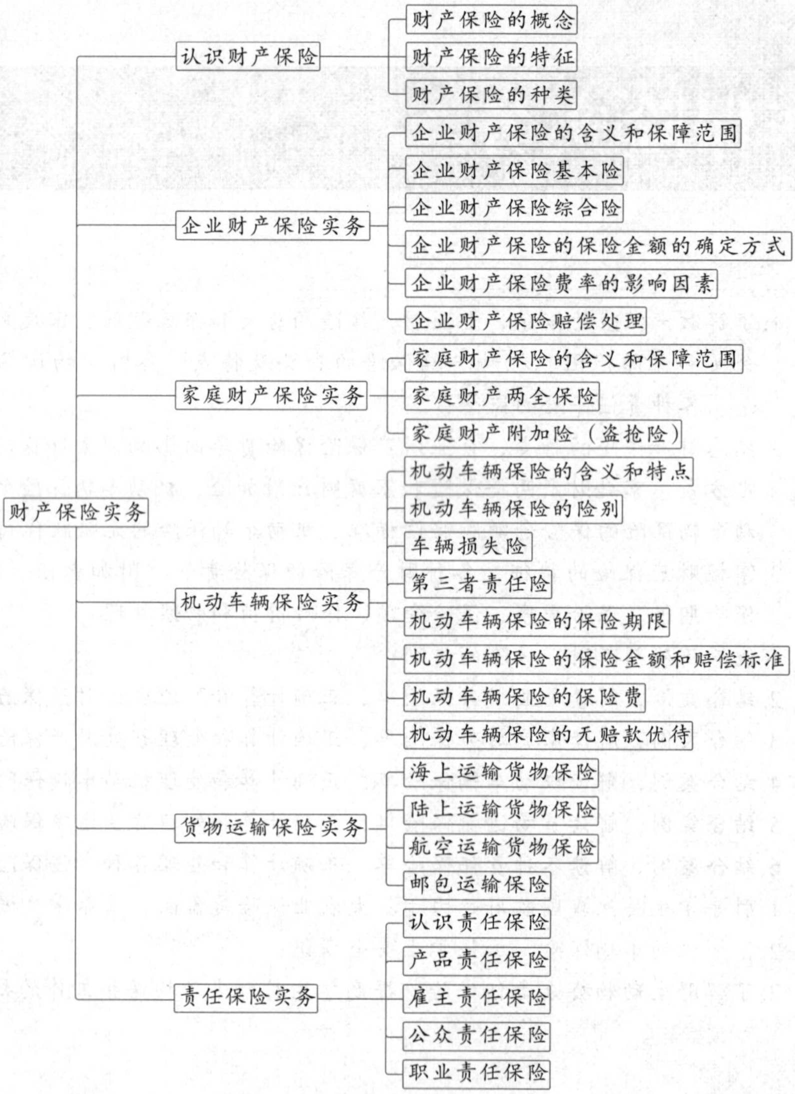

任务1　认识财产保险

案例导入

倒霉的悲剧作家

某日，古希腊悲剧作家埃斯库罗斯被一个术士警告，说他住的房子将要倒塌，而且他会被砸死。于是他立即离开城里的家，把床放在旷野上，远离房屋，露天而眠。一只老鹰抓着一只乌龟，飞过那里时，见到埃斯库罗斯光秃秃的头，好像一块大石头，就把那只乌龟丢到他的秃头上，想把乌龟壳敲碎，可怜的埃斯库罗斯就此早逝。

意外的发生是我们不能预见的，但我们可以做好准备，这样就不至于像埃斯库罗斯那样四处躲避，结果还是难逃厄运。保险就是备用胎，保险就是预防针，保险就是降落伞。拥有保险，生活才能安心、安稳、快乐。

资料来源：作者根据相关资料整理。

思考题：为防患于未然，我们如何选择切合自身利益的财产保险？

❖ 活动 1　了解财产保险的概念

财产保险是指投保人根据合同约定，向保险人交付保险费，保险人按保险合同的约定对所承保的财产及其有关利益因自然灾害或意外事故造成的损失承担赔偿责任的保险。

财产保险起源于意大利的海上保险，早在中世纪的海事法规中就已含有保险性条款。16 世纪以后，随着西欧国家的迅速发展，买卖保险契约行为已相当普遍。到了 17 世纪，随着海上贸易中心的转移，英国伦敦成为世界最主要的海上保险市场。1666 年 9 月 2 日，伦敦发生了历史上最严重的火灾。第二年，有人开始承保房屋的火灾风险。此后，依照海上保险的做法，对陆上财产的承保范围逐步扩大到几乎一切自然灾害和意外事故风险，保险标的从房屋扩大到任何有形财产，最后发展到无形财产，甚至因财产而产生的利益也可以承保。

❖ 活动 2　掌握财产保险的特征

财产保险的特征如图 2-1 所示。

一、财产风险的特殊性

财产形式的多样性决定了财产风险的多样性。财产保险承保的风险不仅包括各种各样的自然灾害和意外事故风险，而且包括法律责任和信用行为风险。财产保险承保的损失既包括风险事故所造成的物质损毁和赔偿责任等直接经济损失，还包括因风险事故的发生而导致的费用支出、利润丧失等间接经济损失。

微课 2-1

财产保险的特征

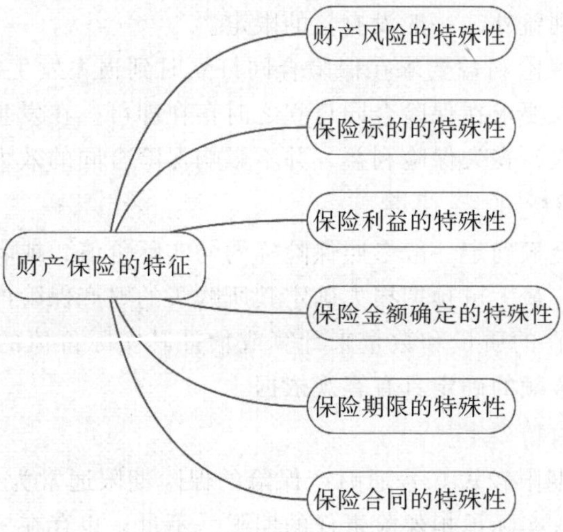

图2-1　财产保险的特征

教学互动

（单选题）在财产保险中，财产风险具有多样性的原因是（　　）。

A.财产保险承保的风险中具有法律责任和信用行为风险

B.财产形式的多样性

C.保险标的的特殊性

D.保险利益的特殊性

二、保险标的的特殊性

财产保险的保险标的包括财产及其有关的经济利益、损害赔偿责任等。其存在形式可以分为有形财产、无形财产或有关利益。有形财产是指厂房、机器设备、机动车辆、船舶、货物、家用电器等；无形财产或有关利益指各种费用、产权、预期利润、信用和责任等。

财产保险的保险标的必须是可以用货币衡量价值的财产或利益，而无法用货币衡量价值的财产或利益不能作为财产保险的保险标的，如空气、江河和国有土地等。

教学互动

（单选题）可以作为财产保险保险标的的是（　　）。

A.厂房设备　　B.空气　　C.江河　　D.国有土地

三、保险利益的特殊性

财产损失保险是财产保险中的基本保险业务。与人身保险相比，财产损失保险的保险利益的特殊性主要体现在以下三个方面：

（1）财产保险的保险利益产生于人与物之间的关系，即投保人与保险标的之间的关系；人身保险的保险利益则产生于人与人之间的关系。

（2）在财产保险中，保险利益有量的规定性，不仅要考虑投保人对标的有没有保险利益，还要考虑保险利益的额度大小。保险金额须以财产的实际价值为限，保险金额超过财产的实际价值部分将因投保人无保险利益而无效；人身保险的保险利益，除债权人与债务人之间的保险利益外，一般没有量的限定。

（3）财产保险的保险利益要求在保险合同订立时到损失发生时的全过程中都存在。人身保险的保险利益仅要求在保险合同订立之时存在即可。在发生保险事故时，投保人对保险标的（被保险人）丧失保险利益，并不影响保险合同的效力。

四、保险金额确定的特殊性

财产保险的保险金额确定一般参照保险标的的实际价值，或者根据投保人的实际需要参照最大可能损失、最大可预期损失确定其所购买的财产保险的保险金额。由于各种财产都可依据客观存在的质量和数量来计算或估计其实际价值的大小，因此，在理论上，财产保险的保险金额的确定具有客观依据。

五、保险期限的特殊性

财产保险的保险期限较短。普通财产保险的保险期限通常为1年或者1年以内，并且保险期限就是保险人实际承担保险责任的期限。不过，也存在一些特殊情况，在货物运输保险和船舶保险中，保险期限实际是一个空间范围。例如，在远洋船舶航程保险中，保险期限以保单上载明的航程为准，即自起运港到目的港为保险责任的起讫期限。

六、保险合同的特殊性

保险人只有在合同约定的保险事故发生并造成被保险人的财产损失时才承担经济补偿责任，而且补偿的额度以被保险人在经济利益上恢复到损失以前的状况为限，不允许被保险人获得额外利益。因此，在财产保险合同中，尽管可能出现超额保险、不足额保险、重复保险等现象，但是保险人在赔付的过程中都会按照损失补偿原则进行处理。

❖ 活动3 熟悉财产保险的种类

财产保险一般分为财产损失保险、责任保险、信用保险和保证保险，如图2-2所示。

一、财产损失保险

财产损失保险是以各种有形的物质财产、相关的利益以及其责任为保险标的保险。财产损失保险具体包括以下几种类型。

（一）企业财产保险

企业财产保险是适用于各种企业、社团机关和事业单位的一种财产保险，主要承保因火灾或其他自然灾害和意外事故造成被保险人的财产损失。目前，我国企业财产保险产品有企业财政保险基本金、企业财产保险综合险、财产险和财产一切险。

（二）家庭财产保险

家庭财产保险是适用于我国城乡居民家庭的一种财产保险，其承保责任范围与企业财产综合险的范围基本相同。家庭财产保险常见的险种有：普通家庭财产保险、家庭财产两全保险、投资保障型家庭财产保险及各种附加险。

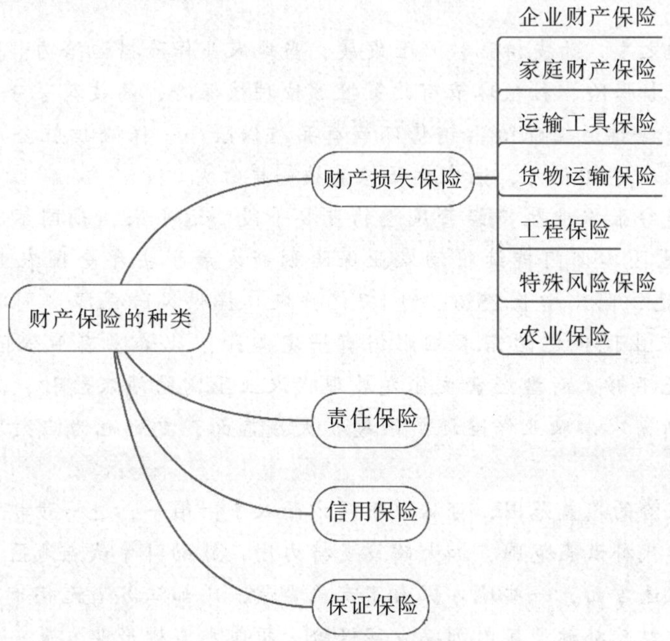

图2-2 财产保险的种类

(三) 运输工具保险

运输工具保险承保因遭受自然灾害和意外事故造成的运输工具的损失及第三者损害赔偿责任。运输工具保险常见的险种有：机动车辆保险、船舶保险和飞机保险等。

(四) 货物运输保险

货物运输保险承保货物在运输中因遭受自然灾害和意外事故所造成的损失。货物运输保险常见的险种有：国内水路、陆路货物运输保险，国内航空货物运输保险，海洋运输货物保险及各种附加险和特约保险等。

(五) 工程保险

工程保险主要承保各种工程由于不可预料的事故造成的损失、费用和责任。工程保险常见的险种有：建筑工程一切险和安装工程一切险。

(六) 特殊风险保险

特殊风险保险是根据特殊行业设计的各种保险，承保对象具有较强的专业性。特殊风险保险常见的险种有：航天保险、核电站保险和海洋石油开发保险等。

(七) 农业保险

农业保险承保种植业、养殖业、饲养业、捕捞业在生产过程中因自然灾害和意外事故所造成的损失。农业保险常见的险种有：种植业保险和养殖业保险等。

案例分析

扩大农业保险覆盖面

广东茂名高州市根子镇柏桥村荔枝园里，火红的荔枝挂满枝头。说起今年的收成，果农张仙凤喜上眉梢："种荔枝高投入、高产出，现在有农业保险全程护航，心里踏实多了。"

茂名是荔枝之乡，为支持荔枝产业发展，当地农业保险措施给力。荔枝育种环节有古树种质资源保护保险，种植环节有政策性荔枝种植保险、荔枝花芽分化期气象指数保险，运输环节有冷链运输保险，销售环节有品质保险……保险护航全产业链，2022年全市荔枝销售收入超80亿元，荔农生活像荔枝一样红火。

农业保险是分散农业生产经营风险的重要手段。近年来，我国不断健全农业保险政策体系，各地区各部门持续推动农业保险创新发展，去年全国农业保险实现保费收入1 219.4亿元，同比增长25%，为1.7亿户农户提供风险保障。同时也应看到，农业保险发展与农业现代化的需求相比仍有一定差距。比如，农业保险覆盖面还比较低，产品供给还不够，新型经营主体发展现代农业亟需的涉农险种，不少还得不到有效满足。面对新需求，农业保险还要继续扩大覆盖面，更好地为广大农民增收致富提供保障。

扩大农业保险的覆盖范围，可从以下两方面入手：第一，进一步扩大地方优势特色农产品保险以奖代补试点范围，加大政策支持力度，鼓励引导试点地区按照自主自愿原则推行保险。在这方面，一些地方探索了有益尝试，比如江苏省无锡市在桃种植保险基础上，增加地方财政补贴型桃附加病虫害保险，护航水蜜桃产业发展；云南省普洱市开展"保险+期货"项目，应对天然橡胶价格大起大落，保障胶农收益。第二，提高农户投保率。部分农民存在对农业保险政策不了解、参保意愿不强、积极性不高的问题，一些规模不大的专业生产户和新型经营主体，因为难以承受较高保费没有参保。因此，调动农户投保积极性，要不断提高农业保险政策的“含金量”，在顶层规划、产品设计、服务体系等方面发力，增强产品和服务的吸引力；要加强宣传培训，提高农民对农业保险政策、产品、参保必要性和好处的认知；继续加大财政支持力度，扩大中央财政补贴目录，以更大的惠农力度增强农民的投保意愿。

资料来源：作者根据相关资料整理。

分析：全面推进乡村振兴，加快建设农业强国，农业保险大有可为。新征程上，要继续扩大农业保险覆盖面，更好地满足农业现代化的保障需求，为守好“米袋子”、拎稳“菜篮子”、鼓起“钱袋子”，撑好“防护伞”。

教学互动

（单选题）（　　）属于企业财产保险。

A.种植业保险　　B.建筑工程一切险

C.财产险　　D.家庭财产保险

二、责任保险

责任保险是以被保险人的民事损害赔偿责任为保险标的的保险。责任保险既可以在各种财产保险之上附加承保，如建筑工程第三者责任保险、船舶碰撞责任保险等，也可以单独承保，如公众责任保险、产品责任保险、雇主责任保险和职业责任保险等。

三、信用保险和保证保险

（一）信用保险

信用保险是以信用风险为保险标的的保险。具体来说，它是权利人要求保险人承保对方信用的一种保险，如出口信用保险，主要承保出口商因买方不履行贸易合同的义务而遭受的经济损失。

（二）保证保险

保证保险承保的也是信用风险。具体来说，它是被保证人根据权利人的要求投保自己信用的一种保险。保证保险常见的险种有：合同保证保险、产品保证保险、雇员忠诚保证保险等。

凡是权利人要求保险人担保对方信用的保险，属于信用保险；凡被保证人根据权利人的要求投保自己信用的保险，属于保证保险。

教学互动

（单选题）财产保险中的基本保险业务是（　　）。

A.财产损失保险　　B.财产保险　　C.责任保险　　D.保证保险

实践训练

部分险种名称见表2-1。

表2-1　部分险种名称

企业财政保险基本金	种植业保险	家庭财产两全保险	安装工程一切险
国内水路、陆路货物运输保险	产品保证保险	普通家庭财产保险	飞机保险
国内航空货物运输保险	雇主责任保险	海洋石油开发保险	机动车辆保险
雇员忠诚保证保险	航天保险	出口信用保险	公众责任保险
财产险和财产一切险	合同保证保险	产品责任保险	职业责任保险

【要求】请把表中所列示的险种正确归类填入表2-2。

表2-2　险种归类

类别	险种名称
财产损失保险	
责任保险	
信用保险	
保证保险	

任务2　掌握企业财产保险实务

案例导入

保险标的转移后被烧毁导致的保险纠纷案

S制革厂和B保险公司签订了企业财产保险合同，将该厂全部资产投保，保额为1 000万元，保险期限为一年，自2023年1月1日起至2023年12月31日止。在财产保险合同、保单及所附的财产明细表中均写明了投保的财产包括半成品、原材料和产品。2023年3月1日，S制革厂与A公司签订了由该公司代销产品合同。S制革厂于2023年4月两次将产品发到A公司，款额高达150万元，A公司把该批货物存放在其所在地的一所仓库。2023年7月25日，由于连续高温，引起该批产品自燃，货物全部被烧毁。专家对火灾的鉴定结论是：骤然自燃所致。火灾发生后，S制革厂向承保的保险公司索赔，保险公司以S制革厂投保的标的物转移，增加了危险程度，而S制革厂又未履行通知义务为由拒绝赔偿。

资料来源：赵建军．危险增加而发生的保险合同纠纷案［EB/OL］.［2024-01-20］. https：//www.faxin.cn/lib/Flwx/FlqkContent.aspx?gid=F75917&libid=040103.

思考题：保险公司拒赔的理由充分吗？保险标的变更了在保险合同中规定的地点并增加了危险程度的，投保人应承担何种义务？

❖ 活动1 了解企业财产保险的含义和保障范围

一、了解企业财产保险的含义

企业财产保险是一切工商、建筑、交通运输、饮食服务行业及国家机关、社会团体等，对因火灾及保险单中列明的各种自然灾害和意外事故引起的保险标的的直接损失、从属或后果损失和与之相关联的费用损失提供经济补偿的财产保险。

企业财产保险是以企业的固定资产和流动资产为保险标的，以企业存放在固定地点的财产为对象的保险业务，即保险财产的存放地点相对固定且处于相对静止的状态。企业财产保险具有一般财产保险的性质，许多适用于其他财产保险的原则同样适用于企业财产保险。投保的企业应根据保险合同向保险人支付相应的保险费。保险人对于保险合同中约定的可能发生的事故因其发生，给被保险人所造成的损失，承担赔偿责任。

企业财产保险主要有财产基本险和综合险两大类，以及若干附加险。

二、了解企业财产保险的保障范围

企业财产保险的适用范围很广泛。凡是投保人所有、代他人保管或与他人共有而由投保人员负责的财产，都可以列入投保财产范围，但投保人必须对其所投保的财产具有保险利益，否则保险合同不能成立。从保险合同的角度来看，企业财产保险中的财产可以分为三种类型。

（一）可保财产

可保财产包括：（1）属于被保险人所有或与他人共有而由被保险人负责的财产；（2）由被保险人经营管理或替他人保管的财产；（3）其他法律上承认的与被保险人有经济利益关系的财产。

这类财产既可以用会计科目来反映，如流动资产、固定资产等，又可以用企业财产项目类别来反映，如材料、商品、机器设备、房屋和建筑物等。

教学互动

（单选题）从保险合同的角度来看，企业财产保险的一般可保财产是（　　）。

A.铁路、桥梁　　B.金银、珠宝　　C.账外资产　　D.土地、矿藏

（二）特约可保财产

特约可保财产可以分为两种：（1）在无须加贴保险特约条款或增加保险费的情况下予以特约承保的财产，如金银、珠宝、古玩和艺术品等；在承保金银、珠宝等珍贵物品时，保险人应与投保人事先约定承保价值，并查明标的物是否确实存在。（2）必须用特约条款并增收保险费方可承保的财产，如铁路、桥梁、堤堰和码头等。保险人在承保铁路、桥梁时，应考虑上述标的物是否易遭受洪水、泥石流等自然灾害，对这些标的物进行实地查勘，并要求投保人提供有关工程设计、验收资料。

（三）不可保财产

一般保险条款规定不予承保财产的原因有：（1）这些财产不属于一般性的生产资料

或商品，如土地和矿藏等；（2）这些财产缺乏评估价值的依据或很难鉴定其价值，如票证、文件和技术资料等；（3）承保这些财产会与政府的法律法规相抵触，如违章建筑和非法占用的财产等：（4）必然会发生危险的财产，如危险建筑；（5）应该投保其他险种的财产，如运输过程中的物资应投保货物运输保险、领取执照正常运行的机动车应投保机动车辆保险，畜禽类应投保养殖业保险等。

❖ 活动2 解析企业财产保险基本险

一、解析企业财产保险基本险的保险责任

微课2-2

企业财产保险基本险的保险责任

保险条款列明承保的风险有以下几项：

（一）火灾

火灾是指在时间上或空间上失去控制的燃烧所造成的灾害。构成火灾责任必须同时具备三个条件：（1）有燃烧现象，即有热、有光、有火焰；（2）偶然、意外发生的燃烧；（3）燃烧失去控制并有蔓延扩大的趋势。可见，企业财产保险中的火灾责任不是仅指燃烧现象。

教学互动

（单选题）下列现象中，构成火灾保险责任的是（　　）。

A.烤箱烘烤食物时，因变压线圈着火燃烧并殃及其他物品

B.在生产或生活中有目的用火

C.为了防疫而焚毁被玷污的衣物

D.烘烤、烫、烙造成焦煳变质等损失

（二）爆炸

爆炸与火灾有关联性，爆炸往往会引起火灾，火灾也经常导致爆炸。爆炸分为物理性爆炸和化学性爆炸。

1.物理性爆炸

物理性爆炸是指由于液体变为蒸汽或气体膨胀，压力急剧增加并大大超过容器所能承受的极限压力而发生的爆炸。例如，锅炉、空气压缩机、压缩机气体钢瓶和液体气罐爆炸等。锅炉爆裂不属于爆炸事故。

2.化学性爆炸

化学性爆炸是指物体在瞬间分解或燃烧时放出大量的热和气体，并以很大的压力向四周扩散的现象。例如，火药爆炸、可燃性粉尘纤维爆炸、可燃气体爆炸以及各种化学物品的爆炸等。因物体本身的瑕疵或质量低劣以及由于容器内部承受“负压”（内压比外压小）造成的损失不属爆炸责任，如电子管、热水瓶、轮胎破裂等。

教学互动

（单选题）下列爆炸中，属于化学性爆炸的是（　　）。

A.锅炉爆炸　　B.空气压缩机爆炸

C.液体气罐爆炸　　D.可燃性粉尘纤维爆炸

（三）雷击

雷击责任是指雷电造成的灾害。雷击的破坏形式分直接雷击与感应雷击两种。直接雷击是由于雷电直接击中保险标的造成的损失；感应雷击是由于雷电产生的静电感应或电磁感应使室内对地绝缘金属物体产生高压感应放出火花引起的火灾，导致电器本身损毁，或因雷电的高压感应，致使电器部件损毁。

（四）飞行物体及其他空中运行物体坠落

凡空中飞行或运行物体的坠落，例如陨石坠落、空中飞行器坠落、人造卫星坠落及吊车、行车和起重机在运行时发生物体坠落，造成保险财产损失的，都属于保险责任。在施工过程中，因人工开挖或爆炸而致石方、石块和土方飞射、塌下而造成保险标的的损失，亦视同空中运行物坠落责任，保险人可以先行予以赔偿，然后向负有责任的第三者追偿，但对于建筑物本身倒塌、倒落和倾倒造成保险标的的损失，保险人不负责赔偿。

（五）灾害及意外事故引起的停电、停水、停气的损失

停电、停水、停气又称“三停”，停电、停水、停气损失的成立，必须同时具备以下三个条件：

首先，必须是被保险人拥有的并自己使用的供电、供水和供气设备。如果是不属于被保险人拥有的，而是公共的供电、供水和供气部门的设备遭受自然灾害、意外事故或其他原因引起的“三停”则不属于保险人的责任范围。

其次，仅限于因保险事故造成的“三停”损失。

最后，仅限于对被保险人的机器设备、在制品和在库品等保险标的的损坏或报废负责赔偿。例如，药厂因发生属本项责任范围的停电事故，使冷藏库内的药品变质，就属于保险责任。

（六）施救、抢救造成保险标的的损失

施救、抢救造成保险标的的损失是指已经发生保险责任范围内所列明的灾害事故，被保险人为抢救保险财产或防止灾害蔓延而造成保险财产的损失扩大部分属于赔偿范围。例如，因抢救受灾物资而将保险房屋的墙壁和门窗等破坏造成的损失。

（七）必要的合理的费用支出

当发生保险范围的灾害事故时，被保险人为减少保险财产损失，对保险财产采取施救、保护、整理措施而支付的必要的合理的费用，由保险人负责赔偿。保险人只对保险财产的施救费用负责，如果被施救的财产中包括未保险的财产，而且保险财产和未保险财产两者的施救费用无法分清，保险人只根据被施救的保险财产占全部被施救财产的比例负责施救费的赔偿。所谓必要和合理的费用应从尽可能减少保险财产损失出发，按实际情况处理。例如，保险财产因抗洪抢险而搬运，事后原堆存地点又确实被洪水所淹，其搬走和搬回的费用都可负责。

教学互动

（单选题）企业财产保险基本险的保险责任有（　　）。

A.雪灾、冰凌保险　　B.盗抢保险

C.暴风、暴雨、洪水保险　　D.飞行物体及其他空中运行物体坠落

二、解析企业财产保险基本险的附加责任

为适应投保人的某些特殊需要，保险公司可在承保基本险后，还可以特约附加承保各种附加风险，如暴风、暴雨、洪水保险，盗抢保险，雪灾、冰凌保险，泥石流、崖崩、突发性滑坡保险，雹灾保险，水暖管爆裂保险，破坏性地震保险等。

三、解析企业财产保险基本险的除外责任

（一）战争、军事行动、敌对行为、武装冲突、罢工、暴动的除外责任

战争是指国家与国家、集团与集团之间为了一定的政治、经济目的而进行的武装斗争。军事行动是指国家或政权组织有目的、有计划、有组织地对武装力量签署命令并实施行动。敌对行为和武装冲突是指国家没有宣布战争状态而使用武力解决争端的行为。罢工是指工作者为实现某种要求或表示抗议而集体停止工作的行为。暴动是指破坏社会秩序的武装骚动。

对战争、军事行动、敌对行为等原因引起的火灾、爆炸等事故，因其破坏范围和损失程度难以估计，财产保险损失概率中未包含此项因素，故列为除外责任。

（二）被保险人及其代表的故意行为或纵容所致损失的除外责任

被保险人及其代表一般是指一个单位或公司的法定代表人，如董事长、副董事长、董事、经理、副经理、总会计师、总工程师等。法律上的故意行为是指“明知自己的行为会发生损害的结果，还放任或希望这种结果发生的各种行为”。除外责任中不包括由一般工作人员的疏忽行为、违反操作安全规程所致保险责任范围的损失。

（三）核反应、核子辐射和放射性污染的除外责任

这是指核武器爆炸或核反应堆事故产生的光辐射和放射性污染。由于这类灾害事故发生后，危险波及面较广，其损失检验处理较复杂，保险人掌握的数据资料有限，因此不予承保。

（四）地震、暴雨、洪水、台风、暴风、龙卷风、雪灾、雹灾、泥石流、崖崩、滑坡、水暖管爆裂、抢劫、盗窃的除外责任

无论是由这些原因直接造成的，还是由这些原因引起的保险事故造成保险标的损失，均属除外责任，保险人不予赔偿。

（五）保险标的遭受保险事故引起的各种间接损失的除外责任

间接损失主要指停工、停业期间支出的工资、各项费用、利润损失及因财产损毁导致的有关收益的损失，如商店停业期间的销售收入或管理费用，被保险人与他人签订了合同后因保险灾害事故不能履约所需承担的经济赔偿责任等。

（六）保险标的本身缺陷、保管不善导致的损毁，保险标的变质、霉烂、受潮、虫咬、自然磨损、自然损耗、自燃、烘焙所造成损失的除外责任

该项内容明确了保险标的的本身内在的各种缺陷或由于保管不善等原因导致的损毁，如变质、霉烂和受潮等，或因烘、烤、烫、烙造成焦煳变质等损失，均属非意外损失，保险人不负责赔偿。

（七）由于行政行为或执法行为所致损失的除外责任

这是指各级政府或各级执法机关下令破坏保险标的所致的损失，属于非常性的行政措施，一般是从国家、社会整体利益出发，为维护更大的利益，或者避免更大的损失所做出的决策，不属于意外、偶然的灾害事故风险范畴，因而不属于保险人承保的范围。例如政府部门对保险标的没收、征用、销毁或毁坏等损失，均不属于保险责任。

❖ 活动3 解析企业财产保险综合险

综合险与基本险的主要区别在于，保险责任和除外责任的内容不同。企业财产保险综合险将“暴雨、洪水、台风、暴风、龙卷风、雪灾、雹灾、冰凌、泥石流、突发性滑坡、地面突然塌陷”等自然灾害列入保险责任范围，基本险条款则对自然灾害造成的损失免除责任。值得注意的是，企业财产保险综合险仍将“地震”作为除外责任，同时还明确规定露堆财产因上述自然灾害或其他意外事故造成的损失也除外不保。

一、解析企业财产保险综合险的保险责任

（一）暴雨

暴雨是指每小时降雨量达16毫米以上，或连续12小时降雨量达30毫米以上，或连续24小时降雨量达50毫米以上的大雨。

（二）洪水

山洪暴发、江河泛滥、潮水上岸及倒灌致使保险标的遭受浸泡、冲散、冲毁等损失都属洪水责任。规律性的涨潮、自动灭火设施漏水以及在正常年份水位以下或地下渗水、水管爆裂等造成的保险标的的损失，则不属于洪水保险责任范围。

（三）台风

台风是指中心附近风力在12级以上，即风速在32.6米/秒以上的热带气旋。对台风的认定一般以当地气象部门的认定为准。

（四）暴风

暴风是指风速在28.3米/秒以上，即相当于风力等级表中的11级风。保险人承保的暴风责任是指风速在17.2米/秒以上，即风力为8级以上的大风。

（五）龙卷风

龙卷风是指一种范围小且时间短的猛烈旋风。龙卷风在陆地上平均最大风速一般为79米/秒，其极端风速一般在100米/秒以上。对龙卷风的认定应以当地气象部门的认定为准。

（六）雪灾

因每平方米雪压超过建筑结构荷载规范规定的荷载标准，以致压塌房屋、建筑物造成保险标的损失，为雪灾保险责任。

（七）雹灾

雹灾是因冰雹降落造成的灾害。

（八）冰凌

冰凌，气象部门称为凌汛。春季江河解冻时冰块漂浮遇阻，堆积成坝，堵塞河道，

造成水位急剧上升，以致冰凌、江水溢出河道，蔓延成灾。陆地有些地区，如山谷风口或酷寒致使雨雪在物体上结成冰块，成下垂的拉力致使物体毁坏，也属冰凌责任。至于一般的冰冻损失，如露天砖坯冻裂、水管冻裂等则不在冰凌责任之列。

（九）泥石流

泥石流是指山地大量泥沙、石块突然爆发，随大暴雨或大量冰水流出的洪流。

（十）崖崩

崖崩是指石崖、土崖受自然风化、雨蚀而坍塌或山上岩石滚下，或大雨使山上砂土湿透而崩塌。

（十一）突发性滑坡

突发性滑坡是指斜坡上不稳的岩体、土地或人为堆积物在重力作用下突然整体向下滑动。

（十二）地面突然塌陷

地面突然塌陷是指地壳因自然变异，地层收缩而发生突然塌陷。此外，对于因海潮、河流、大雨侵蚀或在建筑房屋前没有掌握地层情况，地下有孔穴、矿穴，以致地面突然塌陷所致保险标的损失，也可列入保险责任范围。但因地基不固或未按建筑施工要求等导致建筑地基下沉、裂缝、倒塌，以及由于打桩、地下作业及挖掘作业引起的地面下陷、下沉等损失，则在保险责任范围之外。

教学互动

（单选题）地面突然塌陷是企业财产保险综合险的保险责任，但是（　　）不属于保险责任。

A.因地基不牢固或未按建筑施工要求等导致建筑地基下沉

B.地壳因自然变异，地层收缩而发生突然塌陷

C.因海潮、河流、大雨侵蚀或在建筑房屋前没有掌握地层情况导致保险标的损失

D.地下有孔穴、矿穴，以致地面突然塌陷所致保险标的损失

二、解析企业财产保险综合险的附加责任和其他责任

（一）企业财产保险综合险的附加责任

为了适应投保人的特殊需要，可在综合险的基础上，加保各种保险，例如，矿下财产保险、露堆财产保险、盗窃险、橱窗玻璃破碎保险、机器损坏保险和营业中断保险等。

（二）企业财产保险综合险的其他责任

1.水箱、水管爆裂责任保险

该项保险是指保险人对水箱、水管爆裂引起的损失负责赔偿，但不包括由于锈蚀引起的水箱、水管爆裂损失。

2.自然灾害或意外事故造成污染引起的责任保险

该项保险又称污染责任保险，保险人的赔偿责任仅限于条款中保险责任范围内所列明的自然灾害或意外事故造成污染引起的责任损失。

教学互动

（单选题）自然灾害或意外事故造成污染引起的责任保险，又称“污染责任保险”，

属于企业财产保险综合险的（　　）。

A.除外责任　B.基本责任　C.保险责任　D.附加责任

三、解析企业财产保险综合险的除外责任

企业财产保险综合险与基本险的除外责任基本相同，但下述两条除外：

1.地震所造成的一切损失

凡是因地震引起的各种损失，保险人均不负责赔偿。但在财产保险基本险中，保险人除了对地震不承担赔偿责任外，对其他11种自然灾害（暴雨、洪水、台风、暴风、龙卷风、雪灾、雹灾、冰凌、泥石流、崖崩、滑坡）造成的损失也不负赔偿责任。

2.堆放在露天或罩棚下的保险标的，以及罩棚本身因暴风、暴雨造成的损失

这类财产，在没有必要的防护措施时，很容易遭受暴风、暴雨损失。除非被保险人与保险人特别约定，否则保险人不负责此项财产损失。

教学互动

（单选题）企业财产保险综合险和基本险的主要区别在于（　　）。

A.保险责任和除外责任的内容不同　B.保险责任内容相同

C.除外责任内容相同　D.附加责任内容相同

❖ 活动4　熟悉企业财产保险的保险金额的确定方式

一、确定固定资产的保险价值与保险金额的方式

固定资产保险价值的确定方式如图2-3所示。

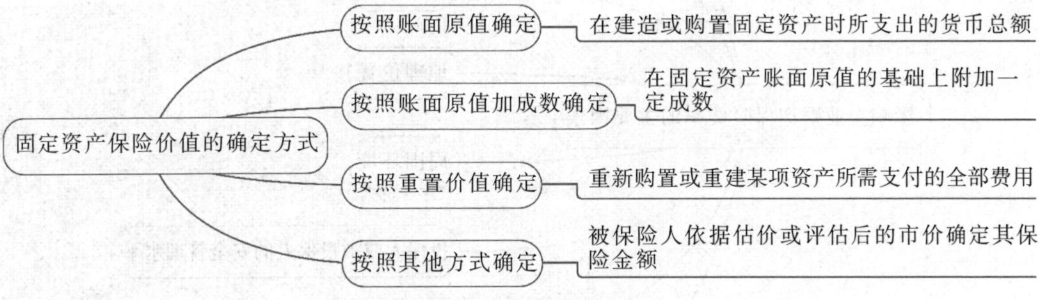

图2-3　固定资产保险价值的确定方式

教学互动

（单选题）在企业财产保险中，固定资产保险金额的主要确定依据是（　　）。

A.出险时的实际价值　B.账面原值

C.机会成本　D.沉没成本

二、确定流动资产（存货）的保险价值与保险金额的方式

流动资产（存货）的保险价值是按出险时账面余额确定的。流动资产（存货）保险金额的确定方式是由被保险人按最近12个月任意月份的账面余额确定的，或由被保险

人自行确定，即以投保月份往前倒推12个月的其中任意一个月的流动资产账面余额作为流动资产（存货）的保险金额。流动资产（存货）的账面余额应当按取得时的实际成本核算。

三、确定账外财产和代保管财产的保险价值与保险金额的方式

账外财产和代保管财产的保险价值是按出险时重置价值或账面余额确定的。这类财产的保险金额一般可以由被保险人自行估价或按重置价值确定。

❖ 活动5　分析企业财产保险费率的影响因素

保险费率是保险人向被保险人收取保险费的计算标准，也是依照保险金额计算保险费的比率。影响企业财产保险费率的主要因素如图2-4所示。

一、投保险种

目前，我国可供投保人选择的企业财产险有基本险、综合险、财产险和一切险四个险种。每个险种的责任范围不同，费率水平也不同。一切险责任范围最宽，费率水平也最高，综合险和财产险责任范围次之，费率也相对较低；基本险的责任范围最窄，费率水平最低。附加了扩展责任范围条款的，应考虑增加费率；附加了限制责任范围条款的，应考虑降低费率。此外，免赔额的高低也对费率有影响。

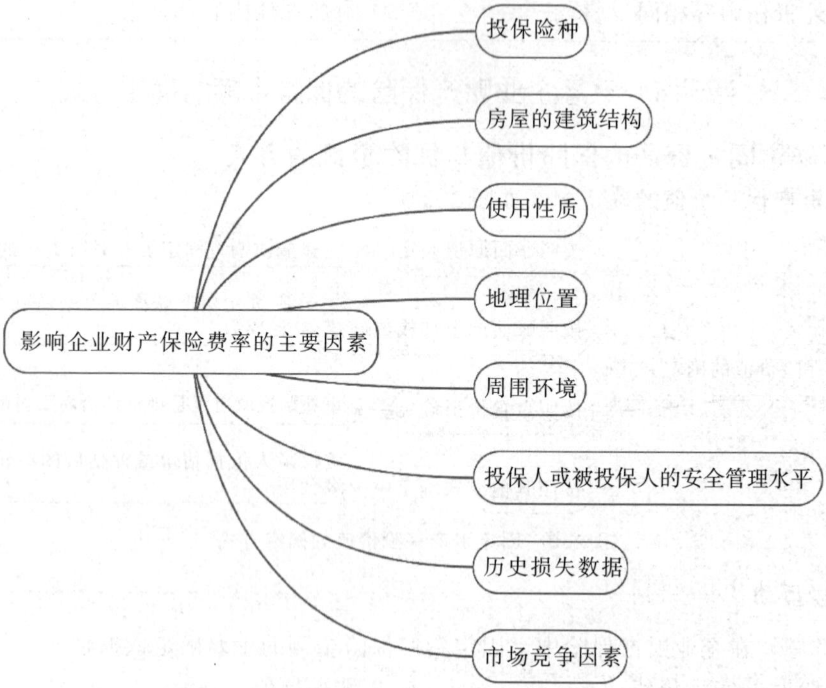

图2-4　影响企业财产保险费率的主要因素

二、房屋的建筑结构

在灾害事故中房屋的建筑结构、建筑等级、使用年限与损毁程度有很大的关系，在确定费率时应考虑这些因素。建筑结构分为钢骨结构、砖石结构和木结构等不同种类。建筑等级则分为三等：一等建筑的屋架、内外墙、地坪、楼坪、扶梯用钢骨结构、砖石

或钢铁构造，屋顶用水泥、瓦片、铁皮、石棉、沥青或铺满石屑的油毛毡平顶构造；二等建筑的屋架、地坪、楼坪和扶梯用木料构造，四周外墙主要用水泥、砖石或其他不易燃烧的材料构造，屋顶用砖瓦、铁皮、石棉、沥青或铺满石屑的油毛毡平顶构造；凡次于二等建筑的各种建筑统归为三等建筑。

三、使用性质

房屋的建筑虽相同，但用途不同，其危险程度可能相差很大。房屋的使用性质分为工业、仓储、普通三大类，每大类再根据危险大小分等级。工业类房屋按产品、生产过程中的操作工艺和使用原材料的危险程度来划分；仓储类房屋按储存物品的危险程度来划分；普通类房屋按使用的危险程度来划分。

四、地理位置

在不同的地理环境中，自然灾害的危害相差很大。因此，在确定费率时应考虑投保标的所在地的自然地理条件及水文气象特征，如标的物是否沿江、沿河，所在地是否低于江水警戒线，当地防洪能力如何，历史上发生暴风雨的季节和降水量的情况等。

五、周围环境

每个建筑有其独特的环境。有的建筑处在街道拥挤的区域；有的建筑连成一片，在建筑物之间没有适当的防火间隔。这些因素对发生灾害事故时进行抢险救灾的影响很大，在确定费率时应对这些因素加以考虑。

六、投保人或被保险人的安全管理水平

投保人或被保险人的安全管理水平是制定费率时所需考虑的一个重要因素：一是管理者对安全工作的态度；二是安全管理制度的完善以及落实情况；三是防灾防损设施是否齐全；四是是否处于正常的工作状态。

七、历史损失数据

在确定费率时，应参考投保人历年来的灾害事故损失记录。如果以前年份损失较大，则应考虑上浮费率；反之，可以考虑给予一定的费率优惠。

八、市场竞争因素

在竞争激烈的保险市场中，确定费率不仅要考虑保险标的的风险程度，还要考虑费率的竞争性。

❖ 活动6 掌握企业财产保险的赔偿处理

一、明确企业财产保险的赔偿方式

（一）现金或重置赔偿方式

保险财产遭受损失后，被保险人按照保险合同约定，应在保险金额内获得保险赔偿。每一个赔偿案例都可能有不同的赔偿方式，能符合双方利益的才是最好的赔偿方式。

我国企业财产保险合同约定的保险赔偿方式，通常有以下两种：一是保险人向被保险人支付赔偿金额；二是保险人承担恢复或置换受损保险财产的费用，即通常所说的重置赔偿方式。不管保险人选择哪种赔偿方式，其赔偿限额都是财产保险合同中约定的保险金额。

保险人对企业财产保险中不同标的物的损失支付赔偿金额的方式为：

1.建筑物的赔偿

建筑物遭受部分损失后，需要修复或重建。保险人对建筑物损失的赔偿金额应是修复或重建建筑物的费用，赔偿金额中应扣除改进和改善部分的费用，同时还要扣除原建筑物的折旧。

建筑物全部损失，则要根据保险价值与保险金额的比较确定赔偿金额：足额保险的，在保险金额内全部赔付；不足额保险的，以保险金额为限。

2.机器设备的赔偿

机器设备遭受损失，如果能修复，保险赔偿应是修复费用扣除折旧。如果不可能修复或进行修复费用过高，最理想的方式是购置与原设备同型号、同性能的二手机器设备，但做到这一点几乎是不可能的，只能购置新的机器设备，保险赔偿金额应是购置同类新机器设备的费用。

3.生产企业产品的赔偿

生产企业产品遭受损失，确定保险赔偿款的基础是损失发生前产品所包含的生产成本，其中包括产品原材料成本、劳动力成本以及其中包含的生产企业经营费用，但不包括产品的销售利润。如果产品生产成本超出该产品在损失当时当地的市场价值，保险赔偿款的基础是这些物资的成本价值，但不能超出这些物资在损失当时的市场价值。

4.商业企业销售商品遭受损失的赔偿

确定保险赔偿的基础是被保险人支付给供货商的商品批发价，而不是被保险人出售这些商品的销售价。

5.增值税的赔偿

保险人在确定保险赔偿金额时，应考虑增值税因素。如果被保险人被免予缴纳增值税，保险赔偿款应扣除增值税；如果被保险人是增值税纳税人，保险赔偿款中应包含增值税；如果被保险人部分地免予缴纳增值税，保险赔偿款应当包含部分缴纳的增值税。

保险人选择以重置方式履行赔偿义务主要有以下几种情况：(1) 保险人难以就赔偿款和被保险人协商达成一致，而重置方式所需费用又比被保险人主张的赔偿款少得多；(2) 保险人怀疑造成保险财产受损的真正原因，或认为被保险人的索赔金额过于巨大，但又没有充分的证据证明被保险人有故意或欺诈行为；(3) 保险财产损失较轻，用重置方式赔偿受损财产比较快捷方便且节约费用。

（二）恢复原状或置换受损保险财产的赔偿方式

这一赔偿方式是将受损保险财产恢复到受损前的原有状态，而不考虑扣除改进和改善部分的费用，或扣除原受损保险标的物的折旧等因素。例如，机器设备遭受全损，保险人给予置换同类机器设备。如果保险财产遭受部分损失，保险人给予修理并恢复原状。因此，这种赔偿方式用得较少。

教学互动

（单选题）在企业财产保险中，保险人履行赔偿义务的主要方式是（　　）。

A.重置　　　　B.支付赔偿金额　　　　C.修复　　　　D.以上都不是

二、计算企业财产保险的赔偿金额

（一）计算固定资产的赔偿金额

固定资产的赔偿金额，需要按照保险财产的不同损失程度来计算。

1.全部损失

受损财产的保险金额等于或高于出险时的实际价值时，其赔偿金额以不超过出险时的实际价值为限；受损财产的保险金额低于出险时的实际价值时，其赔款不得超过该项财产的保险金额。单项固定资产全损的赔偿，要以固定资产明细账为依据，按照受损固定资产的明细账卡分项计算赔款，每项损失的最高赔偿金额分别不能超过其投保时确定的保险金额。在为固定资产发生全损赔付原值后，不再支付其修复、安装费用。

2.部分损失

如果固定资产是按账面原值投保的，受损财产保险标的保险金额等于或高于出险时实际价值，按实际损失计算赔偿金额；受损财产的保险金额低于出险时实际价值，应根据实际损失或受损财产恢复原状所需修复费用与残值的差乘以保险金额与出险时实际价值的比例计算赔偿金额，其计算公式为：

$$\text{固定资产的赔偿金额}=\frac{\text{保险金额}}{\text{出险时实际价值}}\times(\text{实际损失或受损财产恢复原状所需修复费用}-\text{残值})$$

如果固定资产按原值加成投保或按重置价值投保，保险人只按实际损失计算赔偿金额，特别是对于加成投保的损失，不能加成赔付。如果受损固定资产的价值无法从账面上与其他固定资产价值分开，应按比例确定该项受损财产的赔偿金额。

3.其他赔偿规定

如果保单未予注明特别的承诺，保险人对于下列固定资产的全部损失或部分损失不予赔偿：（1）条款规定的特约财产与不保财产；（2）以经营方式或租赁方式租入的财产；（3）代保管的财产；（4）替外单位修理的机器设备；（5）报废的财产等。

教学互动

（单选题）A企业投保企业财产保险，其固定资产为1 000万元，保险金额为800万元，发生火灾后其残值为400万元，则保险公司应赔偿该企业（　　）。

A.1 000万元　　　　B.800万元　　　　C.600万元　　　　D.480万元

（二）计算流动资产（存货）、账外财产和代保管财产的赔偿金额

1.全部损失

受损财产的保险金额等于或高于出险时账面余额时，其赔偿金额以不超过出险时账面余额为限；受损财产的保险金额低于出险时账面余额时，其赔款不得超过该项财产的保险金额。

2.部分损失

受损财产的保险金额等于或高于账面余额，按实际损失计算赔偿金额；受损财

产的保险金额低于账面余额，应根据实际损失或受损财产恢复原状所需修复费用与残值的差乘以保险金额与出险时实际价值或账面余额的比例计算赔偿金额，其计算公式为：

$$赔偿金额=\frac{保险金额}{出险时实际价值}\times（实际损失或受损财产恢复原状所需修复费用-残值）$$

教学互动

（单选题）B单位为其价值200万元的流动资产投保了保险金额为180万元的企业财产保险。发生全损时，该流动资产的账面余额为150万元，则保险公司应赔偿（　　）。

A.200万元　　B.180万元　　C.150万元　　D.50万元

（三）计算施救、抢救、保护费用的赔偿金额

该项费用损失与保险财产损失金额的赔偿，可以分别按两个保险金额计算，均以不超过保险金额为限。若受损保险财产按比例赔偿时，施救费用的赔偿也应按财产损失赔款相同的比例计算赔偿金额。施救费用的赔偿计算首先应区分用于保险财产的施救费用，不能区分时，应根据保险财产价值占全部被施救财产价值的比例计算施救费用。其计算公式为：

$$保险财产施救费用=施救费用\times\frac{保险财产价值}{全部被施救财产价值}$$

三、关注其他需要注意的赔偿事项

（一）因第三者对保险财产的损害而造成保险事故

在这种情况下，保险人自向被保险人赔偿保险金之日起，在赔偿金额范围内代位行使被保险人对第三者请求赔偿的权利。保险人可以先行行使代位求偿权。

（二）保险财产遭受部分损失已经获得赔偿

保险财产遭受部分损失获得赔偿后，保险人应出具批单，注明该保险单的保险金额减去赔偿金额后尚余的有效保险金额。保险人对该有效保险金额继续负责至保险期满为止。已经赔偿的保险金额部分，因保险人已履行其义务，故不再退还保险费。这部分已赔偿的财产恢复后，在续保时要另行办理加保手续。如果保险当事人不愿续保，则可依法终止合同。

（三）重复保险赔偿方式

各保险公司将以按比例分摊损失的方式承担各自应负的赔偿责任，其总赔偿金额以该财产的实际损失金额为限。

（四）保险财产的残值赔偿处理

对于保险标的残余部分，应该协议作价给被保险人，并在赔款中扣除。如果受损财产的损失金额要进行分摊，其残值部分也要进行分割。分割的计算公式为：

$$保险人分得的残值=残值\times\frac{保险金额}{出险时的市场价值或账面余额}$$

教学互动

1.（案例题）D企业于2023年12月1日向保险公司投保企业财产保险，保险期限自2024年1月1日至12月31日，保险金额为1 000万元。2024年6月3日D企业遭受水灾。经核查，该企业在出险时保险财产的保险价值为1 200万元，实际遭受损失300万元。请问：保险公司应当如何赔偿？

2.（案例题）A银行向B企业发放抵押贷款500万元，抵押品为价值1 000万元的机器设备。A银行以机器为保险标的投保火险一年，保单有效期为2023年1月1日至2023年12月31日。A银行于2023年3月1日收回抵押贷款200万元。此机器于2023年10月1日全部毁于大火。请问：（1）A银行在投保时可向保险公司投保多少保险金额？为什么？（2）若A银行足额投保，则发生保险事故时可向保险公司索赔多少保险赔款？为什么？

3.（案例题）王某向张某租借房屋，租期10个月。租房合同中写明，王某在租借期内应对房屋损坏负责，因此王某为所租借房屋投保火险一年。租期满后，王某按时退房。如果王某在退房时，将保单私下转让给张某，退房后半个月，房屋毁于火灾。请问张某是否能以被保险人身份向保险公司索赔？为什么？

实践训练 1

解读企业财产保险合同

拓展阅读 2-1

财产一切险条款

【要求】两人一组，请结合学习的内容，解读“拓展阅读2-1”中的保险条款。

实践训练 2

分析企业财产保险案例

实训一

F事业单位向保险公司投保财产综合险，包括房屋建筑及附属机器设备等设施。保险期间内，被保险人向保险公司报案，表示投保设备中有一部电梯线路起火，造成配电柜起火，使两部进口电梯受损，索赔金额超过100万元。

保险公司接到报案后对事故现场进行查勘。该单位独立在大厦办公，办公大楼使用一年左右，到现场查勘时火情已经被控制，只是空气中有较重的胶皮气味，对损失标的检查后发现线路有烧焦的痕迹，电梯配电柜多处有熏黑的痕迹，经检测该配电柜多处受损，需要更换。

案件发生后，被保险人认为这属于火灾责任，并提出索赔。保险公司根据查看情况，并咨询电梯的重置价，经过认真分析、讨论后认为：该案件属意外发生的事故，有燃烧的现象，但没有形成火灾责任，同时受损的真正原因也不在综合险承保责任范围内，应予拒赔。

请问：保险公司的处理是否恰当？

实训二

A纸品加工企业投保财产险，保险金额为780万元，其中：厂房及附属建筑300万元、机器设备80万元、存货400万元。在保险期间发生台风事故，造成附属建筑——简易房屋顶被吹坏，设备、存货受到不同程度损失，受灾后被保险人向保险公司提出索赔。经现场察看、损失清点，保险双方签订损失确认书，核定损失为设备维修保养费12万元、存货损失125万元、简易房维修费90万元。保险理赔人员审核索赔资料时发现，被保险人的房屋建筑系租用他人房屋，根据被保险人提供的租赁合同，相关条文显示承租人不承担因不可抗力造成的损失。

请问：保险公司应如何处理？

实训三

2023年7月，S纺织公司将固定资产和存货按账面价值在保险公司投保企业财产一切险。9月16日，安装工人在成品库安装吊筋，并在仓库顶部钻孔，钻孔时引发风管顶部起火。消防救援人员用消防水喷射灭火，将火扑灭。在位于起火点6米处，存放有2台异纤探测仪，其救火时因被消防水浸湿而受损。经核查被保险人的相关承保设备明细账，设备投保标的中包括4台清花机生产线，并没有单独承保异纤探测仪。异纤探测仪仅仅是清花机生产线上的辅助设备。出险时，4台清花机生产线在一层清花机车间完好无损。被保险人认为4台清花机生产线按账面投保，原来的异纤探测仪理应是保险标的的一部分，并对换下的2台异纤探测仪按全部损失128万元提出索赔。

经查，2023年5月被保险人更换2台新进口的异纤探测仪，并将旧型号设备从清花机生产线上拆卸后转入棉纱成品仓库。投保时没有单独说明异纤探测仪的置换情况，也没有增保。由于新的异纤探测仪是用于替换设备并构成清花机设备的一部分，也就是保险标的的一部分，因此，旧的异纤探测仪成为闲置的账外物资，不再是保险标的的一部分。

请问：保险公司应如何处理？

实训四

A成衣厂于2023年1月31日与保险公司签订了财产保险合同，保险期限从2023年1月1日起至2023年12月31日止，保险金额为35万元，并于当日交付了全部保险费。2023年2月5日晚，因是春节期间，该厂的值班人员钟某当天擅自离岗，直到第二天下午3时才回到成衣厂，发现成衣厂防盗门被人撬开，厂内的财产被盗。经现场查勘，该成衣厂的财产损失约为16万元。由于此案一直未破案，成衣厂于2023年5月11日向保险公司提交书面索赔报告。同年6月20日，保险公司出示“拒赔通知书”，称依据该保险公司的《企业财产保险条款附加盗窃险特约条款》的约定，“由于保险地址无人看守而发生的被盗窃损失，保险人不负赔偿责任”。而成衣厂认为应该赔偿，遂引起纠纷。最后A成衣厂向法院起诉保险公司，要求其赔偿财产损失。

任务3 掌握家庭财产保险实务

案例导入

未成年人纵火是否赔付？

李女士为自己的房子投保了家庭财产保险，房屋及装修部分的实际价值为100万元。然而，李女士认为没有必要全部投保，于是投保了50万元的保险金。在保险期间，该房子发生了火灾，一些房屋和室内物品被烧毁。李女士向保险公司报案后，损失金额为15万元，但由于李女士未能全部投保，保险公司只支付7.5万元的赔偿金。

资料来源：作者根据保险案例库网站相关资料整理。

思考题：保险公司的赔付是否合理？

❖ 活动1 了解家庭财产保险的含义和保障范围

家庭财产保险（简称家财险）是以城乡居民的有形财产为保险标的的一种保险，是个人和家庭投保的最主要险种之一。被保险人所有、使用或保管的坐落于保险单列明的地址的房屋内的财产，可以在约定范围向保险人投保家庭财产保险。家庭财产保险为居民或家庭遭受的财产损失提供及时的经济补偿，有利于居民生活安定，保障社会稳定。

家庭财产保险的主要险种有家庭财产综合保险、家庭财产两全保险、家庭财产附加险以及投保型家庭财产保险。

一、解析家庭财产综合保险的适用对象及适用范围

（一）家庭财产保险的适用对象

凡城乡居民、单位职工、夫妻店、家庭手工业者等个人及家庭成员的自有财产以及代他人保管或与他人共有财产都可以投保家庭财产保险。城乡个体工商户和合作经营组织的财产及私人企业的财产不适用家庭财产综合保险。

（二）家庭财产保险的适用范围

1.可以承保的家庭财产

（1）房屋及其室内附属设备（含租赁）和室内装潢。房屋主要指住房。室内附属设备包括固定装置的水暖、气暖、卫生、供水、管道煤气及供电设备、厨房配套的设备等。

（2）存放于室内的其他家庭财产，包括衣服、床上用品、家具、家用电器、文化娱乐用品及其他生活用具。

2.特约承保的家庭财产

（1）属于被保险人代他人保管或者与他人共有而由被保险人负责的上述财产。

（2）存放在院内、室内的非动力农机具、农用工具。

（3）经保险人同意的其他财产。

特约财产在投保时需要保险双方明确财产归属、类别、数量等情况，分别确定保险金额并在保险单特约承保财产栏中注明，财产类别和数量较多时需附财产清单。值得注

意的是，上述财产必须是坐落或存放于保险单所载明的地址，否则不予承保。

3.不可承保的家庭财产

（1）金银、首饰、珠宝、钻石及制品、艺术品、稀有金属等珍贵财物。

（2）货币、有价证券、票证、邮票、古玩、古币、字画、书籍、文件、账册、技术资料、图表、电脑软件及资料以及其他无法鉴定价值的财产。

（3）日用消耗品、各种交通工具、养殖及种植物。

（4）用于从事商品生产、经营活动的财产和出租用作工商业的房屋。

（5）违章建筑以及处于紧急状态的财产。

（6）不属于可保财产范围内的其他家庭财产。

教学互动

（案例题）郑某投保家庭财产保险，在保险期内因发生洪水，财产受损严重，其中有其珍藏的记录郑某年轻时代生活的照片。郑某作为被保险人能否就这些照片获得保险赔偿？

（三）承保时应注意的问题

（1）应区分直接承保财产和特约承保财产，并注意对它们采用不同的承保方式。

（2）对于房屋及室内附属设备、室内装潢与室内财产应分开承保，因为二者的赔偿方式不同。

（3）对于室内财产中的家用电器和文体娱乐用品、衣物和床上用品、家具及其他生活用具，应分项确定保险金额。

教学互动

（单选题）在家庭财产综合险中，若按保险的适用范围来说，厨房配套设备属于（　　）。

A.可承保财产　　B.特约承保财产

C.不可承保财产　　D.根据保单规定而不同

二、解析家庭财产综合保险的保险责任

保险财产只有在保险单载明的地址（保险地址）内，遭受保险责任范围内的自然灾害或意外事故所造成的损失，保险公司才负赔偿责任。保险责任范围具体包括以下内容：

（1）火灾、爆炸。

（2）雷击、暴风、暴雨、雹灾、雪灾、洪水、台风、地面突然坍塌、突发性滑坡、崖崩、龙卷风、冰凌、泥石流。

（3）空中运行物体的坠落以及外来不属被保险人所有和使用的建筑物和其固定物体的倒塌。

（4）在发生上述灾害或事故时，为了抢救保险标的或防止灾害蔓延采取合理的必要的措施而造成保险财产的损失。

（5）在保险事故发生后，被保险人为了防止或减少保险标的的损失所支付的合理的

必要的费用。

三、解析家庭财产综合保险的除外责任

(一) 除外的事故、原因

(1) 战争、敌对行为、军事行动、武装冲突、罢工、暴动、盗抢。

(2) 核反应、核子辐射和放射性污染。

(3) 被保险人及其家庭成员、寄居人、雇佣人员的违法、犯罪或故意行为。

(二) 除外的损失、费用

(1) 保险标的遭受保险事故引起的各种间接损失。

(2) 地震及其发生灾害所造成的一切损失。

(3) 家用电器因使用过度、超电压、短路、漏电、自身发热、烘烤等原因所造成本身的损毁。

(4) 坐落在蓄洪区、行洪区、河岸边、低洼地区以及防洪堤以外当地常年警戒水位线以下的家庭财产，由于洪水所造成的一切损失。

(5) 保险标的本身缺陷、保管不善导致的损毁，保险标的的变质、腐烂、受潮、虫咬、自然磨损、自燃、烘焙所造成本身的损失。

(6) 行政、执法行为引起的损失和费用。

(7) 其他不属于保险责任范围的损失和费用。

四、解析家庭财产综合保险的保险金额

微课 2-3

家庭财产综合保险

(1) 房屋及室内附属设备、室内装修的保险金额由被保险人根据财产的购置价或市场价自行确定。

(2) 室内财产的保险金额由被保险人根据当时的实际价值自行确定，并且按照保险单规定的保险财产项目分别列明。如果难以具体分项则按大类财产在保险金额中所占比例确定。

(3) 特约财产的保险金额由被保险人和保险人双方约定。

需要注意的是，单位集体投保的家庭财产保险，其保险金额一般由该单位统一确定。如果被保险人认为集体投保的保险金额太低，不符合自己的实际情况，可以再单独投保一份保险，两份保险单的保险金额是可以合并在一起计算的。此外，同一家庭中，几个已工作的成员都分别在各自的单位里集体投保了家庭财产保险，被保险人也可以合并计算这些保险单的保险金额，但保险金额超过保险价值的部分无效。

教学互动

(单选题) 在家庭财产保险中，房屋及室内附属设备、室内装修的保险金额由被保险人根据财产的（　　）自行确定。

A. 市场价格　　B. 原价加成　　C. 原价　　D. 购置价或市场价

五、解析家庭财产综合保险的赔偿处理

家庭财产保险对室内财产的损失赔偿一般采用第一危险赔偿方式，即在发生保险责任范围内的损失时，不论是否足额保险，保险人都要按实际损失赔偿，而不是按责任比

例分摊损失，但最高赔偿金额不得超过保险金额。但是，如有约定，保险人对房屋的损失仍采取比例分摊方式进行赔偿。

按实际损失赔偿是根据实际损失的数量和程度，保险人根据保险责任按照保险财产损失发生时的市场价格，并根据新旧程度的折旧标准折旧后的实际价值计算赔偿金额。一般是分项投保、分项赔偿，最高以不超过保险单载明的分项保险金额为限。

对于被保险人的合理施救以及保护费用的最高赔偿金额，亦以不超过该保险的保险金额为限。当家庭成员有两人以上就同一保险标的、同一责任向不同保险公司投保时，构成重复保险，保险人要按照比例分摊损失责任，即按其承保保险金额占总保险金额的比例计算赔偿金额。

案例分析

更好地发挥家庭财产保险保障功能

某年夏天，北京市经历强降雨天气，门头沟区王平镇的贾先生家中进水，家电、墙地面等受损。贾先生此前投保了家庭财产保险，报案后，理赔人员很快进行查勘定损，预估赔付近5万元。“多亏当初投保了家庭财产保险，理赔金弥补了很大一部分损失。”贾先生说。

近年来，百姓风险保障意识不断提高，家庭财产保险受到青睐。数据显示，2022年，财险公司家庭财产保险保费收入同比增长超60%。

家庭财产保险标的主要包括房屋主体，室内装潢，家具、家电等财产以及暖气、供水、煤气管道等室内附属设备，遇到暴雨、台风、火灾等自然灾害或意外事故时，可进行相应赔付。例如，家中屋顶、地板、门窗等遭受损失，都可按合同约定进行赔付。

根据保额不同，家庭财产保险每年的保费从几十元到数百元不等。出险时，赔偿将根据损失程度和免赔额来确定，保险公司定损金额减去免赔额，即为赔付金额。

值得一提的是，近年来，不少城市推出定制型家庭财产保险，着重拓展服务功能，以便更好地满足消费者日常生活需要。2023年8月15日，北京市发布城市定制型家庭财产保险“京城好房保”，由多家保险机构联合承保，其特点是“能赔还能修”。一方面，该产品在传统家庭财产保险标的基础上，扩展了自家漏水殃及邻居等第三者责任，能分散业主赔偿风险；另一方面，“京城好房保”附加居家财产维修保障，涵盖近100项居家维修服务。

除北京市外，2023年以来，上海市、浙江省宁波市、四川省成都市等多地推出了拓展服务功能的城市定制型家财险。例如，成都市的“蓉家保”提供雇佣人员伤害、临时住宿补偿、公共交通意外以及开锁、管道疏通等责任保障。

围绕新市民等群体的安居需求，一些保险机构还推出了个性化的产品和服务。例如，中国太平洋财产保险上海分公司针对新市民中租房人群较多的特点，推出专属产品，在传统家财险基础上，增加承租人责任、租金损失、临时租房津贴等责任保障。从供给角度看，城市定制型家财险对服务内容进行拓展，有助于提高消费者对家财险功能的感知，有利于增强产品吸引力。

分析：为百姓安居乐业撑起更密实的“安全伞”，保险业要问需于民，持续加强产品创新。国家金融监督管理总局有关负责人表示，正在研究起草关于推进普惠保险高质量发展的指导意见，拟加强新市民、小微企业和弱势群体金融服务，其中针对农村和边远地区人口、脱贫人口、城市低保人群等实际情况，支持保险公司因地制宜开发意外伤害保险、健康保险、定期寿险、家庭财产保险等产品，提高其抵御风险的能力。

资料来源：屈信明. 更好发挥家庭财产保险保障功能［N］. 光明日报，2023-09-18.

教学互动

（单选题）张某投保家庭财产综合险，他与邻居李某共同拥有一个拖拉机。在一次出借过程中，拖拉机被盗，保险公司（　　）赔偿张某的损失。

A.应该　　B.不应该

C.根据保险条款而定　　D.条件不足，无法判断

❖ 活动2　解析家庭财产两全保险

一、解析家庭财产两全保险的性质

家庭财产两全保险兼有经济补偿和到期还本双重性质。保险人用被保险人所交纳的保险储金的利息收入作为保险费，在保险期满时将所交纳的保险储金全部返还被保险人。

家庭财产两全保险既可为保险人积聚更多的可运用资金，增强保险人的资金实力，又由于其期限较长，增强了业务的稳定性，并减少了每年展业、出单和收费的工作量。

家庭财产两全保险的保险财产、保险责任、保险金额确定方式以及适用范围等方面与家庭财产综合保险相同，所不同的只是保险人通过收取一定的保险储金，以保险储金产生的利息作为承担保险责任的对价。

教学互动

（单选题）家庭财产两全保险的性质为（　　）。

A.经济补偿　　B.到期还本

C.双重保障　　D.经济补偿和到期还本

二、解析家庭财产两全保险的保险储金

家庭财产两全保险的最长期限一般不超过10年，可由保险双方协商确定，以年为单位，从约定起保日零时起至期满日24时止，如到期被保险人不申请退保，保险单自动续保。保险储金按保险金额每千元计算，被保险人应在投保时一次缴清。

家庭财产两全保险是以保险储金的利息收入作为保险费。保险储金的性质是储蓄性的，在保险期满时，不论被保险人在保险期间有无获得保险赔偿，也不论保险合同在保险期满前是否终止，保险人均退还全部储金。被保险人如果愿意续保，保险公司可将原来应退还的保险储金作为续保时应交的保险储金。

对于期满后逾期不领取的保险储金，无论逾期多久，一律不计算利息，在领取时仅归还原保险储金数额。保险储金计算的依据是家庭财产综合保险对应的费单和承保当时的银行利率。其计算公式为：

保险储金=保险金额×储金率

储金率=银行利率÷保险费率

银行利率=中国人民银行公布的一年期存款利率×（1-代扣利息税率）

教学互动

（单选题）王某投保家庭财产两全保险，投保当时银行利率为8%，家庭财产综合保险对应的费率为10%，则保险储金的储金率为（　　）。

A.8%　　B.10%　　C.80%　　D.125%

三、解析家庭财产两全保险的赔偿处理

在保险期限内任一保险年度，如果累计赔款金额达到保险金，当年的保险责任即行终止。下一保险年度开始时自动恢复原保险责任。保险人赔偿部分损失后，当年保险年度的有效保险金额则相应减少，有效保险金额为原保险金额减去赔偿金额后的余额。如被保险人要求恢复当年的保险金额，应补交相应的保险费由保险人出具批单批注，下一保险年度开始时保险金额自动恢复。保险标的遭受全部损失经保险人赔偿后，保险责任终止，保险人到下一保险年度全额退还保险储金。

教学互动

（单选题）在家庭财产两全保险中，对于期满后逾期不领取的保险储金，其利息计算方法为（　　）。

A.银行利息　　B.保险储金的利息

C.银行利息加保险储金利息　　D.不计利息

❖ 活动3　解析家庭财产附加险（盗抢险）

家庭财产综合保险有多种附加险，如附加家庭财产盗抢险、附加家用电器用电安全险、附加管道爆裂及水渍险、附加第三者责任险和附加自行车盗窃险等。其中，家庭财产盗抢险是最为普遍的一种附加险。如果投保了家庭财产盗抢险，被盗抢的损失就可由保险公司“买单”。

一、解析盗抢险的保险责任

保险房屋及其附属设备和室内装修以及存放于保险地址室内的保险财产，因遭受外来人员撬门、砸窗、翻墙掘壁、持械抢劫，并有明显现场痕迹的盗窃所致损失在3个月后未能破案的，保险人负责赔偿。

二、解析盗抢险的除外责任

（1）被保险人及其家庭成员、服务人员、寄居人员的盗窃或纵容他人盗窃所致保险财产的损失。

（2）因房屋门窗未锁而遭盗窃所致保险财产的损失。

（3）无明显盗窃痕迹，或街外购物行为所致保险财产的损失。

三、解析盗抢险的赔偿处理

（1）保险标的发生盗抢事故后，被保险人应立即向当地公安部门如实报案，并同时通知保险人，否则保险人有权拒赔。

（2）被保险人向保险人报案后，从案发时起3个月后，被盗抢的保险标的物仍未查

获，方可办理索赔手续。

（3）保险人赔偿盗抢损失后，被保险人应将向第三者索赔的权益转让给保险人，破案追回的保险标的应归保险人所有，如果被保险人愿意收回被追回的保险标的，必须退还已领取的赔偿金额，保险人对被追回保险标的的损毁部分按照实际损失给予补偿。

（4）保险人按该附加保险规定进行赔偿处理时，要扣除绝对免赔额。

教学互动

1.（单选题）家庭财产保险附加盗抢险，只有在案件发生（　　）个月后没有破案，保险人才负责赔偿。

A.12　　B.9　　C.6　　D.3

2.（案例题）李某将其房屋投保火险，保险金额为10万元。不久后发生保险事故，房屋被全部焚毁，房屋遭毁时的市价为12万元。请问：保险公司应当赔偿多少？

实践训练1

解读家庭财产保险合同

家庭财产保险合同

家庭财产保险单见表2-3。

表2-3　家庭财产保险单　保险单号：

被保险人姓名：		
保险财产地址：		
保险期限：　自　年　月　日零时至　年　月　日二十四时止		
保险财产名称	保险金额	是否附加盗窃保险
家用电器及照相器材		
衣物		
床上用品		
家具		
其他物品		
总保险金额：		保险费：
备注：		

投保人对保险人的除外责任条款明确无误　　签字：

日期：　年　月　日

＿＿＿＿保险有限公司

出单日期＿＿＿＿

…………………………

出单地点＿＿＿＿

家庭财产保险条款

本条款分为基本险和盗窃险两个部分，保险人（即××财产保险有限公司，下同）根据保险合同的规定，相应承担保险责任。

第一条　保险标的

凡是存放在本保险单上载明的地点，属于被保险人（即参加本保险的城乡居民，下同）自有的下列家庭财产都可以向保险人投保。

一、衣着用品、床上用品；

二、家具、用具、室内装修物；

三、家用电器、文化、娱乐用品；

四、农村家庭的农具、工具，已收获入库的农产品、副业产品；

五、非机动交通工具；

六、口粮；

七、经被保险人与保险人特别约定，并且在保险单上载明，属于被保险人代他人保管或与他人共有而由被保险人负责的本条一至六款所列财产；

八、其他具有法律上承认的与被保险人有经济利害关系的财产。

第二条　不保财产

下列财产不在保险标的范围以内：

一、金银、珠宝、钻石、玉器、首饰、货币、票证、有价证券、邮票、古玩、古币、古书、古画、字画、文件、账册、图表、技术资料、家禽、家畜、花、树、鱼、鸟、盆景以及无法鉴定价值的财产；

二、烟、酒、食品、保健品、药品、化妆品；

三、本保险条款第一条保险标的中未列明的其他家庭财产、非法占用的财产和正处于紧急危险状态下的财产。

第三条　基本险责任

由于下列原因造成保险标的直接经济损失，保险人依照本条款约定负责赔偿：

一、火灾、爆炸；

二、雷击、龙卷风、洪水、雹灾、雪灾、地面突然塌陷、崖崩、冰凌、泥石流；

三、飞行物体及其他空中运行物坠落，以及外来建筑物或其他固定物体的倒塌；

四、季节性、区域性暴雨积水倒灌；

五、管道爆裂；

六、在发生上述保险灾害事故时，为了防止灾害蔓延，或因施救、保护所采取的必要措施而造成保险标的损失和支付的合理费用。

第四条　盗窃险（附加）责任

存放在保险地点室内，本保险单上载明的财产（各种表、笔、眼镜、打火机、无线通信工具、手提电脑、随身听等经常随身携带的物品除外），因遭受外来人员的撬门、砸窗、掘墙，有明显被盗窃痕迹的损失，保险人负赔偿责任。

第五条　责任免除

由于下列原因造成保险标的损失，保险人不负赔偿责任：

一、战争、敌对行为、军事行动、武装冲突、罢工、暴动；

二、核反应、核子辐射和放射性污染；

三、电机、电器（包括电器性质的文化娱乐用品）、电气设备因使用过度、超电压、碰线、弧花、走电、自身发热等原因所造成的本身损毁；

四、被保险人及其家庭成员、服务员、寄居人员的故意行为、勾结纵容他人盗窃、被外来人员顺手偷摸、窗外钩物所致的损失；

五、地震所造成的一切损失；

六、其他不属于保险责任范围内的损失和费用。

第六条 保险金额、保险价值和保险费率

一、保险金额由被保险人根据保险标的的实际价值自行确定，并且按照保险单上规定的保险标的项目分别列明；

二、家庭财产的保险价值是出险时的实际价值。

三、基本险、附加险的年保险费率均为2‰。

第七条 保险期限

保险期限为1年，从签单次日零时起至保险到期日二十四时止。期满续保，另办手续。

第八条 赔偿处理

一、保险标的遭受保险责任范围内的损失，保险人根据实际损失，按损失当天出险地的市场平均价格及损失财产的购置年限计算赔偿金额，但最高赔偿金额以保险金额为限。

若本保险单所载财产不止一项时，应分项按照本条款规定处理。

二、本条款第三条第六款规定支付的施救保护费用，应与保险标的损失赔偿金额分别计算，各以保险金额为限。

三、保险标的遭受损失后的残余部分，应该协议作价折旧归被保险人，在赔款中扣除。

四、被保险人在向保险人申请赔偿时，应当提供保险单、保险标的损失清单、技术鉴定证明、出险通知书、救护费用发票以及必要的单据和有关部门（如所在单位、街道、乡镇及公安、气象部门等）的证明，各项单证、证明必须真实可靠，不得有欺诈行为。被保险人的欺诈行为给保险人造成损失的，应当承担赔偿责任。保险人收到单证后应当迅速审定、核实。对手续齐全，达成赔偿协议后，10日内履行赔偿义务。

五、因第三者责任对保险标的的损害而造成保险事故的，保险人自向被保险人支付赔偿金之日起，在赔偿金额内代位行使被保险人对第三者请求赔偿的权利。

六、保险标的遭受部分损失经保险人赔偿后，其保险金额相应减少，由保险人出具批单加以注明；在保险期限内累计赔偿达到保险金额时，该保险单的保险责任即行终止。保险当事人均可依法终止合同。

七、如果本保险单所承保的财产存在重复保险时，本保险人按照比例分摊损失的原则负赔偿责任。

八、赔款后，破案追回的保险标的，应当归保险人所有，被保险人如果愿意收回该项被追回的财产，其已经领取的赔款必须退还给保险人。保险人对被追回财产的损毁部分，可以按照实际损失给予补偿。

如果被保险人从其知道保险标的遭受损失的当天起满2年不向保险人申请索赔，不提供本条款第八条第四款所规定的单证，或者从保险人书面通知之日起满2年不领取赔款的，即视为自愿放弃权益。

第九条　被保险人义务

一、被保险人应按照保险人规定的一年期家庭财产保险费率计算应交保险费，在保险合同生效前一次交清保险费。

二、被保险人应当履行如实告知义务，如实回答保险人就保险标的或被保险人的有关情况提出的询问。

三、在保险合同有效期限内，如有被保险人变更保险标的地址、保险标的权利转让等情况，被保险人应当事前书面通知保险人，并根据保险人的有关规定办理批改手续。

四、保险标的遭受损失时，被保险人应当积极抢救，把损失减少到最低限度，同时保护现场，并立即通知保险人并向当地公安或有关部门报告。

五、被保险人如果不履行本条一至四款约定的各项义务，保险人有权拒绝赔偿，或终止保险合同。

第十条　其他事项

被保险人与保险人之间因本保险事宜发生争议，应通过协商解决，协商不成，按以下第（　　）项解决：（1）向仲裁机构申请仲裁；（2）向人民法院提起诉讼。

实践训练2

分析家庭财产保险案例

实训一

2023年5月，刘某向保险公司投保了家庭财产保险，保险金额4万元。同年10月，刘某的母亲从乡下看望儿子，第一次用高压锅煮绿豆。由于高压锅的排气孔被绿豆堵塞，致使锅内气压急剧上升造成爆炸，高压锅及煤气灶被炸毁，损失900元。刘某的母亲左手被炸伤，医疗费300元。案发后，刘某向保险公司索赔，要求赔偿其财产损失及其母亲的医疗费。

请问：保险公司是否应该给予赔偿？

实训二

张某于2023年投保家庭财产保险，他只选择投保了彩电与DVD，保额3 000元。2个月后，张某使用酒精炉时不慎引发大火。情急之下，张某抢救出彩电和DVD，其他物品来不及救出，结果导致损失4 500元。张某向保险公司提出索赔。

请问：保险公司是否应该给予赔偿？

实训三

2023年7月，谢某出差回家后，发现家庭财产被盗，随即到派出所报案。经公安人员现场勘查，被盗财物包括家用电器、现金、衣物，价值3万多元。10多天后此案还没告破，这时谢某想起自己向保险公司投保了家庭财产保险。他持保险单来到保险公司要求索赔，但保险公司以在出险后未及时通知为由拒赔。

请问：保险公司的做法是否合理？

实训四

2023年12月10日，王某将自己所有的一套二居室公有房屋及屋内财产投保了家庭财产保险，保险期限为一年。保险单中载明："在保险期限内，保险标的被转卖、转让或赠予他人，或保险标的的危险程度增加时，应在七日之内通知保险公司，并办理批改手续。"王某认为自己的居住条件不够好，于2024年4月住进了一栋三居室新居，然后将原来的二居室房屋卖给了张某。5月5日，张某支付了三分之二的房款并入住，双方商定一个星期后去房地产交易管理部门办理交易过户手续。5月15日，因张某家的煤气阀门未关紧而引发火灾，致使房屋遭受严重损失。事发后，张某找到王某说明情况，王某向保险公司提出索赔。

请问：保险公司是否应该给予赔偿？

实训五

2023年5月20日，S乡政府代理全乡8 000个农户向保险公司投保家庭财产保险，商定每户缴纳保险费7.5元，保额2 500元。在"特别约定"栏中约定"保费分两次交付，同年11月底前交清"。7月20日前，保险人多次到S乡政府催缴保险费，S乡政府负责人承诺在8月份将收集并交付部分保险费，11月份保险费全部交清。但是，同年7月24日深夜发生洪灾，到9月中旬洪水才退去，使该乡遭受了巨大的经济损失。事后，该乡农户凭保险单向保险公司提出索赔380万元。保险公司向S乡政府发出了"拒赔通知书"。

请问：保险公司的做法是否合理？

实训六

李某于2023年1月30日向甲保险公司办理了家庭财产保险并附加盗窃险，保险金额10万元，保险期限自2023年1月31日至2024年1月30日。后来，李某所在单位为全体员工投保了家庭财产保险并附加盗窃险，李某家的保险金额为5万元，保险期限自2023年3月18日至2024年3月17日，承保人为乙保险公司。2023年5月10日，李某家发生盗窃。李某向公安部门报案，并通知了甲保险公司。经查勘确定，李某家被盗损失达20 000元，其中现金存折共计7 000元，金银首饰3 000元，字画3 000元，录像机、高级西装共7 000元。李某向甲、乙两家保险公司提出索赔。

在理赔过程中，乙保险公司发现李某向甲保险公司进行了投保，后来李某所在单位为职工在乙保险公司进行了投保，因此，乙保险公司认为这属于重复保险，李某违反诚信原则，第二份保险合同无效，乙保险公司不负赔偿责任。甲保险公司承担保险责任，提出现金存折、金银首饰、字画等为不保财产，甲保险公司以保险金额的全额7 000元赔付李某。

请问：两家保险公司的做法是否合适？两家保险公司的赔偿金额各是多少？

任务4 掌握机动车辆保险实务

案例导入

乘客从车顶掉下时受伤可否赔付第三者责任险?

2023年9月5日，R旅游公司将自己的一辆黄河大客车向保险人投保，投保险种为车损险、第三者责任险（赔偿限额5万元）、车上责任险（每座5 000元），保险期限为6个月，并按规定缴纳了保险费。10月5日，驾驶员李某驾驶被保车辆在某站点停靠上下乘客，乘客张某登上车顶卸货时，李某在未查明车顶有无人员的情况下起步发车，致使张某从车顶掉下摔成重伤，后抢救无效死亡。交通事故责任书认定驾驶员李某负事故全部责任，乘客张某无责任，R旅游公司应赔偿张某家属各项补偿费用总计10万元。保险公司仅按车上责任险予以赔付后，R旅游公司不服，坚持要求保险公司按第三者责任险赔付。

资料来源：作者根据相关资料整理。

思考题：R旅游公司的要求是否合理?

❖ 活动1 了解机动车辆保险的含义及特点

一、机动车辆保险的含义

机动车辆保险，是以机动车辆本身及机动车辆的第三者责任为保险标的的一种运输工具保险。机动车辆保险的保险对象是经交通管理部门检验合格并具有有效行驶证和号牌的机动车辆。机动车辆保险所承保的机动车辆包括汽车、电车、电瓶车、摩托车、拖拉机、各种专用机械车以及特种车等。

随着经济的发展，机动车辆的数量不断增加。当前，机动车辆保险已成为中国财产保险业务中最大的险种。机动车辆保险已涵盖大部分汽车危险事故，交通运输部强制购车人员购买机动车辆保险，以保证在车祸事故中，受害人的正当权益得到保障。

机动车辆保险的保险标的因险种不同而不同，车辆损失险的保险标的是各种机动车辆；第三者责任险的保险标的是保险车辆因意外事故致使他人遭受人身伤亡或财产直接损失而依法应负的赔偿责任。

案例分析

驾驶机动车辆不买保险，小心因小失大

2022年6月30日，甲货物公司与乙物流公司签订《第三方物流运输合同》，双方约定由乙物流公司为甲货物公司运送香烟商标等货物。2022年7月13日，乙物流公司将货品交给被告刘某运输。在运输过程中，刘某所驾运输车辆发生侧翻，承运的香烟商标等货物洒落一地，严重受损。

为此，乙物流公司赔偿了甲货物公司经济损失39万余元。乙物流公司向甲货物公司实际支付赔款后，认为本次事故系被告刘某违反运输合同所致，遂将刘某诉至旬阳市人民法院，要求刘某承担39万余元的赔款。

被告刘某则表示，自己拉一车货物仅能收取运费3 800元，也没有购买相应的保险，如今需要赔偿39万多元，数额过大，且因这次事故，自己受伤，花费手术费2万余元，车辆也严重损坏，根本无力赔偿。

该案在审理中，经市人民法院法官主持调解，原告乙物流公司主动放弃了部分赔偿诉求，当事人双方最终达成了由被告刘某限期赔偿原告部分损失的调解协议。

资料来源：佚名.【小案件大道理】谨记这点，切勿因小失大！[EB/OL].[2023-05-17]. https://www.thepaper.cn/newsDetail_forward_23137829.

分析：驾驶机动车辆，不买保险犹如在刀尖上跳舞，遭遇交通事故时会损失惨重。从事货运、客运经营，除应当严格遵守道路交通法规外，车主或经营者应当及时投保必要的强制责任险和商业保险，以防意外发生，切不可因小失大！

二、机动车辆保险的特点

机动车辆第三者责任保险通常采用法定保险方式经营。保险基本职能就是组织经济补偿和实现保险金的给付，同样也是机动车辆保险的基本职能。通过机动车辆保险，将拥有机动车辆的企业、家庭和个人所面临的种种风险及其损失后果得以在全社会范围内分散与转嫁，体现了“集合危险，分散损失”的社会原理。机动车辆保险的主要特点如图2-5所示。

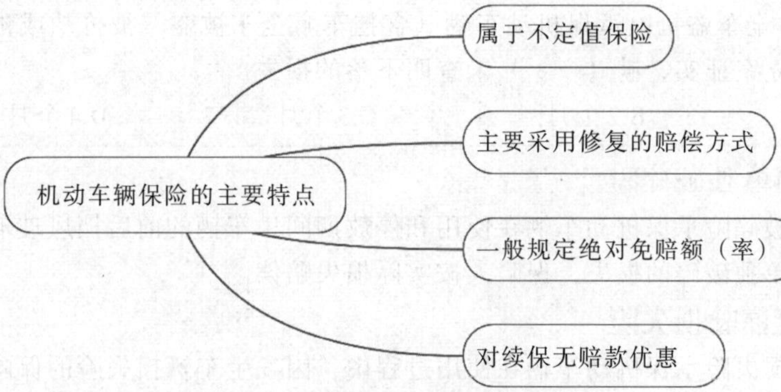

图2-5　机动车辆保险的主要特点

教学互动

（单选题）机动车辆保险从保险价值的性质上看属于（　　）。

A.定值保险　　B.不定值保险　　C.足额保险　　D.超额保险

❖ 活动2　明确机动车辆保险的险别

当前，除了国家强制机动车所有人必须购买的交强险外，其他机动车保险分为两大类。这两类保险一共包含两类基本险种：一类是基本险，包括车辆损失险和第三者责任险；另一类是车主自愿投保的附加险，主要包括全车盗抢险、玻璃单独破碎险、车辆停驶损失险、自燃损失险、新增加设备损失险、车上责任险等险种。

一、交强险

交强险的全称是“机动车交通事故责任强制保险”，是由保险公司对被保险机动车发生道路交通事故造成受害人（不包括本车人员和被保险人）的人身伤亡或财产损失，在责任限额内予以赔偿的强制性责任保险。交强险是我国首个由国家法律规定实行的强制保险制度。

二、车辆损失险

车辆损失险，是指保险车辆遭受保险责任范围内的自然灾害或意外事故，造成保险车辆本身损失，保险人依照保险合同的规定给予赔偿的一种保险。

三、第三者责任险

机动车辆第三者责任险简称为第三者责任险，是指被保险人或其允许的驾驶人员在使用保险车辆过程中发生意外事故，致使第三者遭受人身伤亡或财产直接损毁，依法应当由被保险人承担的经济责任，保险公司负责赔偿。

四、全车盗抢险

全车盗抢险承保机动车辆（含挂车）全车被盗、被抢劫或被抢夺，经县以上公安部门立案证实，满2个月未查明下落的损失，还承保保险车辆被盗窃、被抢劫或被抢夺期间受到损坏或车上零件或附属设备丢失，需要修复或重置的费用。

教学互动

（单选题）全车盗抢险承保机动车辆（含挂车）全车被盗、被抢劫或被抢夺，经县以上公安部门立案证实，满（　　）未查明下落的损失。

A.1个月　　B.2个月　　C.3个月　　D.4个月

五、玻璃单独破碎险

玻璃单独破碎险承保机动车辆在使用和停放期间，车辆的前后挡风玻璃、门窗玻璃和侧玻璃发生单独破碎的损失，保险人按实际损失赔偿。

六、车辆停驶损失险

车辆停驶损失险承保机动车辆在使用过程中，因发生车辆损失险的保险事故，造成车身损毁致使车辆停驶，引起的被保险人因不能正常使用车辆的间接损失，例如出险后车辆因修理而停止正常营运造成的营业损失。

七、自燃损失险

自燃损失险承保机动车辆在使用过程中，因本车电器、线路、供油系统发生故障及运载货物自身原因起火燃烧，造成保险车辆损失，以及被保险人在发生该保险事故时，为减少车辆损失所支出的必要合理的施救费用。保险人在保险单载明的该项目的保险金额内，按保险车辆的实际损失赔偿；发生部分损失的，按出险时车辆的实际价值，在保险单该项目载明的保险金额内赔偿。

八、新增加设备损失险

新增加设备损失险承保机动车辆在使用过程中，因发生车辆损失险的保险事故，造成车上新增设备的直接损失，保险人在保险单载明的该项目保险金额内按实际损失赔偿。

九、车上责任险

车上责任险是指投保了这个险的机动车辆在使用过程中，发生意外事故，致使保险车辆所载货物遭受直接损毁和车上人员的人身伤亡，依法应由被保险人承担的经济赔偿责任，以及被保险人为减少损失而支付的必要合理的施救、保护费用，保险公司在保险单所载明的本保险赔偿限额内计算赔偿。

教学互动

（单选题）在机动车辆保险中，属于第三者责任险附加险的有（　　）。

A. 车辆损失险　　B. 车上责任险

C. 车辆停驶损失险　　D. 新增加设备损失险

❖ 活动3　解析车辆损失险

一、解析车辆损失险的保险责任

保险车辆应具备的条件包括：具有车辆牌照、行驶执照以及年检合格证等。

微课 2-4

车辆损失险

（一）意外事故或自然灾害造成保险车辆的损失

1. 碰撞事故

碰撞是保险车辆与外界静止的或运动中的物体的意外撞击，通常包括两种情况：（1）保险车辆与外界物体的意外撞击造成的本车损失；（2）保险车辆所装货物与外界物体的意外撞击造成的本车损失。一般因碰撞责任所造成的损失，除驾驶人故意行为外，无论驾驶人有无过失（明确除外者不在内），保险人均负责赔偿。

2. 非碰撞事故

非碰撞事故分为自然灾害、意外事故两类。自然灾害一般包括雷击、暴风、龙卷风、暴雨、洪水、海啸、地陷、冰陷、崖崩、雪崩、雹灾、泥石流、滑坡，以及载运保险车辆的渡船遭受的自然灾害，但只限于驾驶人随车照料者。意外事故包括倾覆、火灾、爆炸、坠落以及外界物体的倒塌或坠落等。

（二）合理的施救、保护费用

该项责任是指保险车辆在发生保险事故时，被保险人为了减少车辆损失，对保险车辆采取施救、保护措施所支出的合理费用。此项费用的最高赔偿金额以保险车辆的保险金额为限（此项费用不包括保险车辆的修复费用）。该费用必须合理，即保护施救行为支出的费用是直接的和必要的，并符合国家有关政策规定。

二、解析车辆损失险的除外责任

（一）保险人不负责赔偿的保险车辆损失

（1）地震造成的损失。

（2）自然磨损、锈蚀、故障、轮胎单独损坏。

（3）人工直接供油、高温烘烤造成的损失。

(4) 受本车所载货物撞击的损失。

(5) 遭受保险责任范围内的损失后，未经必要修理继续使用，致使损失扩大的部分。

(6) 自燃以及不明原因产生火灾造成的损失。

(7) 灯具、车镜玻璃以及挡风玻璃、车窗玻璃单独破碎。

(8) 保险车辆在淹及排气筒的水中启动或被水淹后操作不当致使发动机损坏。

(二) 下列情况中的任何原因造成保险车辆的损失保险人不负责赔偿

(1) 战争、军事冲突、暴乱、恐怖主义行为、扣押、罚没、政府征用。

(2) 非被保险人允许的驾驶员使用保险车辆。

(3) 被保险人或其允许的驾驶员的故意行为。

(4) 竞赛、测试、在营业性修理场所修理期间。

(5) 车辆所载货物掉落、泄漏。

(6) 保险车辆拖带其他未保险车辆（含挂车）或被其他未保险车辆拖带。

(7) 驾驶员饮酒、吸毒、被药物麻醉。

(8) 保险人承保的机动车辆必须是被保险人允许的合格驾驶员驾驶的车辆。

(9) 保险车辆肇事逃逸。

(10) 未按书面约定履行交纳保险费义务。

(11) 除保险合同另有书面约定外，发生保险事故时保险车辆没有公安交通管理部门核准的行驶证和号牌，或未按规定检验或检验不合格。

(三) 保险人不负责赔偿的损失和费用

(1) 保险车辆发生意外事故，致使被保险人停业、停驶、停电、停水、停气、停产、中断通信以及其他各种间接损失。

(2) 保险车辆全车被盗窃、被抢劫、被抢夺，以及在此期间受到损坏或车上零部件、附属设备丢失。

❖ 活动4 解析第三者责任险

一、解析第三者责任险的保险责任

被保险人或其允许的驾驶人员在使用保险车辆过程中发生意外事故，致使第三者遭受人身伤亡或财产直接损毁，依法应当由被保险人承担的经济赔偿责任，保险人负责赔偿。超过机动车交通事故责任强制保险各分项赔偿限额以上的部分，保险人按照我国相关法律法规的规定和保险合同的约定给予赔偿，但因事故产生的善后工作，由被保险人自行处理。

经保险人事先书面同意，被保险人给第三者造成损害而被提起仲裁或者诉讼的，对应由被保险人支付的仲裁或者诉讼费用以及其他费用，保险人负责赔偿。赔偿的数额在保险单载明的责任限额以外另行计算，最高不超过责任限额的30%。

二、解析第三者责任险的除外责任

1.保险车辆造成人身伤亡或财产损失

保险车辆造成下列人身伤亡或财产损失，不论在法律上是否应当由被保险人承担赔偿责任，保险人均不负责赔偿：

（1）被保险人及其家庭成员的人身伤亡、所有或代管的财产的损失；

（2）本车驾驶人员及其家庭成员的人身伤亡、所有或代管的财产的损失；

（3）本车上其他人员的人身伤亡或财产损失。

2.保险车辆拖带未投保第三者责任保险的车辆（含挂车）或被未投保第三者责任保险的其他车辆拖带

保险车辆拖带车辆（含挂车）或其他拖带物，二者当中至少有一个未投保第三者责任险。无论是保险车辆拖带未保险车辆，还是未保险车辆拖带保险车辆，都属于增加危险程度，超出了保险责任正常所承担的范围，故由此产生的任何损失，保险人不予赔偿（公安交通管理部门的清障车拖带障碍车不在此列）。但拖带车辆和被拖带车辆均投保了车辆损失险的，发生车辆损失险责任范围内的损失时，保险人应对车辆损失部分负赔偿责任。

3.保险人不负责赔偿的损失和费用

下列损失和费用，保险人不负责赔偿：

（1）保险车辆发生意外事故，致使被保险人或第三者停业、停驶、停电、停水、停气、停产、通信中断的损失以及其他各种间接损失。保险车辆发生保险事故受损后，丧失行驶能力，从受损到修复这一期间，被保险人停止营业或不能继续运输等损失，保险人均不负责赔偿。保险车辆发生意外事故致使第三者营业停止、车辆停驶、生产或通信中断和不能正常供电、供水、供气的损失以及由此而引起的其他人员、财产或利益的损失，不论在法律上是否应当由被保险人负责，保险人都不负责赔偿。

（2）精神损害赔偿，是指因保险事故引起的、无论是否依法应由被保险人承担的任何有关精神损害的赔偿。

教学互动

（单选题）第三者责任保险承保的范围包括（　　）等。

A.肇事车上除驾驶员以外的人　　B.肇事车上的物品

C.肇事车本身　　D.不在肇事车上的人员和财产

❖ 活动5　明确机动车辆保险的保险期限

机动车辆保险的保险期限通常为1年，自保险单载明之日起，到保险期满日24时止。对于当天投保的车辆，起保的时间应为次日零时，保险人按照保险单上约定的时间承担保险责任。保险期满续保时须另行办理投保手续。机动车交通事故责任强制保险合同期满，投保人应当及时续保，并提供上一年度的保险单。机动车交通事故责任强制保险的保险期限通常为1年。投保人可以投保短期机动车交通事故责任强制保险的情形如

图 2-6 所示。

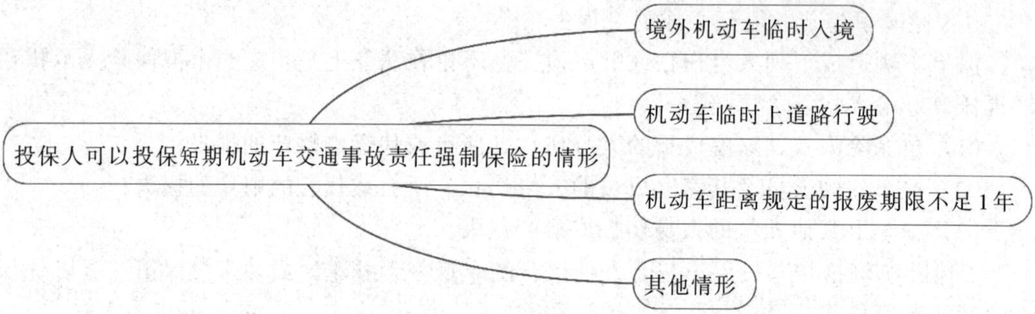

图2-6 投保人可以投保短期机动车交通事故责任强制保险的情形

教学互动

（单选题）机动车辆保险的保险期限通常为（ ）。

A.6个月 B.1年 C.2年 D.3年

❖ 活动 6 明确机动车辆保险的保险金额和赔偿标准

一、明确车辆损失险保险金额的确定方式和赔偿金额的计算

（一）车辆损失险保险金额的确定方式

车辆损失险的保险金额是保险人对投保车辆损失险的机动车辆，在发生保险责任范围内的自然灾害或意外事故造成损失时，给予赔偿的最高金额。车辆损失险的保险金额由投保人和保险人选择以下三种方式协商确定，保险人根据保险金额的确定方式承担相应的赔偿责任。

1. 按新车购置价确定

新车购置价是指在保险合同签订地购置与保险车辆同类型新车（含车辆购置附加税）的价格。

2. 按投保时车辆的实际价值确定

实际价值是指同类型车辆的新车购置价减去该车已使用年限折旧金额后的价格。最高折旧金额不超过新车购置价的 80%。车辆已使用年限按每满一年扣除一年计算，不足一年的部分不计折旧。规定使用年限按国家有关规定执行。折旧计算公式为：

$$实际价值=新车购置价\times\left(1-\frac{已使用年限}{规定使用年限}\right)$$

3. 由投保人与保险人协商确定

采用这种方法确定保险金额时，保险金额不得超过同类型新车购置价，如果超过了，其超过部分无效。

如果投保人将保险车辆另行加装的新增加设备与保险车辆一起向保险人投保，必须列明新增加设备明细表及价格。新增加设备的保险金额在实际价值内由投保人与保险人协商确定，新增加设备的实际价值为其投保时的市场价格。

教学互动

（单选题）计算投保时车辆的实际价值时，最高折旧金额不超过新车购置价的（ ）。

A.50% B.60% C.70% D.80%

（二）车辆损失险赔偿金额的计算

车辆损失险赔偿金额的具体计算方法依照损失程度的不同而不同。

1.全部损失

全部损失包括实际全损和推定全损。实际全损是指保险标的整体损毁或保险标的的受损严重，失去修复价值的损失。车辆推定全损是指保险车辆的修复费用达到或超过出险时的实际价值，尽管保险标的可能并没有全部灭失。无论是实际全损或推定全损，保险人均按保险金额全部赔偿。保险金额高于实际价值时，保险人的赔偿金额以出险当时的实际价值计算。

保险车辆发生全部损失后，如果保险金额等于或低于出险当时的实际价值，保险人按保险金额计算赔偿金额。其计算公式为：

$$\text{赔偿金额}=\left(\text{保险金额}-\text{残值}\right)\times\text{事故责任比例}\times\left(1-\text{事故责任免赔率}\right)\times\left(1-\text{绝对免赔率}\right)-\text{绝对免赔额}$$

保险车辆发生全部损失后，如果保险金额高于出险当时的实际价值，则按出险当时的实际价值计算赔偿金额。其计算公式为：

$$\text{赔偿金额}=\left(\text{实际价值}-\text{残值}\right)\times\text{事故责任比例}\times\left(1-\text{事故责任免赔率}\right)\times\left(1-\text{绝对免赔率}\right)-\text{绝对免赔额}$$

保险车辆出险时的实际价值可按以下方式确定：（1）按出险时的同类型车辆市场新车购置价减去该车已使用年限折旧金额后的价值合理确定；（2）按照出险时同类车型、相似使用时间、相似使用状况的车辆在市场上的交易价格确定。

如果加保了盗抢险，车辆被窃3个月后无法寻回，应按全损赔付；如已寻回原车而车主因车损坏要求赔偿的，则以修复方式赔偿；如果车主不肯领回原车，则按全损赔偿，原车归保险公司处理。

2.部分损失

部分损失是指保险车辆受损后未达到“整体损毁”或“推定全损”程度的局部损失。其赔偿金额计算的基本方法如下：

（1）如果保险车辆的保险金额是按投保时新车购置价确定的，无论保险金额是否低于出险当时的新车购置价，发生部分损失时均按照实际修复费用赔偿。其计算公式为：

$$\text{赔偿金额}=\left(\text{实际修复费用}-\text{残值}\right)\times\text{事故责任比例}\times\left(1-\text{事故责任免赔率}\right)\times\left(1-\text{绝对免赔率}\right)-\text{绝对免赔额}$$

（2）如果保险车辆的保险金额低于投保时的新车购置价，发生部分损失按照保险金额与投保时的新车购置价比例计算赔偿修复费用。其计算公式为：

$$\text{赔偿金额}=\left(\text{实际修复费用}-\text{残值}\right)\times\frac{\text{保险金额}}{\text{新车购置价}}\times\text{事故责任比例}\times\left(1-\text{事故责任免赔率}\right)\times\left(1-\text{绝对免赔率}\right)-\text{绝对免赔额}$$

3.保险车辆损失最高赔款金额及施救费用分别以保险金额为限

施救费用仅限于对保险车辆的必要、合理的施救支出。如果施救财产中含有保险车辆以外的财产，则应按保险车辆的实际价值占施救总财产的实际价值的比例分摊施救费用。保险金额等于投保时新车购置价的，其计算公式为：

$$\text{赔偿金额}=\text{实际施救费用}\times\frac{\text{保险车辆实际价值}}{\text{实际施救财产价值}}\times\text{事故责任比例}\times\left(1-\text{事故责任免赔率}\right)\times\left(1-\text{绝对免赔率}\right)-\text{绝对免赔额}$$

保险金额低于投保时的新车购置价的，其计算公式为：

$$\text{赔偿金额}=\text{实际施救费用}\times\frac{\text{保险车辆实际价值}}{\text{实际施救财产价值}}\times\frac{\text{保险金额}}{\text{新车购置价}}\times\text{事故责任比例}\times\left(1-\text{事故责任免赔率}\right)\times\left(1-\text{绝对免赔率}\right)-\text{绝对免赔额}$$

二、解析第三者责任险的赔偿处理

（一）免赔率规定

根据保险车辆驾驶人员在事故中所负责任，保险人在保险单载明的责任限额内，按下列免赔率免赔：

（1）负全部责任的免赔率为20%，负主要责任的免赔率为15%，负同等责任的免赔率为10%，负次要责任的免赔率为5%；

（2）违反安全装载规定的，免赔率增加10%。

（二）相关赔偿

保险事故发生后，保险人按照《道路交通事故处理办法》规定的第三者责任险赔偿范围、项目和标准以及保险合同的约定在保险单载明的责任限额内核定赔偿金额。

未经保险人书面同意，被保险人自行承诺或支付的赔偿金额，保险人有权重新核定。不属于保险人赔偿范围或超出保险人应赔偿金额的，保险人不承担赔偿责任。

（三）一次性赔偿

赔款金额经保险人与被保险人协商确定后，对被保险人追加的索赔请求，保险人不承担赔偿责任。第三者责任险应遵循一次性赔偿结案的原则，保险人对第三者责任险保险事故赔偿结案后，对被保险人追加受害人的任何赔偿费用不再负责。

（四）连续责任

被保险人获得赔偿后，保险合同继续有效，直至保险期限届满。第三者责任险的保险责任为连续责任。保险车辆发生第三者责任保险事故，保险人赔偿后，无论每次事故是否达到保险责任限额，在保险期限内，第三者责任险的保险责任仍然有效，直至保险期满。

❖ 活动7　计算机动车辆保险的保险费

一、计算机动车交通事故责任强制保险保险费

机动车交通事故责任强制保险的保险费计算取决于两大因素：（1）机动车交通事故责任强制保险的基础保险费；（2）与道路交通事故相联系的浮动比率。其计算公

式为：

$$\frac{\text{机动车交通事故责任}}{\text{强制保险的保险费}}=\frac{\text{机动车交通事故责任}}{\text{强制保险的基础保险费}}\times\left(1+\frac{\text{与道路交通事故}}{\text{相联系的浮动比率}}\right)$$

二、计算车辆损失险保险费

车辆损失险保险费的计算公式为：

车辆损失险保险费=基本保险费+保险金额×费率

教学互动

谢某购买一辆新的进口小轿车，用作非营业性车辆，其购置价为300 000元。该车主到保险公司投保车辆损失险，基本保费为600元，费率为1.2%，则该车的保险费为多少？

三、计算第三者责任险保险费

保险车辆发生第三者责任事故时，应当依据中国现行《道路交通事故处理办法》规定的赔偿范围、项目和标准以及保险合同的规定处理

（一）根据保险单载明的责任限额核定赔偿金额

（1）当被保险人按事故责任比例应负担的赔偿金额超过责任限额时：

赔偿金额=责任限额×（1-免赔率）

（2）当被保险人按事故责任比例应负担的赔偿金额低于责任限额时：

赔偿金额=应负赔偿金额×（1-免赔率）

（二）自行承诺或支付的赔偿金额

自行承诺或支付的赔偿金额是指不符合《道路交通事故处理办法》规定的赔偿范围、项目和标准以及保险合同的规定，且事先未征得保险人同意，被保险人擅自同意承担或支付的赔款。

四、应注意机动车辆保险赔偿中的几个问题

（1）挂车投保后与主车视为一体，是指主车和挂车都必须投保第三者责任险，而且是主车拖带挂车。无论赔偿责任是否由挂车引起，均视同由主车引起，保险人第三者责任险的总赔偿责任以主车赔偿限额为限。主车、挂车在不同保险公司投保的，发生保险事故后，被保险人应向承保主车的保险公司索赔，还应提供主车、挂车各自的保险单。两家保险公司按照所收取的保险单上载明的第三者责任险保险费比例分摊赔偿。

（2）保险车辆按全部损失赔偿全部保险金额，或按部分损失一次赔偿金额加免赔额之和达到保险金额时，车辆损失险的保险责任即行终止。但在保险期限内，保险车辆无论发生一次或多次保险责任范围内的部分损失，只要每次赔款加免赔额之和未达到保险金额，其保险单仍然有效。

（3）保险车辆、第三者的财产遭受损失后的残余部分，可根据双方协商，折价归属被保险人，并在赔偿金额中扣除。

五、计算短期保险费

如果保险期不满1年，应按短期费率计收保险费。短期费率分为两类：按日计费和按月计费。按日计费适用于被保险人新购置车辆的投保，以便先后购置的车辆能够统一续保日期。其计算公式为：

应交保险费=年保险费×$\frac{\text{保险天数}}{365}$

教学互动

（单选题）李某购买了73天的短期车损险，年保费为1 000元，那么他的应交保费为（　　）。

A.200元　　B.300元　　C.400元　　D.500元

❖ 活动8　解读机动车辆保险的无赔款优待

保险车辆在上一年保险期限内无赔款，续保时可享受无赔款保险费优待。无赔款优待的条件为：保险期限必须满一年，保险期内无赔款，保险期满前办理续保等。无赔款保险车辆优待的规定旨在鼓励被保险人及其驾驶员严格遵守交通规则、安全行车、减少保险事故。

无赔款优待金额一般为本年度续保险种应交保险费的一定比例（如10%）。其计算公式为：

无赔款优待金额=该车辆续保险种本年应交保险费×优待比例

教学互动

2023年，张某续保时应交保险费3 000元，在上一年保险期内没有发生保险赔款，今年续保时可获得的无赔款优待比例为10%，则无赔款优待金额为多少？

被保险人投保车辆不止一辆的，无赔款优待按车辆分别计算。这样就不至于因为投保单位某一辆或几辆车发生保险赔款，而影响到该单位其他保险车辆享受无赔款优待。

实施无赔款优待办法时应注意以下几个问题：

（1）上年度保险车辆投保的车辆损失险、第三者责任险、附加险中任何一项发生保险赔款，续保时均不能享受无赔款优待。

（2）不续保者不得享受无赔款优待。

（3）如果续保的险种与上年度不完全相同，无赔款优待则以险种相同的部分为计算基础；如果续保的险种与上年度相同，但保险金额不同，无赔款优待则以本年度保险金额对应的应交保险费为计算基础。

（4）如果被保险人在续保时享受了无赔款优待，但事后发现上一保险期内发生过赔案或期满后补报赔案，应出具批单追回或在支付赔款时扣除已享受的无赔款优待金额。

（5）从其他保险公司转来续保的车辆，无赔款优待应根据投保人提供的转保车辆上年度的无赔款有效证明确定。

（6）凡发生下列情况的，不能享受无赔款优待：①上一保险年限不是一年；②在上一年保险期内发生赔案；③在上一年保险期内保险车辆发生所有权转移但未办理批改手续的；④保险期满后已脱保等。

教学互动

1.（单选题）下列情况中，在续保时能享受无赔款优待的是（　　）。

A.保险期半年满了以后，没发生事故，续保

B.保险期1年满了以后，没发生事故，续保

C.保险期2年满了以后，只发生过一起事故，续保

D.保险期5年满了以后，发生过两起事故，续保

2.（案例题）李某投保机动车辆保险，保额为40万元。在保险期内先后发生数次保险事故，第一次车辆受损15万元，第二次受损20万元，第三次受损8万元，第四次受损45万元，第五次受损6万元。请问：保险公司应如何赔偿？

3.（案例题）甲车投保了车辆损失险和第三者责任险，乙车只投保了第三者责任险。两车发生碰撞事故，甲车车辆损失1万元，伤一人，人身伤亡补偿费合计8万元；乙车车辆损失2万元，伤一人，人身伤亡补偿费合计5万元，车上货物损失6万元。经交通管理部门裁定，甲车负70%主要责任，乙车负30%次要责任。请问：甲车承保公司和乙车承保公司各承担什么责任？

实践训练1

解读机动车辆保险合同

解读“拓展阅读2-2”中的机动车辆保险合同。

拓展阅读2-2

机动车辆保险合同

实践训练2

填写一份机动车辆保险单

填写一份机动车辆保险单（见表2-4）。

表2-4　机动车辆保险单

<table>
<tr><td rowspan="3">投保人</td><td>投保人名称/姓名</td><td colspan="3"></td><td>投保车辆数</td><td>辆</td></tr>
<tr><td>联系人姓名</td><td></td><td>固定电话</td><td></td><td>移动电话</td><td></td></tr>
<tr><td>投保人住所</td><td colspan="3"></td><td>邮政编码</td><td></td></tr>
<tr><td rowspan="5">被保险人</td><td colspan="2">自然人姓名</td><td>身份证号</td><td colspan="3"></td></tr>
<tr><td colspan="2">法人或其他组织名称</td><td colspan="2">组织机构代码</td><td colspan="2"></td></tr>
<tr><td>被保险人单位性质</td><td colspan="5">党政机关、团体　事业单位　军队（武警）　使（领）馆
个体、私营企业　其他企业　其他</td></tr>
<tr><td>联系人姓名</td><td></td><td>固定电话</td><td></td><td>移动电话</td><td></td></tr>
<tr><td>被保险人住所</td><td colspan="2"></td><td>邮政编码</td><td colspan="2"></td></tr>
</table>

续表

<table>
<tr><td rowspan="14">投保车辆情况</td><td>被保险人与车辆的关系</td><td colspan="2">所有使用管理</td><td>车主</td><td colspan="2"></td></tr>
<tr><td>号牌号码</td><td></td><td>号牌底色</td><td colspan="3">蓝黑 黄白 白蓝 其他颜色</td></tr>
<tr><td>厂牌型号</td><td colspan="2"></td><td>发动机号</td><td colspan="2"></td></tr>
<tr><td>VIN码</td><td colspan="2"></td><td>车架号</td><td colspan="2"></td></tr>
<tr><td>核定载客</td><td>人</td><td>核定载质量</td><td>千克</td><td>排量/功率</td><td>L/Kw</td></tr>
<tr><td>初次登记日期</td><td>年 月</td><td>已使用年限</td><td>年</td><td>年平均行驶里程</td><td>公里</td></tr>
<tr><td>车身颜色</td><td colspan="5">黑色 白色 红色 灰色 蓝色 黄色 绿色 紫色 粉色 棕色
其他颜色</td></tr>
<tr><td>机动车种类</td><td colspan="5">客车 货车 客货两用车 挂车 摩托车（不含侧三轮） 侧三轮
农用拖拉机 运输拖拉机 低速载货汽车 特种车（请填用途）________</td></tr>
<tr><td>机动车使用性质</td><td colspan="5">家庭自用 非营业用（不含家庭自用） 出租/租赁 城市公交
公路客用 旅游客用 营业性货用</td></tr>
<tr><td>上年是否在本公司投保商业机动车保险</td><td colspan="2">是</td><td colspan="3">否</td></tr>
<tr><td>行驶区域</td><td colspan="5">省内和邻省 市内 省内和邻省固定路线 市内固定路线 具体路线：________</td></tr>
<tr><td>是否为未还清贷款的车辆</td><td>是 否</td><td colspan="3">车损险与车身划痕险选择汽车专修厂</td><td>是 否</td></tr>
<tr><td>上次赔偿次数</td><td colspan="5">交强险赔款次数________次 商业机动车保险赔款次数________次</td></tr>
<tr><td>上一年度交通违法行为</td><td colspan="2">有</td><td colspan="3">无</td></tr>
<tr><td colspan="2">投保主险条款名称</td><td colspan="5"></td></tr>
<tr><td colspan="2">指定驾驶人</td><td>姓名</td><td colspan="3">驾驶证号码</td><td>初次领证日期</td></tr>
<tr><td colspan="2">驾驶人1</td><td></td><td colspan="3"></td><td>年 月 日</td></tr>
<tr><td colspan="2">驾驶人2</td><td></td><td colspan="3"></td><td>年 月 日</td></tr>
<tr><td colspan="2">保险期间</td><td colspan="5">____年____月____日零时起至____年____月____日二十四时止</td></tr>
<tr><td colspan="3">投保险种</td><td colspan="2">保险金额/责任限额（元）</td><td>保险费（元）</td><td>备注</td></tr>
<tr><td colspan="3">机动车交通事故责任强制保险</td><td colspan="2">死残，医疗费，财产损失</td><td></td><td></td></tr>
<tr><td colspan="3">机动车损失险：新车购置价____元</td><td colspan="2"></td><td></td><td></td></tr>
<tr><td colspan="3">第三者责任险</td><td colspan="2"></td><td></td><td></td></tr>
<tr><td rowspan="2">车上人员责任险</td><td colspan="2">投保人数____人</td><td colspan="2">/人</td><td></td><td></td></tr>
<tr><td colspan="2">投保人数____人</td><td colspan="2">/人</td><td></td><td></td></tr>
<tr><td colspan="3">附加车上货物责任险</td><td colspan="2"></td><td></td><td></td></tr>
<tr><td colspan="3">附加盗抢险</td><td colspan="2"></td><td></td><td></td></tr>
<tr><td rowspan="2">附加玻璃单独破碎险</td><td colspan="2">国产玻璃</td><td colspan="2"></td><td></td><td></td></tr>
<tr><td colspan="2">进口玻璃</td><td colspan="2"></td><td></td><td></td></tr>
</table>

续表

附加停驶损失险：日赔偿金额____元______天				
附加自燃损失险				
附加火灾、爆炸、自燃损失险				
附加不计免赔率特约	机动车损失险			
	第三者责任险			
附加车身划痕损失险		5 000元		
附加新增加设备损失险				
附加可选免赔额特约		免赔金额：		
保险费合计（人民币大写）：		（¥：　　　元）		
特别约定				
保险合同争议解决方式选择		诉讼　提交__________仲裁委员会仲裁		

本保险合同由保险条款、投保单、保险单、批单和特别约定组成。

投保人声明：保险人已将投保险种对应的保险条款（包括责任免除部分）向本人做了明确说明，本人已充分理解：上述所填写的内容均属实，同意以此投保单作为订立保险合同的依据。

投保人签名/签章：

年　月　日

验车验证情况	已验车　已验证　查验员签名：　　____年____月____日____时____分		
初审情况	业务来源：直接业务　个人代理　专业代理 兼业代理　经纪人　网上/电话业务 代理（经纪）人名称： 上年度是否在本公司承保：　是　否 业务员签字：　　年　月　日	复核意见	复核人签字：____年____月____日

实践训练 3

分析机动车辆保险案例

实训一

2023年8月，某公司为其别克车投保了机动车辆损失保险、第三者责任保险和车上责任保险。司机叶某驾驶标的车辆右前轮爆胎，司机采取措施不当，致使标的车辆失控碰撞公路护栏，造成车辆损坏。事故发生后，乘车人徐某在高速公路上行走时，恰遇司机潘某驾驶一辆小客车经过，潘某避让措施不当碰撞公路护栏后反弹过程中再撞上行人徐某，并将其抛出公路，造成车辆损坏和徐某死亡的重大交通事故。事故经交警处理，出具了责任认定书：一是认定别克车因轮胎爆胎，司机叶某采取措施不当碰撞护栏造成车损和护栏损失，应负事故全部责任；二是认定司机潘某驾驶制动不良的小客车在高速公路行驶，没有根据路面和天气情况合理调整和控制车速，应付事故同等责任（45%），司机叶某在其车辆发生事故后，未按规定设置警告标志，应负事故同等责任（45%），徐某在乘坐的车辆发生事故后在高速公路上行走，在没有确保安全的情况下通行，应付事故次要责任（10%）。

请问：保险公司应如何处理？

实训二

丁某购买了车辆投保机动车辆综合险，险种有车损险、第三者责任险、盗抢险和基本险，其中盗抢险保险金额为162 000元。之后，丁某向保险公司报案表示，其将标的车辆停放在A宾馆停车场内，次日退房取车时发现车辆被盗，并已向公安机关报案。经保险公司调查，宾馆停车场有保安24小时值班，失车期间未发现可疑情况。标的车辆被盗3个月后，公安机关没有破案，丁某于是向保险公司提交有关单证索赔。保险公司根据机动车辆综合险条款附加全车盗抢险的规定："除保险合同另有约定外，投保本保险的机动车辆必须拥有国家规定的车辆管理部门核发的正式号牌"，认定标的车辆被盗时未上牌，不属于保险公司承保的责任范围，故予以拒赔。

请问：保险公司的处理是否合理？

实训三

李某驾车与赵某相撞后，交警出具的《道路交通事故责任认定书》认为，赵某无证驾驶无牌照农用机动三轮车，李某驾驶车辆未确保安全超车，致使发生事故，认定李某负主要责任，赵某负次要责任。李某持《道路交通事故责任认定书》向保险公司索赔。保险公司认为李某对事故不应负责任。

请问：保险公司的处理是否恰当？

实训四

王某于2022年9月向保险公司为其已使用两年半的奔驰轿车投保车损险、盗抢险和第三者责任险，当时约定的车辆保险价值、保险金额为36.2万元。次年2月，王某驾驶该投保车辆在高速公路上与另一车辆发生碰撞后造成车辆全损。

保险公司理赔时与王某发生争议。保险公司认为，应以车辆的实际价值作为计算赔付金额的基础，即以33.7万元的新车购置价减两年半的折旧作为保险车辆的实际价值；投保人王某则认为，既然签订保险合同时双方已约定车辆的保险价值、保险金额为36.2万元，就应以合同约定的保险金额为基础计算赔款金额。

请问：王某的诉赔请求是否合理？

实训五

2023年黄某为其客车投保了车损险，保额18万元，第三者责任险10万元，还有车上责任险和玻璃单独破碎险。7月12日，黄某雇用司机刘某驾驶该车，在行车途中因车顶行李架上货物起火燃烧导致该车全部烧毁。火灾发生后，黄某向承保公司报案。接到报案后，保险公司立即邀请当地公安消防人员一同对事故现场进行了细致勘察。鉴定结果为，该起火灾的原因为该车行李架上的货物起火。火灾事故后，被保险人黄某估损，该车经济损失18万元。之后黄某将该车残骸卖出，得残值1万元。黄某在索赔手续凭证俱全后于同年11月向保险公司提出索赔申请。

请问：保险公司是否应该给予赔偿？

实训六

2023年10月5日，李某的父亲将自己的私有营业性东风牌汽车投保了机动车辆保险，保险费5 162元，保险期限1年。保险公司及时签发了保险单，李某的父亲按合同约定交纳了全部保险费。李某刚学会开车，还未取得驾驶执照便得到其父的允许开车。2个月后保险公司接到出险报案。李某倒车时，不慎将自己的亲生女儿轧死。事故发生后，李某的父亲立即向交警部门以及保险公司报案。

请问：保险公司是否应给予赔偿？

实训七

两家不同企业的甲车和乙车在行驶中发生碰撞。甲车车辆损失5 000元，车上货物损失10 000元，乙车车辆损失4 000元，车上货物损失5 000元。交通管理部门裁定甲车负主要责任，承担经济损失的70%，免赔率为15%；乙车负次要责任，承担经济损失的30%，免赔率为5%。

请问：

（1）甲车应赔乙车以及乙车应赔甲车的金额分别为（ ）。

A.6 400元和4 500元　　B.5 400元和3 600元

C.6 300元和4 500元　　D.7 200元和3 600元

（2）保险人应付甲车以及乙车的车损赔偿金额分别为（ ）。

A.2 875元和1 120元　　B.2 575元和1 140元

A.2 975元和1 120元　　B.2 975元和1 140元

任务5 掌握货物运输保险实务

案例导入

载货轮船沉没可否申请理赔？

2023年2月，A纺织进出口公司与Q海运公司签订了运输1 000件棉麻衬衫到美国的协议。协议签订后，A公司又向保险公司就该批货物的运输投保了平安险。2月20日，该批货物装船后启航。2月25日，装载该批货物的轮船在海上突遇罕见大风暴，船体严重受损，于2月26日沉没，货物全损。

资料来源：作者根据相关资料整理。

思考题：保险公司是否应负赔偿责任？

❖ 活动1　解析海上运输货物保险

一、解析海上运输货物保险基本险

（一）海上运输货物保险基本险的保险责任

海上风险是指由海上自然灾害和意外事故构成的海上灾难，包括恶劣气候、雷电、海啸、地震、火山爆发、洪水等自然灾害，也包括船舶搁浅、触礁、沉没、失踪、碰撞和触碰其他物体等意外事故。基本险的保险责任分为平安险、水渍险和一切险。

1.平安险

平安险是指仅对全部损失和共同海损负赔偿责任。具体地说，平安险的保险责任包括：

（1）被保险货物在运输途中由于恶劣气候、雷电、海啸、地震、洪水等自然灾害造成整批货物的全部损失或推定全损。当被保险人要求赔付推定全损时，须将受损货物及其权利委付给保险公司。

（2）由于运输工具遭受搁浅、触礁、沉没、互撞、与流冰或其他物体碰撞以及失火、爆炸等意外事故造成货物的全部或部分损失。

（3）在运输工具已发生搁浅、触礁、沉没、焚毁等意外事故的情况下，货物在此时又在海上遭受恶劣气候、雷电、海啸、地震、洪水等自然灾害所造成的部分损失。

（4）在装卸或转运时，由于一件或数件整件货物落海造成的全部或部分损失。

（5）被保险人对遭受承保责任内的危险货物进行抢救，采取防止或减少货损的措施而支付的合理费用。保险人的赔偿责任以不超过该批被救货物的保险金额为限。

（6）运输工具遭受海难后，在避难港由于卸货所引起的损失，以及在中途港、避难港由于卸货、存仓及运送货物所产生的特别费用。

（7）共同海损的牺牲、分摊和救助费用。

（8）运输合同中订有“船舶互撞责任”条款，根据该条款规定应由货方偿还船方的损失。

平安险不表示只要被保险人投保了这个险别，就意味着保险人要负责货物所有的风险损失，也不表示在这个险别下，保险人对任何单独海损都不负赔偿责任。平安险一般适用于低值、裸装的大宗货物，如矿砂、钢材、铸铁制品等。

教学互动

（选择题）若运输合同中订有“船舶互撞责任”条款，根据该条款规定应由货方偿还船方的损失，属于海上运输货物保险基本险的（　　）。

A.保险责任　　B.除外责任　　C.附加责任　　D.特约可保责任

2.水渍险

水渍险承保的责任范围除包括平安险的各项责任外，还负责被保险货物由于恶劣气候、雷电、海啸、地震、洪水等自然灾害所造成的部分损失，即水渍险的保险责任是在平安险的基础上，加上被保险货物由于海上自然灾害所造成的部分损失。可见，水渍险的保险责任大于平安险的保险责任，与此相适应，水渍险的保险费率也高于平安险。

水渍险虽然负责对单独海损的赔偿责任，但并不是被保险货物只要发生了单独海损，就都属于水渍险的责任范围。水渍险只是适用于那些不大可能发生碰损、破碎，或容易生锈但不影响使用的货物，如铁钉、铁丝、螺丝等小五金类商品，以及旧汽车、旧机床、旧设备等二手货。

教学互动

（选择题）海上运输货物保险基本险中水渍险承保的责任范围大于平安险的责任范围，主要是比平安险多承保了（　　）。

A.自然灾害所造成的部分损失　　B.自然灾害所造成的全部损失

C.意外事故造成的部分损失　　D.意外事故造成的全部损失

3.一切险

一切险的保险责任，除包括平安险和水渍险的所有责任外，还包括被保险货物在海上运输途中由于各种外来原因所造成的全部损失或部分损失。一切险保险责任中所指的“外来原因”并非运输途中的一切外来风险，而是以一般附加险中的11种风险为限等。简而言之，一切险的保险责任范围是平安险、水渍险和一般附加险的总和，是一种风险高度综合的险别。

（二）海上运输货物保险基本险的除外责任

（1）被保险人的故意行为或过失所造成的损失。

（2）属于发货人责任所引起的损失。

（3）在保险责任开始前，被保险货物存在的品质不良或数量短缺所造成的损失。

（4）被保险货物的自然耗损、本质缺陷、特性以及市价跌落、运输延迟所引起的损失或费用。

（5）由于战争险条款和罢工险条款规定的保险责任和除外责任的货损。

教学互动

（选择题）在海上运输货物保险基本险中，保险人负责赔偿被保险人为减损而支付的合理费用以（　　）为限。

A.全部货物的保险价值　　B.全部货物的保险金额

C.被救货物的保险价值　　D.被救货物的保险金额

二、解析海上运输货物保险附加险

海上运输货物保险的附加险可分为一般附加险、特别附加险和特殊附加险三种。

（一）一般附加险

1.偷窃、提货不着险

偷窃、提货不着险主要承保在保险期限内，被保险货物由于偷窃行为以及货物运抵目的地后整件未被收货人提取所造成的损失，由保险人按保险价值赔偿。“偷”是指整件货物被偷走；“窃”是指包装完整的整件货物中一部分被窃取。“提货不着”是指收货人在目的地未能提取整件货物或全部货物。被保险货物遭受偷窃行为所致损失，被保险人必须在提货后10日内申请检验；如果遇到整件货物提货不着的损失，被保险人必须向责任方取得整件提货不着的证明，否则保险人不负责赔偿。

2.淡水雨淋险

淡水雨淋险主要承保被保险货物直接因淡水、雨淋、冰雪融化所造成的损失。淡水所致损失包括船上淡水舱或水管漏水、船舱内水汽凝集而形成的舱汗造成货物的损失；雨淋所致损失则包括雨水、冰雪融化造成货物的损失。“淡水损失”是相对海水损失而言的，由于平安险和水渍险只对海水所致的各种损失负赔偿责任，因此当货物或其包装外部出现水渍斑损时，被保险人要及时申请检验，弄清水渍损失是遭受了淡水雨淋还是被海水浸泡。如果是前者，而被保险货物又未加保淡水雨淋险，保险人就不负责赔偿。

3.短量险

短量险主要承保货物在运输过程中因外包装破裂、裂口、扯缝或散装货物发生散失，比实际重量短少的损失。对于有包装货物的短少，必须看外包装是否有破裂、扯缝等异常情况，以区别货物是原来就短少还是外来原因造成的短少。对散装货物则应以装船重量和卸船重量之间的差额作为计算短量的依据，但不包括正常损耗。

4.混杂、玷污险

混杂、玷污险主要承保被保险货物在运输过程中，因混进杂质或被玷污所造成的损失。例如，矿砂、矿石等混进了泥土、草屑等而导致质量受到影响；布匹、纸张、食物、服装等被油类或带色的物质所玷污而造成的损失等，都属于此项附加险的保险责任。

5.渗漏险

渗漏险主要承保液体、流质类货物由于容器损坏而引起的渗漏损失，以及用液体储装的货物因液体渗漏而发生腐烂、变质的损失。用液体储装的货物如湿肠衣、酱渍菜、腌制食品等，一旦发生储液渗漏就会造成损失，如果加保了渗漏险，保险人就要负责赔偿。

6.碰损、破碎险

碰损、破碎险主要承保货物在运输途中，因震动、碰撞、受压造成的碰损和破碎损失。碰损主要是针对金属或木质货物而言的，如搪瓷、钢精器皿、机器、景泰蓝、漆木家具或用具，这类货物在运输途中因受震动、颠簸、挤压等外来的原因造成货物本身的凹瘪、脱漆、脱瓷、划痕等损失，属于这种附加险的保险责任。破碎最容易发生在陶器、瓷器、玻璃器皿、大理石等易碎货物上，如果这类货物在运输途中因粗暴装卸、运输工具的震颠、挤压、撞击等外来的原因造成破碎损失，保险人应予以赔偿。平安险和水渍险对于自然灾害或意外事故所造成的货物碰损和破碎损失已经承保，因此，附加险只对外来原因所致的碰损和破碎损失予以负责。

7.串味险

该险主要承保货物因受其他物品气味的影响而引起的串味、变味损失。例如，茶叶、香料、药材、饮料等在运输过程中与皮革、樟脑或有异味的物品存放在同一货舱内，就有可能串味。保险人对加保了此附加险的货物所发生的串味损失负责赔偿。如果串味损失的原因与配载不当直接有关，则船方负有责任，那么保险人在赔偿被保险人的损失后，有权向负有责任的船方进行追偿。

8.受潮受热险

受潮受热险主要承保货物在运输途中，因气温突然变化或由于船上通风设备失灵致使船舱内水汽凝结，引起货物发潮或发热所造成霉烂、变质或溶化的损失。

9.钩损险

钩损险主要承保货物在运输、装卸过程中，因使用钩子等工具致使外包装破漏造成货物外漏或货物被直接钩破的损失。

10.包装破裂险

包装破裂险主要承保货物因为运装不慎使包装破裂造成货物的短少、玷污、受潮等损失。一般用袋装、箱装、桶装、篓装的块、粒、粉状货物容易发生这类损失。此附加险的目的在于补偿对包装进行修补或调换所产生的费用，以保证货物能够安全续运。对于货物因包装破裂造成其本身的损失，可加保短量险、玷污险和渗漏险等附加险来保障。

11.锈损险

锈损险主要承保货物在运输途中因生锈而造成的损失。凡是货物在原装时未存在，而是在保险期限内发生的锈损，保险人都予以赔偿。但是，保险人为了便于控制锈损险的责任，一般对于极易生锈的铁丝、水管零件或必然生锈的金属板、块、条和管等都不予以承保，对于一些体积大、习惯装载于舱面的大型金属物件，也将锈损险责任除外。

教学互动

（选择题）在海上运输货物保险中，偷窃、提货不着险规定：如被保险货物遭受偷窃行为所致损失，被保险人必须在提货后（　　）内申请检验。

A.60日　　B.30日　　C.15日　　D.10日

（二）特别附加险

特别附加险与一般附加险的不同之处有两点：一是特别附加险不含在一切险责任范围内；二是导致特别附加险货物损失的原因往往同政治、国家行政管理以及一些特殊的风险相关。我国现行的特别附加险主要有以下六种：

1.交货不到险

交货不到险的保险责任自被保险货物装上船舶时开始，不论由于何种原因，如被保险货物不能在预定抵达目的地的日期起6个月以内交货，保险人将按全部损失赔付，但该货物的全部权益应转移给保险人。

2.进口关税险

世界上有些国家对进口货物征收关税时，不论货物是否损失，一律按货物的完好价值全部计税。进口关税险就是承保因货物受损，但由于上述原因，仍需按完好价值缴纳进口关税所造成的损失。进口关税的保险金额一般按发票金额的一定比例确定。进口关税险的保险金额与货物的保险金额应分别载明于保险单内，在发生关税损失时，保险人只在该保险金额限度内赔付。

3.舱面险

舱面险主要承保装载于舱面的货物因被抛弃或被风浪冲击落水所造成的损失。海上运输货物按照惯例都是装载在舱内的，但有些货物由于体积大、有毒性、有污染性或是属于易燃易爆物品等，根据航运习惯必须装载于舱面上。舱面险就是为了满足这些货物的运输需要产生的。由于装载于舱面的货物极易受损，遭受海水浸湿、雨淋的情况更是经常发生，因此保险人只愿意在平安险的基础上加保舱面险，以免责任过大。

4.拒收险

拒收险主要承保货物在进口时，不论何种原因在进口港被进口国的政府或有关当局拒绝进口或没收所造成的损失。保险人一般按照货物的保险价值赔偿。如果货物在起运后，进口国宣布实行任何禁运或禁止命令，保险人则负责赔偿运回出口国或转口到其他目的地而增加的费用，赔偿费用不得超过该批货物的保险价值。如果在货物出发前，进口国已宣布禁运或禁止命令，则保险人不负责赔偿。

5.黄曲霉素险

黄曲霉素险主要承保某些含有黄曲霉素的食物因超过进口国对该毒素的限制标准而被拒绝进口、没收或强制改变用途而遭受的损失。黄曲霉素是一种致癌霉素，发霉的花生、油籽、大米里往往含有这种霉素。各国卫生当局在检验这类货物时，如发现含有黄曲霉素，并且超过了进口国对该霉素的限制标准，就会拒绝进口，或没收或强制改变用途。被保险人若加保了这种附加险，保险人就会按照被拒绝进口或被没收的部分货物的保险价值或改变用途所造成的损失负责赔偿。

6.出口货物到中国香港（包括九龙在内）或中国澳门存仓火险责任扩展条款

该险主要承保我国内地出口到我国港澳地区的货物的火险责任。货物如果直接卸到保险单载明的过户银行所指定的仓库，则保险期间延长至存仓期间。这一保险主要是为了保障过户银行的利益。被保险货物通过银行办理押汇，在货主未通知银行赎单前，货物的权益属于银行，因此在保险单上必须注明货物过户给放款银行。在此阶段货物即使到达目的港，收货人也无权提货。该附加险的保险责任期限是从被保险货物运入过户银行所指定的仓库时开始，到银行收回贷款，解除货物权益或者运输责任终止时起计算满 30 天为止。如所承保的货物卸离运输工具后，不存入保单载明的过户银行指定的仓库，而是存入其他仓库，则保险责任的终止按货物运输保险条款的规定办理。

教学互动

（选择题）海上运输货物保险的特别附加险中的交货不到险所规定的交货时间为（　　）。

A.6个月　　B.4个月　　C.3个月　　D.2个月

（三）特殊附加险

特殊附加险和特别附加险一样，不属于一切险的责任范畴。特殊附加险承保的风险主要是战争和罢工两种。

1.战争险

战争险包括海运、陆运、空运和邮包等各种战争险，这些都是承保战争或类似战争行为等风险引起被保险货物的直接损失。各种不同运输方式的战争险，由于运输工具各有其特点，在具体责任上也有些差别，但就战争险的共同责任范围来说，基本上是一致的。

2. 罢工险

罢工险适用于海运、陆运、航空及邮包各种运输方式。罢工险承保因罢工者、被迫停工的工人等参加工潮、暴动和民众斗争的人员采取行动造成保险货物的损失。此外，对于任何人的恶意行为造成的损失也都予以负责。由此引起的共同海损的牺牲、分摊和救助费用，也属于保险人的责任范围。

罢工险对于在罢工期间由于劳动力短缺或不能运输等原因所致的被保险货物损失不承担赔偿责任，包括因此而引起的动力或燃料缺乏使冷藏机停止工作所致的冷藏货物的损失。同时，罢工险对于罢工引起的间接损失，如港口工人罢工无法在原定港口卸货，改到另一个港口卸货引起的运费增加，不予负责。

若被保险人已投保了战争险，再根据需要加保罢工险时，保险人不另行收取保险费。如果被保险人只投保罢工险，则要按战争险费率缴付保险费。

三、解析海上运输货物保险的保险期限

我国海洋运输货物保险的保险期限采用“仓至仓”条款，规定保险人对被保险货物所承担责任的空间范围，从货物运离保险单所载明起运港发货人的仓库时开始，到货物运抵保险单所载明的目的港收货人的仓库时为止。保险人的保险责任起讫分为正常运输和非正常运输两种情况。

微课2-5

海上运输货物保险的保险期限

（一）正常运输情况下保险责任的起讫

在正常运输情况下，海上运输货物保险的责任起讫以“仓至仓”条款为依据。正常运输是指按照正常的航程、航线行驶并停靠港口的运输，包括途中正常延迟和正常转船，其过程自被保险货物运离保险单所载明的起运地发货人仓库或储存处所开始，到货物到达保险单所载明的目的地收货人仓库或储存处所为止。例如，一批被保险货物从发货人仓库起运，先装卡车再装火车，最后在起运港装海轮。如果该批货物从卡车卸到铁路仓库等待装火车时，铁路仓库失火，货物被烧毁，保险公司将负赔偿责任，因为货损发生在正常运输范围内。如果将货物运往打包厂加工整理打包，打包厂失火导致货物焚毁，即使加工厂处于发货人仓库去装船港的途中，保险公司也不负任何赔偿责任，因为货物是在打包期间受损，不属于正常运输的范围。

（二）非正常运输情况下保险责任的起讫

在运输过程中，由于遇到被保险人无法控制的情况，致使被保险货物无法运往原定卸载港而在途中被迫卸货、重装或转运，以及由此而发生的运输延迟、绕航或运输合同终止等情况，属于非正常运输。在非正常运输情况下，保险公司要求被保险人在获知货物被迫卸货、重装或转运等情况时，及时通知保险人，并酌情加收部分费用后，原保险单继续有效，但是，保险单继续有效的责任期限要按下列规定处理：

（1）被保险货物如在非保险单所载明的目的地出售，保险责任至交货时终止，但不论任何情况，均以被保险货物在卸载港全部卸离海轮满60天为止。

（2）被保险货物如在上述60天期限内继续运往保险单所载明的原目的地或其他目的地时，保险责任仍按正常运输情况下所规定的“仓至仓”条款内容办理。

四、解析海上运输货物保险的保险金额

海上运输货物保险一般为定值保险，也就是以当事人所持有的保险利益为限，以约定保险价值作为保险金额。此项约定保险价值的估计，通常是以货物价值、预付运费、保险费、其他费用及预期利润的总和作为计算标准，即以国际贸易价格条件——CIF价格加成一定比例作为保险金额。

（一）CIF价格条件下保险金额的计算

CIF价格是指成本加保险费加运费。按照这种价格条件交易时，货物所需要的运输工具及保险应由卖方办理，并负担费用。在CIF价格条件下，保险金额的计算公式是：

保险金额=CIF价格×（1+加成率）

教学互动

（案例题）一出口商品的CIF价格为100美元，加成10%投保，要求计算保险金额。

（二）CFR价格条件下保险金额的计算

CFR即成本加运费价格条件，又称离岸加运费价格条件。在这种价格条件下，卖方负责租船订舱，将货物装上船并支付运费，承担装船以前的一切风险和费用；由买方办理有关保险并支付保险费。按照CFR价格条件成交的货物，卖方需要在将货物装上船后立即向买方发出装船通知。如果卖方在货物装船后未能立即发出装船通知，买方就无法及时办理保险手续，可能引起买卖双方的纠纷，甚至要卖方承担货物在运输途中的风险损失。由于海上运输货物保险金额是以CIF价格为计算基础的，买方投保时需要首先将CFR价格换算成CIF价格，然后再加成计算保险金额。

CFR价格换算成CIF价格的计算公式是：

$$\text{CIF} = \frac{\text{CFR}}{1-(1+\text{加成率})\times\text{保险费率}}$$

教学互动

（案例题）一商品出口到美国，定价为CFR 1 100元/千克，保险费率为0.8%，加成率10%，要求计算该批货物的CIF报价。

如果货物按CFR价格成交，买方要按CIF价格加成10%办理保险，可直接用CFR价格计算保险金额，即：

$$\text{保险金额}=\frac{\text{CFR}}{1-(1+\text{加成率})\times\text{保险费率}}\times（1+\text{加成率}）$$

（三）FOB价格条件下保险金额的计算

FOB价格又称“离岸价格”，即装运港船上交货价格。在这种价格条件下，卖方在约定的装运港将货物交到买方指定的船上，卖方负责办理出口手续，买方负责派船接运货物，买卖双方费用和风险的划分以装运港船舷为界。自货物装上买方指定的海轮时起，卖方就全部履行完合同责任，此后的一切责任、费用和风险等一概由买方承担。因

此，一般按FOB价格条件成交的货物，都明确规定由买方办理海上运输货物保险。但买方办理的保险是自货物在起运港越过船舷之后生效的，保险公司对买方所负的赔偿责任仅限于货物上船之后由承保风险所造成的损失。对于货物从发货人仓库运到装船码头未装船之前这一期间的损失，买方因为尚未承担货物的风险，也就不能向保险公司索赔。因此，对于这一期间的风险，卖方应自行办理保险。

以FOR价格成交的货物，其投保金额也以CIF价格加成一定比率（如10%）为计算基础，因此在计算保险金额时也要先将FOB价格换算成CIF价格，换算方法与CFR价格换算成CIF价格相同。

教学互动

（选择题）我国海洋运输货物保险的保险期限一般采用（ ）。

A.水面危险条款　　B.“仓至仓”条款

C.陆上危险条款　　D.船面危险条款

五、解析海上运输货物保险的保险费率

海上运输货物保险费率一般由基本险费率、附加险费率和逾龄船舶加费费率构成。其中基本险费率根据一般货物和指明货物的区别分别做出规定。

（一）一般货物的基本险费率

一般货物是指所有未被列入“指明货物”中的货物。一般货物费率适用于所有货物。一般货物费率按不同的运输方式分为海运、陆运、空运和邮包四种。海运的一般货物费率按险别分为平安险、水渍险和一切险三类。陆运、空运和邮包的一般货物费率按险别分为陆运险、空运险、邮包险和一切险四类。

（二）指明货物基本险费率

指明货物的基本险费率仅适用于特别指明的货物，这些货物损失率高，因而其费率比一般货物要高。指明货物可分为八类，即粮油食品及土畜产类、轻工品类、纺织品类、五金矿产类、工艺品类、机械设备类、化工品类和危险品类。这类货物在计算保险费率时应先算出一般货物的费率，然后再加上该指明货物的加费。

（三）附加险的加费规定

海上运输货物战争险、罢工险需要同时附加投保时，只需按战争险费率计收保险费；如果仅仅加保罢工险，也按战争险费率收费；其他一般附加险的费率除了费率表另有规定外，都按一切险费率计收。如果投保舱面险，其费率按平安险或水渍险的费率另外计收，其他特殊附加险费率根据具体附加的险别加费。

（四）逾龄运输工具的加费规定

一般来说，船龄在15年以上的视为老船，即逾龄船舶。保险人对于这类船舶载运的货物需要加费承保，加费标准按老船加费费率表的规定处理。

计算海上运输货物保险的费率时，应把基本险费率（包括指明货物费率）、附加险费率和逾龄运输工具加费几部分都包括进去，计算公式为：

保险费率=一般货物基本险费率+指明货物基本险费率+附加险费率+逾龄运输工具加费费率

六、解析海上运输货物保险的赔偿处理

（一）全部损失赔偿金额的计算

在海上运输货物保险中，几乎都是采用定值保险承保。因此，无论是实际全损还是推定全损，其赔偿金额都是该被保险货物的全部保险金额。下列三种情况除外：

（1）在发生部分全损的情况下，该损失的赔偿金额是全损部分的保险金额，而不是全部的保险金额。

教学互动

（案例题）李某将200件货物投保海上运输货物保险，保险金额20万元，其中100件在卸货时连同驳船一同沉没而无法打捞。在这种情况下，其赔偿金额应该是多少？

（2）在货物尚未全部装运的情况下，其全损的赔偿金额不是全部保险金额，而是已经装运部分的保险金额。

教学互动

（案例题）一张保单承保了3 000袋大米，总保险金额为15万元，用驳船分3次运至海轮上，每次驳船装1 000袋。其中，第一次驳船在驳运过程中触礁沉没，驳船上所载大米遭到全损。请问保险人应承担多少金额的赔偿责任？

（3）如果发生全损，构成保险金额的部分费用尚未支出，以至无须支出，其赔偿金额也非全部保险金额。具体地说，在这种情况下，计算赔偿金额时应将无须支出的费用予以扣除。

教学互动

（案例题）一批矿石按CFR价格条件出口，保险金额为1 000万元，其中包括运费200万元，保险费10万元，预期利润为10%，运费约定在装船后支付。然而，货物在装船之前，因码头发生火灾，造成货物全部灭失，那么保险人应该赔偿多少万元？

（二）部分损失赔偿金额的计算

货物遭受部分损失时，其赔偿金额的计算因货物种类、损失性质不同而采用不同的计算方法。

1. 货物数量损失的计算方法

货物数量损失的赔偿是根据货物运抵目的地时数量灭失或短少的情况计算的，其赔偿金额就是灭失或短少部分的保险金额。其计算公式为：

$$\text{赔偿金额}=\text{保险金额}\times\frac{\text{已损货物件数(或重量)}}{\text{承保货物的总件数(或总重量)}}$$

案例分析

天津海事法院首次适用“船舶扣押预担保”机制办理案件

天津港通达世界180多个国家和地区的500多个港口，是“一带一路”的海陆交会点和服务全面对外开放的国际枢纽港。

2021年12月，一批仪器仪表设备自韩国仁川港运往天津港，卸船时发现存在货损。货物保险人进行理赔后，向船东提起海上货物运输货损代位求偿。

接到立案申请后，天津海事法院第一时间赶赴现场查看货物受损情况，同时开展诉前调解工作。因双方对货损原因及是否享受赔偿责任限制等存在较大争议，调解工作陷入僵局。

正式诉讼前，货物保险人发现造成涉案货损的船舶计划靠泊辽宁省营口市鲅鱼圈港，向法院提起船舶扣押申请。经法官查询了解，该轮船为中国船东互保协会会员船舶。在征求扣船申请人意见后，天津海事法院立即启动"船舶扣押预担保"机制。一方面，中国船东互保协会向申请人提供解除船舶扣押担保；另一方面，督促该船东接受天津海事法院相关诉讼文件的送达。在被告提交了符合条件的解除船舶扣押预担保函后，法院仔细审查即裁定解除扣押，实现了对船舶的"即扣即放"。该案最终成功调解。

资料来源：周亚强．天津海事法院首次启用"船舶扣押预担保"机制［EB/OL］．［2023-07-25］．https：//info.chineseshipping.com.cn/cninfo/News/202307/t20230725_1379410.shtml.

分析：天津海事法院首次适用"船舶扣押预担保"机制，成功解决一起涉港海商纠纷案件，高效维护了申请人的合法权益，降低了被申请人因船舶被扣押而产生的成本。据了解，"船舶扣押预担保"机制使船舶免于实际滞留，符合海事诉讼请求人和船舶利益各方的司法新期待，有利于提高海事纠纷解决效率，保障航运业高质量发展。

教学互动

（案例题）散装粮食20 000吨，投保了海上运输货物一切险，保险金额为100万元。货物到达目的地卸货时重量为19 900吨，请计算保险人应赔偿金额。

2.货物质量损失的计算方法

在货物呈现损坏状态运抵目的地的情况下，可通过检验人与保险人联合审定受损货物的原因与程度，并与被保险人商定货物的损害率。货物质量损失赔偿金额的计算公式为：

$$\text{赔偿金额}=\text{保险金额}\times\frac{\text{货物完好价值}-\text{货物受损后价值}}{\text{货物完好价值}}$$

教学互动

（案例题）某公司出口粮食10 000吨，每吨价格250元，投保海上运输货物水渍险，附加受潮受热险，保险金额为250万元。有500吨粮食在航行中受潮，到达目的地以后，估计每吨处理过的粮食只能卖150元，要求计算保险赔款。

3.扣除免赔率的计算方法

扣除免赔率的计算公式为：

赔偿金额=保险金额×赔偿重量=保险金额×（损失重量−免赔重量）

免赔重量=已损货物件数×每件货物原装重量×免赔率

4.加成投保的计算方法

为了保证国际贸易的预期利润收入，出口货物保险一般按货物发票价值另加一定的成数投保。加成投保的货物发生损失时，其计算公式为：

赔偿金额=保险金额×（按发票价值计算的损失额÷发票价值）

教学互动

（选择题）A出口公司投保海上运输货物保险基本险的一切险，保险责任从2023年8月15日开始，保险金额为100万元，同年8月10日准备发货时发现损失20万元，则保险公司应该赔偿该公司（　　）。

A.100万元　　B.80万元　　C.20万元　　D.0万元

❖ 活动2　解析陆上运输货物保险

陆上运输货物保险的承保对象是火车和汽车运输的货物。陆上运输货物保险基本险的险别有陆运险、陆运一切险；专门险有陆上运输冷藏货物险等；附加险有陆上运输货物战争险等。

一、解析陆上运输货物保险基本险

（一）解析陆上运输货物保险基本险的保险责任

1.陆运险

陆运险的保险责任与海上运输货物保险中"水渍险"的责任范围相似。保险人负责赔偿被保险货物在运输途中遭受暴风、雷电、洪水、地震等自然灾害，或由于运输工具遭受碰撞、倾覆、出轨，或在使用驳船驳运过程中，因驳运工具遭受搁浅、触礁、沉没、碰撞，或由于遭受隧道倒塌、崖崩或失火、爆炸等意外事故所造成的全部或部分损失，还负责赔偿被保险人对遭受承保风险的货物采取抢救、防止或减少货损的措施而支付的合理费用，但这种赔偿以不超过该批被救货物的保险金额为限。

2.陆运一切险

陆运一切险的保险责任除了包括上述陆运险的责任外，还承担被保险货物在运输途中由外来原因造成的全部或部分损失风险。

（二）解析陆上运输货物保险基本险的除外责任

（1）被保险人的故意行为或过失所造成的损失。

（2）属于发货人的责任所引起的损失。

（3）在保险责任开始前，被保险货物存在的品质不良或数量短缺所造成的损失。

（4）被保险货物的自然耗损、本质缺陷、特性以及市价跌落、运输延迟所引起的损失或费用。

（5）陆上运输货物战争险和罢工险条款规定的责任范围和除外责任。

（三）解析陆上运输货物保险基本险的保险期限

陆上运输货物保险的责任起讫采用"仓至仓"条款的规定。保险合同自被保险货物运离保险单所载明的起运地仓库或储存处所时生效，包括正常运输过程中的陆上和与陆上有关的水上驳运在内，直至该项货物运达保险单所载明的目的地收货人的最后仓库和储存处所，或被保险人用作分配的其他储存处所为止。如未运抵上述仓库或储存处所，则以被保险货物运抵最后卸载车站满60天为止。其索赔时效是从被保险货物在最后目的地车站全部卸离车辆后算起，最多不超过2年。

教学互动

（选择题）陆上运输货物保险的责任起讫采用（ ）条款的规定。

A.仓至仓 B.船面 C.水面 D.车至车

二、解析陆上运输冷藏货物保险

陆上运输冷藏货物保险是陆上运输货物保险中的一种专门保险。

（一）陆上运输冷藏货物保险的保险责任

保险人除负责陆运险所列举的自然灾害和意外事故所造成的全部损失和部分损失外，还负责赔偿由于冷藏机器或隔热设备在运输途中损坏所造成的被保险货物解冻而腐败的损失。

（二）陆上运输冷藏货物保险的除外责任

该保险的除外责任除了适用于一般险别的除外责任条款外，对于下列两种损失，保险公司也不予负责：（1）因战争、罢工或运输延迟而造成的被保险货物的腐败或损失；（2）被保险冷藏货物在保险责任开始时未能保持良好状态，整理包扎不妥或冷冻不合规格造成的损失。

（三）陆上运输冷藏货物保险的保险期限

该保险的责任是从被保险货物运离保险单所载明的起运地点的冷藏仓库装入运送工具开始运输时生效，包括正常陆运和与陆运有关的水上驳运在内，直至货物到达目的地收货人仓库为止。与陆运险、陆运一切险所不同的是，陆上运输冷藏货物保险的保险责任的有效期限是以被保险货物到达目的地车站后10天为止。

❖ 活动3　解析航空运输货物保险

一、解析航空运输货物保险的保险责任

（一）航空运输险的保险责任

保险人负责赔偿被保险货物在运输途中遭受雷电、火灾、爆炸，或由于飞机遭受恶劣气候或其他灾难事故而被抛弃，或由于飞机遭受碰撞、倾覆、坠落或失踪等意外事故所造成的全部或部分损失。此外，保险人还负责被保险人对遭受承保责任范围内处于危险的货物采取抢救、防止或减少货损的措施而支付的合理费用，但以不超过该批获救货物的保险金额为限。

（二）航空运输一切险的保险责任

航空运输一切险除包括航空运输险的全部责任外，保险人还负责被保险货物由于外来原因所致的全部或部分损失。

二、解析航空运输货物保险的保险期限

航空运输货物保险的责任起讫也采用“仓至仓”条款的规定。根据航空运输货物保险的特点，其责任起讫规定为：自被保险货物运离保险单所载明的起运地仓库或储存处所运输时生效，包括正常运输过程中的运输工具在内，直至该项货物到达保险单所载明

目的地收货人的最后仓库或储存处所，或被保险人用作分配或作正常运输的其他储存处所为止。如未抵达上述仓库或储存处所，则以被保险货物在最后卸载地卸离飞机后满30天为止。如在上述30天内，被保险货物需转送到非保险单所载明的目的地时，则以该项货物开始转运时终止。在非正常运输情况下，保险期限除了30天的规定以外，其他与海上货物运输保险的规定相同。

教学互动

（选择题）航空运输一切险比航空运输险的保险责任范围有所扩大，主要是多承保了（　　）。

A. 飞机遭受恶劣气候或其他灾难事故而被抛弃所造成的全部或部分损失

B. 被保险货物在运输途中遭受雷电、火灾、爆炸所造成的全部或部分损失

C. 被保险货物由外来原因所造成的全部或部分损失

D. 飞机遭受碰撞、倾覆、坠落或失踪等意外事故所造成的全部或部分损失

❖ 活动4　解析邮包运输保险

邮包运输保险是指承保邮包通过海、陆、空三种运输工具在运输途中由于自然灾害、意外事故或外来原因所造成的包裹内物件的损失。邮包运输保险的险别可以分为邮包险和邮包一切险。

一、解析邮包运输保险的保险责任

（一）邮包险的保险责任

邮包险负责赔偿被保险邮包在运输途中由于恶劣气候、雷电、海啸、地震、洪水等自然灾害或由于运输工具遭受搁浅、触礁、沉没、碰撞、倾覆、出轨、坠落、失踪，或由于失火、爆炸等意外事故所造成的全部或部分损失。此外，该保险还负责被保险人对遭受承保责任范围内危险的货物采用抢救、防止或减少损失的措施而支付的合理费用，但以不超过被保险货物的保险金额为限。

（二）邮包一切险的保险责任

邮包一切险除承保包括邮包险的保险责任外，还负责被保险邮包在运输途中由于外来原因所致的全部或部分损失。但战争、罢工等风险仍然不保，如果加保这两类风险，须投保邮包战争险、货物运输罢工险。

二、解析邮包运输保险的保险期限

邮包运输保险的保险责任自被保险邮包离开保险单所载起运地点寄件人的处所开始生效，至保险单所载明的目的地起算满15天为止。在此期间邮包一经递交至收件人的处所，保险责任即行终止。

当被保险邮包运抵保险单上所载明的目的地时，被保险人应当及时提取邮包，发现邮包遭受任何损失时，应立即向保险单上载明的检验、理赔代理人申请检验。如果发现被保险邮包整件短少或有明显残损痕迹，应立即向邮局索取短、残证明，并以书面方式向他们提出索赔，必要时还需延长时效的认证。对遭受承保责任风险所造成的损失，应

迅速采取合理的施救措施，防止或减少邮包的损失，被保险人采取此项措施，不应视为放弃委付的表示，保险人采取此项措施，也不应视为接受委付的表示。

教学互动

1.（选择题）邮包运输保险的保险责任自被保险邮包离开保险单所载起运地点寄件人的处所开始生效至保险单所载明的目的地起算满（　　）为止。

A.15天　　B.30天　　C.60天　　D.180天

2.（案例题）A外贸企业从国外进口一批货物，与卖方交易采取的是离岸价格。按该价格条件，应由买方投保。于是A企业以这批尚未运抵取得的货物为保险标的投保海上货运险。请问：保险公司是否愿意承保？

（案例题）Q外贸企业于2023年5月8日将一批出口货物向保险公司投保货物运输保险，起运港为上海，目的港为伦敦；保险金额为500万元。6月23日货轮在新加坡沉没。货物在出险时的当地市价为450万元。请问：（1）若货物全部损失，保险公司的赔偿金额是多少？（2）若货物损失80%，保险公司的赔偿金额是多少？

实践训练

分析货物运输保险案例

实训一

一货轮装载着散装亚麻籽，驶向美国的纽约港。不幸在南美飓风的冷风区内搁浅被迫抛锚。当时，船长发现船板有断裂危险，一旦船体裂缝漏水，亚麻籽遇水膨胀有可能把船板撑裂，所以船长决定迅速脱浅。于是，该船先后4次动用主机，超负荷全速后退，终于脱浅成功。抵达纽约港后，对船体进行全面检修，发现主机和舵机受损严重，经过理算，要求货方承担6 000英镑的费用。货主对该项费用有异议，拒绝付款。

请问：货主的做法合理吗？

实训二

M货轮从天津新港驶往新加坡，在航行途中船舶货舱起火，大火蔓延至机舱，船长为了船货的共同安全决定采取紧急措施，往舱中灌水灭火。火虽被扑灭，但由于主机受损，无法继续航行，于是船长决定雇用拖轮将货船拖回新港修理，检修后重新驶往新加坡。其中的损失与费用有：（1）1 000箱货被火烧毁；（2）600箱货由于灌水受到损失；（3）主机和部分甲板被烧坏；（4）拖轮费用；（5）额外增加的燃料、船长及船员工资。

请问：这些损失中哪些是单独海损，哪些是共同海损？

实训三

N公司向欧洲出口一批器材，投保海运货物平安险。载货轮船在航行中发生碰撞事故，部分器材受损。另外，公司还向美国出口一批器材，由另外一船装运，投保了海运货物水渍险。船舶在运送途中，由于遭受暴风雨的袭击，船身颠簸，货物相互碰撞，发生部分损失。后船舶又不幸搁浅，经施救脱险。

请问：上述货物是否该由保险公司承担赔偿责任？

实训四

2023年，一进口商同国外买方达成一项交易，合同规定的价格条件为CIF，当时正值海湾战争期间，装有出口货物的轮船在公海上航行时，误中导弹沉没，由于在投保时没有加保战争险，保险公司不赔偿。

请问：该案例中的损失应由买卖双方哪方负责？为什么？

实训五

国内A公司向银行申请开立信用证，以CIF条件向法国采购奶酪3吨，价值3万美元，提单已经收到，但货轮到达目的港后却无货可提。经查，该货轮在航行中因遇暴风雨袭击，奶酪被水浸泡，船方将其弃于海中。于是该公司凭保险单向保险公司索赔，保险公司拒赔。

请问：保险公司能否拒赔？该公司应向谁索赔？

实训六

我国S外贸公司向日本和英国两国商人分别以CIF和CFR价格出售蘑菇罐头，有关被保险人均办理了保险手续。这两批货物自启运地仓库运往装运港的途中均遭受损失。

请问：这两笔交易中各由谁办理货运保险手续？该货物损失的风险与责任各由谁承担？保险公司是否给予赔偿？并简述理由。

任务6　掌握责任保险实务

案例导入

可以间接享受合同约定的利益吗？

生产升降机设备的A公司就其生产的产品向保险公司投保产品责任险。在保险有效期间，B公司工作人员张某在使用A公司生产的升降机从事作业时，由于升降机侧翻，不幸从15米多高处摔下，致使颅骨骨折、脑部损伤，发生治疗费用及各项费用合计30余万元。A公司据此向保险公司索赔。保险公司接到报案后立即派人对现场进行了查勘，对机器及现场均认真勘验，最后发现事故发生是由于明显的操作不当，予以拒赔。张某向A公司索赔，A公司认为在保险公司同意赔偿之前，自己不会赔偿。

资料来源：作者根据相关资料整理。

思考题：这件事情应该如何处理？

❖ 活动1　认识责任保险

一、责任保险的概念和适用对象

责任保险是一种以被保险人对第三者依法应承担的民事赔偿责任为保险标的的保险。企业、团体、家庭和个人在各种生产活动或日常生活中，由于疏忽、过失等行为对他人造成人身伤亡或财产损害，依法应承担的民事赔偿责任，可以通过投保有关责任保险转移给保险人。

责任保险的适用对象包括：各种公众活动场所的所有者、经营管理者；各种产品的生产者、销售者和维修者等；各种运输工具的所有者、经营管理者或驾驶员；各种需要雇用员工的单位；各种提供职业技术服务的单位或个人；城乡居民家庭或个人等。此外，建设工程的所有者、承包者等也对相关责任事故风险具有保险利益；非公众活动场所也存在着公众责任风险等。

二、责任保险的保险标的和民事责任

责任保险的保险标的是被保险人在法律上应负的民事损害赔偿责任。民事责任是指公民或法人在不履行自己的民事义务或者侵犯他人的民事权利时，按照法律规定产生的法律后果。民事责任包括：违反合同的民事责任（违约责任）；违反法律规定的民事责任（侵权责任）；其他违反民事义务的责任（其他责任）。凡不属于违约责任和侵权责任的其他民事责任都可以归入其他责任（如返还不当得利的责任等）。责任保险承保的民事责任主要包括违约责任和侵权责任两种。

三、责任保险的承保基础

责任保险有两种确定责任事故有效期间的方法，即有两种承保基础，如图2-7所示。

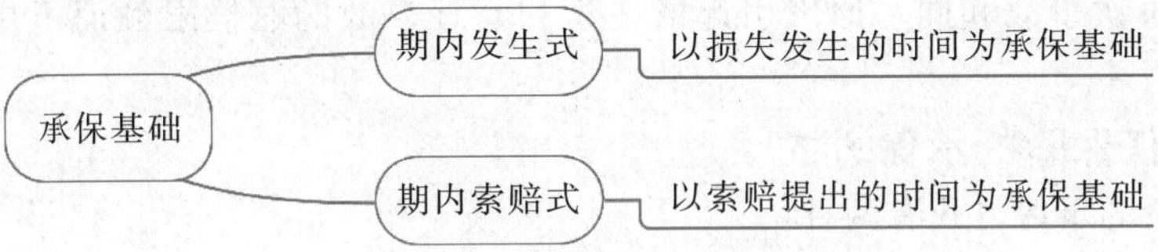

图2-7 承保责任的承保基础

（一）期内发生式

这种方法是以损失发生的时间为承保基础，即保险人负责赔偿发生在保单有效期间内应由被保险人负责的损失，保险人不考虑责任事故发生的时间或提出索赔的时间。

（二）期内索赔式

这种方法是以索赔提出的时间为承保基础，即保险人负责赔偿在保单有效期间内受害人向被保险人提出的索赔。以这种方式承保的保单，可以赔偿在保单起保日期以前发生的责任事故引起的损失，比如职业责任保险、产品责任保险等。

教学互动

（选择题）期内发生式，以（　　）的时间为承保基础。

A.索赔提出　　B.风险存在　　C.损失发生　　D.合同终止

四、责任保险的赔偿对象

责任保险的直接赔偿对象是被保险人，间接赔偿对象是第三者，即受害人。当保险事故发生后，受害人有权向被保险人索赔，被保险人有权向保险人索赔。保险人既可以直接对受害人支付赔款，也可以在被保险人赔偿受害人后将赔款支付给被保险人。

五、责任保险的赔偿范围和赔偿限额

1.赔偿范围

责任保险的赔偿范围一般包括两个方面：

（1）保险人负责赔偿被保险人对第三者造成的人身伤害与财产损失依法应负的赔偿

责任。但是，保险人只对第三者财产的直接损失负责赔偿，对于间接损失一般不予负责。第三者人身伤害的赔偿范围包括第三者死亡及丧葬费用、伤残与医疗费用等。

(2) 因赔偿纠纷引起的诉讼、律师费用及其他事先经保险人同意支付的费用。责任保险的被保险人因给第三者造成损害的保险事故而被提起仲裁或者诉讼的，被保险人支付的仲裁或诉讼费用以及其他必要的、合理的费用，除合同另有约定外，由保险人承担。

2.赔偿限额

赔偿限额作为保险人承担赔偿责任的最高限额，通常有以下几种类型：

(1) 每次责任事故或同一原因引起的系列责任事故的赔偿限额。它可以分为财产损失赔偿限额和人身伤害赔偿限额。

(2) 保险期内累计的赔偿限额。它可以分为累计的财产损失赔偿限额和累计的人身伤害赔偿限额。

(3) 在某些情况下，保险人也将财产损失和人身伤害两个赔偿限额合成一个限额，或者只规定每次事故和同一原因引起的一系列责任事故的赔偿限额而不规定累计赔偿限额。

六、责任保险的承保方式

责任保险的承保方式有两种：

(1) 将责任保险作为各种损害赔偿保险的组成部分或将其作为附加险来承保，不签发专门的责任保险单。

(2) 以单独的责任保险方式，签发专门的保险单来承保。

七、责任保险的种类

根据业务内容分类，责任保险的主要种类包括产品责任保险、雇主责任保险、公众责任保险、职业责任保险和第三者责任保险等。

每一类业务又由若干具体的险种构成。例如，公众责任保险包括场所责任保险、电梯责任保险、个人责任保险和承包人责任保险等；职业责任保险包括医生职业责任保险、药剂师职业责任保险、会计师职业责任保险、律师职业责任保险、设计师职业责任保险、工程师职业责任保险和保险代理人及经纪人职业责任保险等。

❖ 活动2 解析产品责任保险

一、了解产品责任保险的概念

产品责任是指产品生产者或销售者等因该产品的缺陷致使消费者遭受人身伤害或财产损失时应承担的经济赔偿责任。

产品责任保险是指以产品生产者或销售者等的产品责任为承保风险的保险。产品的生产者或销售者等向保险人投保产品责任保险，缴付保险费后，将这种赔偿风险转嫁给保险人，一旦因产品责任给消费者或其他人造成人身伤害或财产损失，依法应由该生产者或销售者等负责时，由保险人予以赔偿。

生产商、出口商、进口商、批发商、零售商及修理商等一切能对产品责任事故造成的损害负有赔偿责任的人，都可以投保产品责任保险。在有关各方中，制造商应该承担最大责任风险，除非其他有关各方已经将产品重新装配、改装、修理和改换包装，并因此引起产品责任事故。凡产品原有缺陷引起的问题，最后都要追溯到制造商那里。

教学互动

（选择题）在产品责任保险有关各方中，（　　）应该承担最大责任风险。

A.进出口商　　B.制造商　　C.批发、零售商　　D.修理商

二、解析产品责任保险的内容

（一）产品责任保险的保险责任

1.赔偿范围

在保险有效期内，被保险人生产、销售的产品或商品在承保区域内发生事故，造成用户、消费者或其他任何人的人身伤害（包括疾病、伤残和死亡）或财产损失，依法应由被保险人负责赔偿时，保险人在保单规定的赔偿限额内予以赔偿。

保险人在产品责任保险下承担造成用户损害的产品责任事故，必须具有“意外”“偶然”的性质，而非被保险人事先能预料的。除此之外，产品责任事故必须发生在被保险人制造或销售场所以外的地方，而且产品的所有权必须已转移至用户。这是保险人是否承担赔偿责任的两个先决条件。但是承保餐饮、旅馆等行业的产品责任保险，不要求满足后一个条件，其承保区域一般由保险合同双方当事人根据具体需要商定。

2.有关法律费用

被保险人为产品责任所支付的诉讼、抗辩费用及其他经保险人事先同意支付的费用，保险人也予以赔付。发生产品责任后，是否应由被保险人承担赔偿责任以及赔偿数额的高低，通常都通过诉讼由法院判定，保险人为了避免或减少这项开支，对一些索赔金额不大、责任比较明确的案件，一般应与受害人协商解决。

（二）产品责任保险的除外责任

（1）根据合同或协议应由被保险人承担的责任。

（2）被保险人根据劳动法或雇佣合同对其雇员及有关人员应承担的责任。

（3）被保险人所有或照管或控制的财产的损失。

（4）被保险人故意违法生产、销售的产品或商品发生事故造成任何人的人身伤害或财产损失。

（5）被保险产品造成大气、土地、水污染及其他各种污染引起的责任。

（6）被保险产品造成对飞机或轮船的损害赔偿责任。

（7）被保险人对战争、罢工、核风险引起的产品责任事故造成的损害。

（8）因缺陷产品造成责任事故而导致的罚款以及保单规定的免赔额。

（三）产品责任保险的责任期限

产品责任保险的保险期限通常为1年，期满可以续保。

凡保险事故发生后能够立即得知或发现的，宜采用“期内发生式”；反之，如保险事故发生后不能立即得知或发现的，宜采用“期内索赔式”。例如，某些具有缺陷“潜

伏期”的产品（如药品等）投保产品责任保险，保险人应果断采取“期内索赔式”作为承保基础。

1.“期内发生式”承保基础下的责任期限

即使产品是在保险生效前几年生产或销售的，只要该产品在保险期限内发生事故并导致对用户的损害，不论被保险人何时提出索赔，保险公司均负赔偿责任。

2.“期内索赔式”承保基础下的责任期限

不管保险事故发生在保险期限内还是保险期限之前，只要被保险人在保险期限内提出索赔，保险人就承担赔偿责任。

教学互动

（选择题）产品责任保险的保险期限通常为（　　），期满可以续保。

A.半年　　B.2年　　C.1年　　D.3年

（四）产品责任保险的保险费用

产品责任保险通常是按上年的生产、销售总额或营业收入总额及适用的保险费率计算出预收保险费，等保险期满时再按实际营业收入总额计算出实际保险费，多退少补。

（五）产品责任保险的赔偿限额

产品责任保险承保的是被保险人的经济赔偿责任，而不是有固定价值的资产。因此，保险单均不规定保险金额而仅规定赔偿限额，即保险人所承担赔偿责任的最高限额。被保险人因产品责任事故对受害人应该承担赔偿责任的金额大小，通常由法院判定或有关各方协商确定。保险人在赔偿限额内承担被保险人对受害人的赔偿责任，超过限额的部分，由被保险人自行承担。

赔偿限额由被保险人根据实际需要提出，经保险人同意后在保单中说明。在产品责任保险保单中，通常规定两项赔偿限额，即每次事故的赔偿限额和保单累计赔偿限额。每次事故的赔偿限额指保险人对每一次产品责任事故可以赔付的最高金额，保单累计赔偿限额指保险人在整个保单有效期内可以赔付的最高金额。赔偿限额应该根据不同产品发生责任事故后可能引起的赔偿责任大小确定。诉讼和抗辩费用在赔偿限额以外计算。

❖ 活动3　解析雇主责任保险

一、了解雇主责任保险的概念

雇主责任是指雇主对其雇员在受雇期间因发生意外事故或职业病而造成人身伤残或死亡时，依法应承担的经济赔偿责任。在雇佣过程中，如果雇主未能履行自己对雇员安全的义务致使雇员遭受人身伤亡或疾病，雇员有权依法要求雇主赔偿其经济损失。

雇主责任保险是指以雇主的雇主责任为承保风险的责任保险。它保障雇主对雇员在受雇过程中伤亡、疾病的赔偿责任。对非因工作或非工作时间内雇员的人身伤亡和疾病，雇主责任保险不予负责。此外，对雇员的财产损失也不负责赔偿。

雇主责任保险的投保人和被保险人都是雇主，受益人是与雇主有雇佣关系的雇员。

保险人与雇主之间存在保险合同关系，与雇员之间不存在保险合同关系（除非法律另有规定或雇佣合同另有约定）。

教学互动

（选择题）构成雇主责任的前提条件是雇主与雇员之间存在着直接的（　　）。

A.经济关系　　B.雇佣关系　　C.保险合同关系　　D.权利与义务关系

二、解析雇主责任保险的内容

（一）雇主责任保险的保险责任

雇主责任保险多以雇佣合同中约定的雇主赔偿责任为保险责任。但如果雇员根据国家有关法律提起诉讼，保险人对法院判决的有关雇主责任保险项下承保的雇主责任也予以负责。

雇主责任保险的基本责任有两方面：一是被保险人雇用的人员（包括长期固定工、临时工、季节工、学徒工），在保单有效期间，在受雇过程中，在保单列明的地点，从事保单列明的被保险人的业务活动时，遭受意外而致受伤、致残、死亡或患有与业务有关的职业性疾病所致伤残或死亡的经济赔偿责任；二是雇主责任保险承保的对象是雇主对其雇员应承担的赔偿责任，因而雇主自身（包括企业董事会成员）在工作地点和工作期间的人身伤亡不属于保险责任范围。

（二）雇主责任保险的除外责任

（1）战争、类似战争行为、叛乱、罢工、暴动或由于核辐射所致的雇员伤残、死亡或疾病。

（2）雇员由于疾病、传染病、分娩、流产以及因这些疾病而施行内、外科治疗手术所致的伤残或死亡。

（3）由于雇员自残、自杀、犯罪行为、酗酒及无照驾驶各种机动车辆所致的伤残或死亡。

（4）被保险人的故意行为或重大过失。

（5）被保险人对其承包商雇员的责任。

（三）雇主责任保险的附加责任

我国雇主责任保险经保险双方当事人约定后，可以扩展承保两项保险责任：

1.附加医疗费保险

这项附加险承保雇员在保单有效期间，因患职业病之外的疾病（包括传染病、分娩、流产）所需医疗费用，包括治疗、医药、手术、住院费用，并规定只限于在中国境内的医院或诊疗所就诊和治疗，凭单证赔付。

2.附加第三者责任保险

附加第三者责任保险保障被保险人在保单有效期间，因其雇员（或其本人）在从事保单列明的业务或有关工作时，由于意外或疏忽，造成第三者人身伤亡或财产损失以及由此引起的对第三者的抚恤金、医疗费用和赔偿费用，依法应由被保险人承担的赔偿责任。这项附加责任保险为雇主在经营业务活动中可能造成的第三者责任风险提供保障。

（四）雇主责任保险的责任期限

雇主责任保险的保险期限一般是一年，以保险双方当事人约定的时间为保险期限，也有的合同以承包工程期为保险期限。保险公司一般多采用“期内索赔式”承保雇主责任保险。

（五）雇主责任保险的赔偿限额

由被保险人根据雇佣合同的要求，以雇员若干个月的工资额确定赔偿限额。例如，可以将死亡的赔偿限额选定为雇员36个月的工资；将伤残的最高赔偿限额选定为雇员48个月的工资。雇主责任保险保单按照死亡和伤残两种情况下的赔偿限额分别赔付：（1）死亡赔偿，一般按保单规定的雇员死亡的赔偿限额赔偿。（2）伤残赔偿。永久性完全残废，按每个雇员的最高赔偿限额赔付；永久性局部残废，按赔偿金额表中规定的百分比赔付；雇员在工作中受伤称为伤害，暂时丧失工作能力超过5天，经医生证明，按雇员的工资给予赔偿。

在保险单有效期间，不论发生一次还是多次赔偿，保险单对每位雇员的赔偿累计不得超过保险单规定的赔偿限额。附加医疗费用保险对每个雇员规定累计赔偿限额；附加第三者责任保险规定每次事故赔偿限额。

（六）雇主责任保险的保险费

雇主责任保险的保险费率须根据被保险人的工资总额（包括奖金、伙食补助等各种津贴、加班费等）、工作地址、职业性质以及被保险人选定的赔偿限额来确定。一般来说，从事危险工作的雇员，保险费率最高；从事一般工作的雇员，保险费率中等；办公室职员和做秘书工作的雇员，保险费率较低。

在签订保险单时，保险费是根据被保险人估计的保险期间的工资总额计算的预付保险费交纳的。在保险单到期前一个月内，被保险人应把保险单有效期间实际付出的工资和各项补贴的准确数字送交保险人，保险人根据这个数字对保险费进行调整，差额部分退还被保险人或由被保险人补交给保险人。

❖ 活动4　解析公众责任保险

一、了解公众责任保险的概念和种类

（一）公众责任保险的概念

公众责任又称第三者责任、公共责任或综合责任，是指公民、企事业单位、机关、团体因自身的疏忽或过失等侵权行为，致使他人的人身或财产受到损害而依法承担的经济赔偿责任。

公众责任保险，又称普通责任保险或综合责任保险，是指以损害公众利益的民事赔偿责任为保险标的的责任保险。公众责任保险承保的民事赔偿责任可以是侵权责任，也可以是合同（契约）责任。公众责任保险承保的合同责任通常需要特别约定。

公众责任保险的投保人可以是被保险人，而被保险人不仅可以是投保人，还可以是其他人。当为其本身在业务活动或日常生活中的意外事故可能造成第三者的人身伤亡或财产损失的赔偿责任投保公众责任保险时，投保人就是被保险人。

案例分析

为野生动物“肇事”买单！大熊猫国家公园绵阳片区设立野生动物公众责任保险

随着生态环境的改善和保护力度的加大，野生动物活动范围有扩大的趋势，大熊猫国家公园内野生动物致害事件时有发生。

2017年1月，中共中央办公厅、国务院办公厅印发的《大熊猫国家公园体制试点方案》要求，完善野生动物损害补偿制度，按照《中华人民共和国野生动物保护法》相关规定，对野生动物造成的人身财产损失予以补偿。四川省绵阳市积极探索政策性保险与特色保险、商业保险相结合的路子，鼓励涉及国家公园的县（区）政府在用好政策保险的同时，打捆购买野生动物伤人保险、损害农作物专项保险，着力构建大熊猫国家公园人与自然和谐共生的新局面。

2021年11月26日，接到群众反映，大熊猫国家公园社区千佛镇千佛村村民种植的黄连、厚朴、黄柏等经济作物遭到野猪、猴类等不同程度的破坏和啃食。四川省绵阳市安州区野生动物保护站收到消息后立即与保险公司一道前往现场，通过现场查勘、拍照取证，核查当事人相关信息并录入了系统，完成了安州区首例野生动物“肇事”、政府投保“买单”理赔的现场核实工作。

目前，涉及大熊猫国家公园的四川平武、北川、安州三个县（区）全面购买了野生动物公众责任保险。平武县在四川省先行先试，已累计投保4个年度，完成赔付总金额90.58万元，赔付率高达129.40%，惠及20个乡镇、2 000余户群众。安州区和北川羌族自治县分别投保15万元、13.98万元，北川羌族自治县已理赔野生动物肇事案件223件，赔付金额达20.48万元。

资料来源：大熊猫国家公园绵阳片区探索设立野生动物公众责任保险为野生动物肇事“买单”[EB/OL]［2021-12-02］. https: //www.sohu.com/a/504934212_121106884.

分析：绵阳市探索建立野生动物损害补偿制度，在人兽冲突管控、野生动物肇事信访化解工作上走出一条新路。一是初步形成了保险购买、案件申报、现场核实、赔付审核、赔款拨付等一套规范的、完整的、成熟的常态化机制；二是填补了地方（省、市）野生动物肇事理赔办法缺失方面的空白；三是有效缓解了野生动物肇事造成的信访压力，保障了林农的生产利益不受或少受野生动物肇事危害，促进了人与动物和谐共处；四是通过试点，拉近了政府及其职能部门与群众的距离，树立了地方政府“为民服务”的良好形象，增进了相互了解，有效提升了公众对野生动物保护工作的知晓度和认可度。

（二）公众责任保险的主要种类

1.场所责任保险

场所责任保险承保固定场所存在结构上的缺陷或管理不善，或被保险人在被保险场所进行生产经营活动时因疏忽发生意外事故，造成他人人身伤害或财产损失且依法应由被保险人承担的经济赔偿责任。场所责任保险是公众责任保险中业务量最大的险种，有宾馆责任保险、展览会责任保险、电梯责任保险、车库责任保险、机场责任保险以及各种公众体育场所责任保险、娱乐活动场所责任保险等。

2.承包人责任保险

承包人责任保险承保承包人的损害赔偿责任，主要适用于承包各种建筑工程、安装工程和修理工程施工任务的承包人，广泛应用于各种建筑工程、装卸作业及修理行业等。

3.承运人责任保险

承运人责任保险承保承担各种客、货运输任务的部门或个人在运输过程中可能发生的损害赔偿责任，主要包括旅客责任保险、货物运输责任保险等险种。

4.个人责任保险

个人责任保险承保城乡居民家庭或个人的法律风险，包括住宅责任保险、运动责任保险等。

5.综合公共责任保险

综合公共责任保险承保被保险人在任何地点因非故意行为或活动所造成的他人人身伤害或财产损失依法应负的经济赔偿责任。

二、解析公众责任保险的内容

（一）公众责任保险的保险责任

公众责任保险的基本责任是保障被保险人在保单有效期间从事所保业务活动因意外事故对第三者造成的人身伤害（包括疾病、残疾和死亡）和财产的损害或灭失引起的法律赔偿责任，以及被保险人因发生损害事故支出的有关诉讼费用。

（二）公众责任保险的除外责任

（1）被保险人的合同责任，除非该合同责任同时构成法律责任。

（2）被保险人的雇员所遭受的人身伤害，被保险人或其雇员或其代理人照管、控制的财产的损失。

（3）被保险人或其雇员因经营活动一直使用的任何物品、土地、房屋和建筑物的损失。

（4）下列原因造成的损失或伤害责任：保险单未列明的属于被保险人的或以其名义使用的任何牲畜、脚踏车、机动车、火车、船只、飞机、电梯、自动电梯、起重机或其他升降装置；火灾、地震、爆炸、洪水、烟熏和水污；任何类型的中毒或不洁的食物或饮料；大气、土地、水污染及其他污染；由被保险人做出的或认可的医疗措施或医疗建议。

（5）由于震动、移动或减弱支撑引起的土地或财产损失的责任。

（6）战争、内战等行为引起的后果责任；罢工等行为直接或间接引起的后果责任。

（7）被保险人及其代表的故意行为或重大过失。

（8）核风险所引起的责任。

（9）罚款或惩罚性赔款。

（10）被保险人自行负担的免赔额。

(三)公众责任保险的责任期限

公众责任保险的承保责任期限按保险双方当事人约定时间为保险期限，多以“期内发生式”为承保基础。如果责任事故发生和导致损害事实之间有一段相隔的时间，只要责任事故发生时间是在保单有效期间，即使伤残或损失是在保单终止日期之后发现的，保险人仍须承担赔偿责任。

(四)公众责任保险的赔偿限额

公众责任保险的赔偿限额的高低由保险双方当事人根据可能发生的赔偿责任风险的大小协商确定。

1.每次责任事故（或事件）的赔偿限额

在一个保单有效期内，保单对所有的保险事故（或事件）都负责赔偿，每次赔付金额不超过合同赔偿限额，无累计最多赔偿金额限制。

2.保单的累计赔偿限额

在这种方式下，除了规定每次事故的保单赔偿限额外，同时规定保单的累计赔偿限额。如果保险期间发生了多次保险事故，当累计赔偿责任超过保单的累计赔偿限额时，保险人对超过部分不予负责。

3.免赔额

公众责任保险一般有免赔额的规定。免赔额的确定以承保业务的风险大小为依据，并在保单上注明。我国的公众责任保险仅对财产损失责任的赔偿规定免赔额，对人身伤害责任的赔偿并无免赔额的规定。我国规定的免赔额为绝对免赔额，即免赔额以内的损失均由被保险人承担。

(五)公众责任保险的保险费

我国公众责任保险的费率是按每次事故累计赔偿限额和业务性质分类的，以赔偿限额乘以适当费率计收保险费。

教学互动

（选择题）在责任保险中，电梯责任保险属于（　　）。

A.产品责任保险　B.公众责任保险　C.第三者责任保险　D.职业责任保险

❖ 活动5　解析职业责任保险

一、了解职业责任保险的概念和种类

(一)职业责任保险的概念

职业责任是指各种专业技术人员因工作上的疏忽或过失造成他们的当事人或其他人的人身伤害或财产损失，依法应当由提供服务的专业技术人员承担的经济赔偿责任。

职业责任保险是指以各种专业技术人员的职业责任为承保风险的责任保险。目前国外办理较为普遍的有医生、药剂师、会计师、律师、设计师、工程师等专业技术人员的职业责任保险。

职业责任保险一般是由提供专业技术服务的单位进行投保，多以医生、药剂师、会

计师、律师和设计师等为被保险人。职业责任保险的投保人可以申请增加被保险人，但须增加一定的保险费。

教学互动

（选择题）职业责任，实际上是一种（　　）行为。

A.违法　　B.侵权　　C.故意　　D.失职

（二）职业责任保险的种类

1.内科医生、外科医生及牙科医生职业责任保险

该职业责任保险承保医生在履行职责时，因作为或不作为致使他人遭受伤害，应当承担的赔偿责任。

2.药剂师职业责任保险

该职业责任保险承保药剂师在配方或出卖成药时，发生错误而致使他人遭受损害应承担的赔偿责任。

3.会计师职业责任保险

该职业责任保险承保会计师因履行职责时作为或不作为而致使他人遭受损害依法应承担的赔偿责任。这里的损害必须是被保险人以会计身份为他人服务时所导致的财务损失，不包括他人的身体伤残、死亡以及实物财产的损毁。

4.律师职业责任保险

该职业责任保险承保律师因执行业务时的作为或不作为而致使他人遭受损害依法应承担的赔偿责任。

5.保险代理人及经纪人职业责任保险

该职业责任保险承保保险代理人及经纪人由于业务上的错误、遗漏或其他过失行为导致他人财物损失依法应承担的赔偿责任。

二、解析职业责任保险的内容

（一）职业责任保险的保险责任

保险人对由于被保险人或其从事该业务的前任职员或其任何雇员或从事该业务的雇员的前任职员，在任何时候、任何地方从事该业务时，由于疏忽行为、错误或失职而违反或被指控违反其职业责任所致的损失，在保险单有效期内向被保险人提出的任何索赔都要给予赔偿。可见，职业责任保险只负责专业人员由于职业上的疏忽行为、错误或失职造成的损失。职业责任险承担的赔偿责任包括两方面，即赔偿金和诉讼费用。

（二）职业责任保险的除外责任

（1）战争和罢工造成的损失。

（2）核风险造成的损失。

（3）被保险人的故意行为造成的损失。

（4）被保险人的家属、雇员的人身伤害或财物损失。

（5）被保险人的契约责任（没有该契约被保险人依法所应负责者除外）。

（6）被保险人所有或由其照管、控制的财产损失。

（7）因被保险人或者从事该业务的前任或其任何雇员或从事该业务的雇员的前任的

不诚实、欺骗、犯罪或恶意行为所引起的任何索赔。

(8) 因文件的灭失或损失引起的任何索赔。

(9) 因被保险人隐瞒或欺诈行为，以及被保险人在投保或保险有效期间不如实向保险人报告应报告的情况而引起的任何责任。

(三) 职业责任保险的责任期间

职业责任保险的保险期限通常为一年，采取“期内索赔式”作为承保基础。保险公司仅对在保单有效期内提出的索赔负责，而不管导致该索赔的事故是否发生在该保单有效期内。为了控制其承担的风险责任无限地前置，保险人通常规定一个责任追溯日期作为限制性条款，保险人仅对追溯日以后保险期满前发生的职业责任事故且在保险有效期内提出索赔的法律赔偿责任负责。

教学互动

(案例题) 甲单位为王某购买了一份职业责任保险，保单保险期限为2023年1月1日至2023年12月31日，追溯日期为2021年1月1日。王某在2021年发生的责任事故，在2024年5月被其客户提出索赔。请问：保险人是否承担赔偿责任？

(四) 职业责任保险的赔偿限额

职业责任保险承保的是被保险人的赔偿责任，因此，保单上无法列示保险金额，而仅规定赔偿限额，即最高赔偿责任限额。职业责任保险的保单的赔偿限额一般为累计的赔偿限额，而不规定每次事故的赔偿限额，但也有些承保人采用每次索赔或每次事故赔偿限额而不规定累计赔偿限额。诉讼费用在赔偿限额以外赔付。

(五) 职业责任保险的保险费

职业责任保险的总保险费由纯保险费和附加保险费组成，纯保险费等于损失金额除以保险单位。保险费的计算方法同其他险种相近。

职业责任保险的业务性质差异较大，故保险单位的划分也根据业务的不同而不同。在计算保险费率时，既要以5年期间的平均结果为基础，又要以现行费率为条件，然后再以两者加权平均，得到保险费率。权数的大小，取决于每一分类团体在计费区域内所发生的赔案件数。资料的多少决定统计分析结果的精确程度。

教学互动

1. (案例题) 甲物业公司在管理中，采用投保公共责任险的办法为一些住宅区投保，一般按5 000元/年缴纳保费，最高可赔偿金额为500万元/年。2023年7月A投保小区的业主王某于夜间进入小区时因天黑而被铁链绊倒，造成左手腕骨折。请问：保险公司是否承担赔偿责任？

2. (案例题) 乙货物运输公司为其所雇用的50名驾驶员与A保险公司订立了雇主责任险合同。合同规定：每人死亡赔偿限额是40个月工资，伤残赔偿最高限额为48个月工资。投保人按保单约定缴纳了保费。保险期间内的某一天，公司驾驶员任某驾驶的大货车发生车祸，任某受伤，医疗费为10万元。该公司还投保了工伤保险。请问：该公司可否获得雇主责任保险的赔偿？获得的赔偿额是多少？

实践训练

分析责任保险案例

实训一

2023年春节，深圳R小区业主陈某在燃放鞭炮时失火，将阳台的2台空调外挂机、1台洗衣机、1台烘干机烧坏，灭火时楼下住户的地板被水浸泡损坏。陈某之前投保了公众责任保险。

请问：以上损失可否由保险公司赔偿？

实训二

A公司的油漆工吴某患了皮肌炎（职业病），入院治疗3个月后不幸死亡。A公司曾经投保雇主责任险。该保险合同规定："凡被保险人雇用的员工，在保险有效期内从事与业务有关的工作时，遭受意外导致职业性疾病所致的伤残或死亡，保险公司须承担医疗费及经济赔偿责任。"

请问：吴某的家人能否要求保险公司赔偿？

项目小结

财产保险是指投保人根据合同约定，向保险人交付保险费，保险人按保险合同的约定对所承保的财产及其有关利益因自然灾害或意外事故造成的损失承担赔偿责任的保险，包括财产损失保险、责任保险、信用保险和保证保险。

企业财产保险是一切工商、建筑、交通运输、饮食服务行业及国家机关、社会团体等，对因火灾及保险单中列明的各种自然灾害和意外事故引起的保险标的的直接损失、从属或后果损失和与之相关联的费用损失提供经济补偿的财产保险。企业财产保险主要有财产基本险和综合险两大类，以及若干附加险。

家庭财产保险是以城乡居民的有形财产为保险标的的一种保险，是个人和家庭投保的最主要险种之一。家庭财产保险的主要险种有家庭财产综合保险、家庭财产两全保险、家庭财产附加险以及投保型家庭财产保险。家庭财产保险为居民或家庭遭受的财产损失提供及时的经济补偿，有利于居民生活安定，保障社会稳定。

随着经济的发展，机动车辆的数量不断增加。当前，机动车辆保险已成为中国财产保险业务中最大的险种。机动车辆保险，是以机动车辆本身及机动车辆的第三者责任为保险标的的一种运输工具保险。当前，机动车辆保险可分为交强险、基本险和附加险。

货物运输保险是以运输途中的货物作为保险标的，保险人对由自然灾害和意外事故造成的货物损失负赔偿责任的保险。按货物运输方式可分为海上货物运输保险、陆上货物运输保险、航空运输货物保险和邮包运输保险。

责任保险发展较晚，19世纪后半叶开始随着近代社会为保障灾害事故受害人利益而确立，其是指保险人在被保险人依法应对第三者负赔偿民事责任，并被提出赔偿要求时，承担赔偿责任的财产保险形式。责任保险的形式有公众责任保险、产品责任保险、雇主责任保险、职业责任保险等。

项目训练

一、单选题

1.保证保险的保险标的是（　　）。

A.保证　　B.信用　　C.责任　　D.财产

2.A企业为出险时实际价值为500万元的固定资产投保保险金额为350万元的企业财产保险，发生保险事故后，残值为0，则保险公司应赔偿该企业（　　）。

A.500万元　　B.450万元　　C.350万元　　D.400万元

3.在家庭财产保险综合险中，保险人对室内财产损失的赔偿方式为（　　）。

A.比例赔偿　　B.第一危险赔偿方式

C.重置　　D.修复

4.在家庭财产两全保险中，保险人赔偿部分损失后，当年的保险金额会（　　）。

A.减少　　B.不变　　C.增加　　D.自动恢复

5.下列属于家庭财产保险综合险不可承保财产的是（　　）。

A.住房　　B.金银等贵重物品

C.房内配套设施　　D.代他人保管的财产

6.家庭财产保险附加盗抢险，保险标的发生盗抢事故后，被保险人应立即向（　　）如实报案。

A.保险人　　B.保险人指定的安全部门

C.当地检察院　　D.当地公安部门

7.在机动车辆保险中，保险车辆撞倒路旁电杆，由此引起的停电、停产、停业等的损失属于（　　）。

A.财产直接损毁　　B.财产间接损失　　C.财产衍生损失　　D.财产相关损失

8.张某购买一辆新的进口小轿车，用作非营业性车辆，其购置价为20万元。张某到保险公司投保车辆损失险，基本保费为500元，费率为1%，则该车的保险费为（　　）。

A.1 500元　　B.2 200元　　C.2 500元　　D.3 000元

9.李某2023年续保时应交保险费为4 000元，在上一年保险期内没有发生保险赔款，2023年续保时可获得的无赔款优待比例为10%，则无赔款优待金额为（　　）。

A.200元　　B.300元　　C.400元　　D.500元

10.A服装出口企业在出口服装时，为防止服装被油类或带色的物质所污染而造成损失，应该投保海上运输货物保险（　　）。

A.基本险　　B.一般附加险　　C.特别附加险　　D.特殊附加险

11.某出口商品的CIF价格为1 000美元，加成30%投保，则保险金额为（　　）。

A.1 000美元　　B.700美元　　C.300美元　　D.1 300美元

12.某商品出口到纽约，定价为CFR纽约1 100元/千克，保险费率为1.5%，加成10%，则该批货物的保险金额为（　　）。

A.1 128.56元　　B.1 118.45元　　C.1 015元　　D.1 100元

13.一般按FOB价格条件成交的货物，都明确规定由（　　）办理海上运输货物保险。

A.卖方　　B.买方　　C.货主　　D.承运人

14.B贸易公司出口货物到纽约，CFR纽约价格为200万元，保险费率为0.8%，加成率为20%，则应交保险费为（　　）。

A.1.92万元　　B.2.16万元　　C.1.9 386万元　　D.1.256万元

15.C企业出口茶叶5 000箱运往英国，FOB价格为200 000美元，买方要求国内一家保险公司代为办理海上运输货物一切险、附加战争险，费率为1.03%，加成10%投保，则应交保险费为（　　）。

A.2 042美元　　B.2 158美元　　C.2 292美元　　D.2 384美元

16.航空运输货物保险的责任起讫采用（　　）条款的规定。

A.船至仓　　B.车至车　　C.船至船　　D.仓至仓

17.期内索赔式，以（　　）的时间为承保基础。

A.索赔提出　　B.风险产生　　C.损失发生　　D.合同终止

二、多选题

1.企业财产保险有许多种类，主要包括（　　）。

A.企业财产基本保险　　B.企业运输工具保险　　C.企业财产综合保险

D.企业工程保险　　E.企业特殊风险保险

2.财产基本险的保险责任有（　　）。

A.火灾　　B.雷击　　C.爆炸　　D.盗窃

3.海洋运输货物保险的附加险有（　　）

A.水渍险　　B.淡水雨淋险　　C.短量险　　D.受潮受热险

4.雇主责任险的附加险有（　　）。

A.附加医药费保险　　B.附加意外伤害保险

C.附加第三者责任保险　　D.附加盗抢险

三、简答题

1.什么是火灾？构成火灾的条件有哪些？

2.厘定企业财产保险费率时应考虑的因素有哪些？

3.家庭财产保险的责任范围有哪些？

4.目前机动车辆商业保险的险种主要有哪些？

5.责任保险的赔偿范围有哪些？

四、综合实训

1.（案例题）蓝某将其所拥有的用于居住的房屋向保险公司投保财产保险，保险有效期为2022年10月2日零时至2023年10月1日24时。2023年1月1日投保人将其房屋用于制作加工烟花，并没有通知保险公司。1月10日保险公司派人员到被保险的房屋进行安全检查，得知房屋已作他用，但保险公司工作人员未提出异议。该房屋于1月15日因发生火灾而全部烧毁。请问：保险公司是否应承担赔偿责任？

2.解读货物运输保险单。

陆上货物运输保险单

发票号码：________

保险单号次：________

××财产保险有限公司（以下简称本公司）根据____________________（以下简称被保险人）的要求由被保险人向本公司缴付约定的保险费，按照本保险单承保险别和背后所载条款与下列特款承保下述货物运输保险，特立本保险单。

标记：

包装及量：_____

保险货物项目：_____

保险金额：_____

总保险金额：_____

保费：________费率：_________　装载工具：________

开航日期：自____________________至____________________

承保险别：__________________

所保货物，如发生保险单项下可能引起索赔的损失或损坏，应立即通知本公司下述代理人查勘。

如有索赔，应向本公司提交保险单正本（本保险单共有一份正本）及有关文件。

____________________保险公司

赔款偿付地点：______________

出单公司地址：______________

【要求】请说明如何填写这份保险单。

3.解读雇主责任保险单。

雇主责任险保险单示例见表2-5。

表2-5　雇主责任险保险单

保险单号码：_______

中保财产保险有限公司（以下简称本公司）按照背面所载条款的规定，在本保险单保险期内，承保下述雇主责任险，特立本保险单。

<table>
<tr><td rowspan="3">投保人</td><td colspan="2">姓名：</td></tr>
<tr><td colspan="2">地址：</td></tr>
<tr><td colspan="2">营业性质：</td></tr>
<tr><td>地区范围</td><td colspan="2"></td></tr>
<tr><td>保险期限</td><td colspan="2">_____个月，自_____零时至_____二十四时止</td></tr>
<tr><td rowspan="2">雇员一览表</td><td>雇员工种_____</td><td>总计</td></tr>
<tr><td>估计雇员人数_____</td><td></td></tr>
</table>

续表

雇员一览表	估计工资及______其他收入总数______			
		赔偿限额	费率	保险费
雇主责任险	死亡			
	伤残			
附加医药费保险	每人累计不超过			
第三者责任险	累计每次事故			
保险费总数（预付）： 投保人对保险人的除外责任条款明确无误		签字：______ 日期：________年____月____日		

__________保险有限公司

日期：　　　　年　　月　　日

【要求】请说明如何填写这份保险单。

项目三

人身保险实务

学习目标

知识目标：1. 了解人身保险的含义、作用、特征、种类和一些常见条款；

2. 熟悉人寿保险的含义、特点、类型以及普通型人寿保险和新型人寿保险；

3. 掌握意外伤害保险和健康保险的含义、特点、种类以及常用条款。

技能目标：1. 结合案例，解读人寿保险单，正确计算和处理人寿保险的赔偿；

2. 结合案例，解读意外伤害保险单，正确计算和处理意外伤害保险的赔偿；

3. 结合案例，解读健康保险单，正确计算和处理健康保险的赔偿；

4. 能够正确区分财产保险和人身保险。

素养目标：1. 了解保险的基本原理和作用，培养学生的经济和财务规划能力；

2. 关注我国政府对人身保险的法律规定和政策要求，培养学生的法律意识和权益维护意识；

3. 正确认识人身保险的地位和功能，树立正确的保险观念，培养基本的保险素养。

项目思维导图

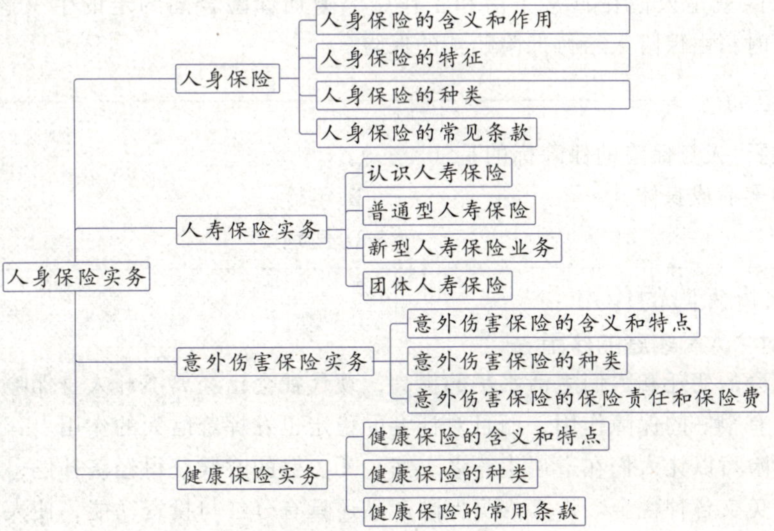

任务1　认识人身保险

案例导入

宝马汽车和牛

在一起交通事故中，一辆宝马车和一头牛相撞，牛死了，开宝马车的司机也身亡了。由于司机是肇事方，按照有关规定，养牛的老农得到司机家人给的 1 000 元补偿金，而司机的亲属却没有得到任何的补偿。

其实，人的生命价值是无法估量的，随着我们的生活逐渐富裕，自我保障的意识也开始在头脑中涌动：来之不易的好日子不能付之东流，我们需要提高生命的质量，为自己和家人购买各种形式的保险已逐渐成为许多有识之士的普遍选择。

资料来源：作者根据相关资料整理。

思考题：案例里的司机可以通过购买什么保险来保障自己和家人的权益？

❖ 活动1　了解人身保险的含义和作用

一、人身保险的含义

人身保险是保险的一个大类，具有许多特有的规律。品种繁多的人身保险产品为人们提供了充分的风险保障。

人身保险，是以人的寿命和身体为保险标的的保险。当人们遭受不幸事故或因疾病、年老而丧失工作能力、伤残、死亡或年老退休时，根据保险合同的约定，保险人向被保险人或受益人给付保险金，以解决其因病、残、老、死所造成的经济困难。

人身保险就是人们在日常生活和工作中，遭遇保险合同约定的生、老、病、死、伤、残事故时，由保险人给付保险赔偿的保险。

教学互动

（单选题）人身保险的保险标的是（　　）。

A.人的寿命或身体　　B.年龄

C.职业　　D.性别

二、人身保险的作用

（一）对个人和家庭的作用

随着社会的变迁和人们生活水平的提高，现代社会已经离不开人身保险，它不仅对个人和企业有很好的保障作用，而且对社会的稳定也发挥着巨大的作用。

人身保险可以让人们在遭遇生、老、病、死、残的时候获得经济补偿，同时保险赔偿金还可以免交各种税金。许多人身保险产品还具有分红与投资功能，使人身保险具有了理财功能。

（二）对企业的作用

企业要想留住优秀的员工，提供高福利是一种重要的手段。人身保险是福利的重要组成部分，采用人身保险为员工提供充分的人身保障已成为众多企业的首选，它对企业的作用体现在以下几方面：

1.分担企业对员工的人身风险责任

企业有对员工退休、患病、负伤、因公致残、失业、生育、死亡提供保障待遇的责任。一般企业很难承担上述责任，只能依靠保险来解决。

2.增加员工福利，提高企业吸引力

企业吸引人才需要具备令人满意的劳动报酬、充分的发展机会、良好的工作环境和人际关系、充足的培训机会等多方面条件。而为企业员工免除后顾之忧，提高员工养老金待遇和增加医疗救治费用等员工福利也是企业吸引人才的有力举措。很多企业将购买保险作为奖励优秀员工的方法。

3.补偿企业重要雇员死亡或伤残所带来的损失

高层管理者、技术人员、营销人员是各企业的重要雇员，他们的死亡或伤残将给企业带来重大的损失，为这类人群购买保险可有效解决这一问题。

（三）对社会的作用

1.有助于安定团结

老有所养，病有所医，小家平安则社会安定。人身保险的保障作用可以解除人们的后顾之忧，从而使社会秩序得以保持稳定。

2.有利于社会就业的扩大

保险行业不消耗任何资源和能源，而人身保险在世界各国大多采用保险代理制度进行销售，所以可吸纳众多的就业人口，同时并不会造成环境污染和能源紧缺。

微课 3-1

人身保险的特征

3.是资本市场重要的资金来源

人身保险可以采用分期付款的缴费方式，同时保险期间较长，有的保险期间甚至长至终身，所以导致大量的保险费留存在保险人手中。它已成为各国资本市场重要的资金来源。

❖ 活动2 掌握人身保险的特征

人身保险的特征如图3-1所示。

一、承保风险的特殊性

人身保险承保的风险是死亡率和疾病发生率，而死亡率和疾病发生率受很多因素的影响，例如人的年龄、性别、职业、环境、家族遗传史等，较为复杂。而且，死亡率和疾病发生率也会随经济发展、医疗水平和生活水平的变化而改变。

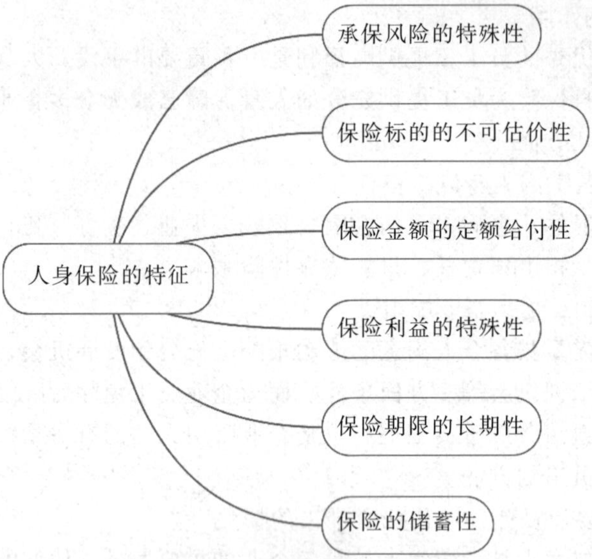

图3-1 人身保险的特征

案例分析

田某、冉某诉某保险公司人身保险合同纠纷案

田某为其子小田于2021年6月21日在某保险公司投保了一份终身保险，投保人为田某，被保险人为小田，保险受益人为田某、冉某，保险金额为2万元，若小田身故，保险公司将按基本保额的3倍给付身故保险金。合同签订后，田某按前述保险合同的约定按期向保险公司缴纳了2021年至2023年的保险费，共计4 500元。然而，小田于2023年11月23日因肺结核去世，田某认为属于保险责任事故，向保险公司提出理赔申请。保险公司拒赔，并于2023年12月25日向田某出具《拒绝给付保险金通知书》，理由是小田在投保前已患有肺结核，田某未如实告知。

田某、冉某遂诉至法院，要求保险公司赔付保险金6万元。另查明，小田于2015年和2022年接受过肺结核诊治。2021年6月19日，田某在申请投保、填写个人保险投保单告知事项第7条C项："被保险人是否曾患有或接受过哮喘、肺结核、肺气肿等疾病的治疗"时，填写的是"否"。

法院认为，虽然田某在投保时就被保险人小田曾患"肺结核"的事实未向保险公司尽到如实告知义务，保险公司有权解除合同，但根据在案事实，保险公司于2023年12月25日发布"拒绝给付保险金通知书"，由其所载明的内容可以确认，从2023年12月25日起保险公司就知道有解除事由，但保险公司在知道有解除事由之日起30日内并未行使解除权，其解除权已消灭。因此保险公司应按合同承担赔付责任，于是判决保险公司赔付保险金。

资料来源：根据相关资料整理。

分析：该案件中，田某未能如实告知保险公司关于被保险人小田患有肺结核的情况，最终导致保险公司拒绝赔付的结果。在投保过程中，应如实告知被保险人的现实情况，在日常交往中也应保持真诚与正直的品行。此外，保险公司虽然有权解除合同，但必须在规定的时间内行使这一权利，否则解除权就会消失。合同是双方约定的法律文件，双方都必须遵守。要认真学习和遵守合同相关法律规定，在保护自己的权益的同时，也维护社会的法律秩序。

二、保险标的的不可估价性

人身保险的保险标的是人的身体和生命，而人的身体和生命的价值是很难用货币来衡量的。在保险实务中，人身保险的保险额是由保险合同签约的双方当事人即投保人与保险人约定后确定的。

三、保险金额的定额给付性

人身保险金是按照约定的保险金额定额给付的（不包括健康保险中的医疗保险和收入损失保险）。人身保险不适用补偿原则，也不存在比例分摊和代位追偿的问题。同时，人身保险也没有重复投保、超额投保和不足投保等问题。

四、保险利益的特殊性

由于人身保险的保险标的是无价的，因此人身保险的保险利益是无限的。在人身保险中，保险利益只是订立保险合同的条件，并不是维持保险合同效力与保险人给付保险金的条件。只要投保人在投保时对被保险人具有保险利益，即使投保人与被保险人的关系发生了变化，也不影响保险合同的效力。

五、保险期限的长期性

人身保险的合同特别是人寿保险合同往往是长期合同，短则数年，长则终身，而保费会受利率、通货膨胀率、费用率等因素的影响，保险给付又受死亡率的影响，所以保险公司对长期的人身保险合同都有预定利率、死亡率、费用率。

六、保险的储蓄性

对投保人来说，投保人身保险不仅可以获得保险保障，还可以收回全部或部分保费，回报大于投资，所以具有储蓄性。

教学互动

（单选题）下列各项中，（　　）不是人身保险的特点。

A.人身风险的特殊性　　B.保险标的的特殊性

C.保险利益的特殊性　　D.保险合同的特殊性

❖ 活动3　熟悉人身保险的种类

一、人身保险按照保障范围的分类

人身保险按照保障范围的不同，可分为人寿保险、人身意外伤害保险、健康保险。

（一）人寿保险

人寿保险是以被保险人生存或死亡为给付保险金条件的人身保险。人寿保险所承保的风险可以是生存，也可以是死亡，其还可以同时承保生存和死亡，即投保人可以约定在某一时间或期限，若被保险人尚生存，则可获得保险给付；或约定被保险人若生存不到约定的时间或期限，则被保险人的受益人可获得保险给付；或约定被保险人生存或不能生存至约定的时间或期限，均可获得保险给付。养老保险就是生存险的一种，养老保险在人寿保险中占有很大的比例，因为每个人都需要养老保障。

（二）人身意外伤害保险

人身意外伤害保险简称意外伤害保险，是以被保险人因遭受意外伤害事故造成死亡或残疾为保险给付条件的人身保险。意外伤害事件发生率低，所以意外伤害保险保费低，即只需付少量的保险费就可获得高额保障，且投保简便，无须体检，因此是一个比较受欢迎的保险。意外伤害保险必须损失至死亡或残疾，才可获得保险赔偿，仅仅由于意外伤害事故受伤达不到残疾的标准，则不属于意外伤害保险的赔偿范围，而属于健康保险的赔偿范围。

（三）健康保险

健康保险是指被保险人在保险期内因患病发生医疗费用支出或因疾病致残疾或死亡，或因伤害不能工作而减少收入时，由保险人负责给付保险金的一种人身保险。健康保险承保的是人的不健康状态，保险责任包括医疗、疾病、收入损失三大类。由于人的一生难免患病，生病之后都希望重新获得健康，所以健康保险是最受欢迎的保险。

二、人身保险按照保险期限的分类

人身保险按照保险期限的不同，可分为长期保险与短期保险。长期保险是指保险期限超过1年的保险。短期保险是指保险期限在1年以内（含1年）的保险。

人寿保险中，一般长期保险较多，最长的保险是终身保险，即一直承保至被保险人身故为止。意外伤害保险以短期保险居多，一个飞机航程、一次旅游皆可承保。健康保险中的疾病保险以长期保险居多，而医疗保险和收入损失保险以短期保险居多。

三、人身保险按照投保方式的分类

人身保险按照投保方式的不同，可分为个人保险和团体保险。

（一）个人保险

个人保险是指一张保险单只为一个人提供保障的保险，即保险单中的被保险人为一个人的保险。

（二）团体保险

团体保险是指保险单为某一团体成员提供保障的保险，即保险单中的被保险人为多人的保险。

投保团体保险的团体需满足一定的条件，例如：参保人数必须达到团体人数的75%以上；最小的团体不得少于8人；被保险人必须是能参加全日制工作的人员；团体不得是以取得保险为目的而组织起来的团体等。由于团体保险的营销费用和管理费用较低，所以其保险费低于个人保险。

四、人身保险按照保单是否分红的分类

人身保险按照保单是否具有分红功能，可分为分红保险和不分红保险。

分红保险是保险单除提供风险保障之外，还能够获得保险公司经营成果和投资收益的保险。

不分红保险是保险单只提供风险保障的保险。一般来说，分红保险由于可能获得保

障之外的收益，其保险费高于不分红保险。保险公司将定期公布每份保单获得的收益，以红利的形式分配给投保人。收益不是确定收益，而是以保险公司每年的实际收益为准，所以为浮动收益。

❖ 活动4 熟悉人身保险的常见条款

一、不可争条款

不可争条款又称不可抗辩条款，是指自人身保险合同订立时起，超过法定时限（一般是两年）后，保险人不得以投保人在投保时违反如实告知义务，误告、漏告、隐瞒某些事实为理由，而主张合同无效或拒绝给付保险金。

二、年龄误告条款

年龄误告条款主要是针对投保人申报的被保险人的年龄不真实，而真实年龄又符合合同约定限制的情况而设立的，法律与保险合同中一般均规定年龄误告条款，要求保险人按被保险人真实年龄调整。

三、宽限期条款

宽限期条款是指如果保险合同约定分期支付保险费，但投保人支付首期保险费后未按时交付分期保险费，法律或合同规定给予投保人一定的宽限时间，在此期间，即使未交保险费，仍能保持保险合同效力。

四、保险合同效力中止和复效条款

保险合同效力中止是指保险合同在有效期间内，由于缺乏某些必要条件而使合同暂时失去效力，称为合同中止；一旦在法定或约定的时间内所需条件得到满足，合同可以恢复原来的效力，称为合同复效。

五、自杀条款

为了更好地保障投保人、被保险人、受益人的合法权益，保险人也出于维护自身利益的考虑，在很多人寿保险合同中都将自杀列入保险条款，但规定在保险合同生效较长的期限后被保险人发生自杀行为，保险人才承担给付保险金的责任，这个期限通常是2年，以防止被保险人预谋保险金而签订保险合同。

六、不丧失现金价值条款

不丧失现金价值条款是指现金价值不因保险合同效力的变化而丧失。

七、保单贷款条款

在长期性人身保险合同积累一定的保险费产生现金价值后，投保人可以在保险单的现金价值数额内，以具有现金价值的保险单作为质押，向其投保的保险人或第三者申请贷款。

八、自动垫缴保费条款

投保人未能在宽限期内交付保险费，而此时保单已具有现金价值，同时该现金价值足够缴付所欠缴的保费的，除非投保人有反对声明，保险人应自动垫缴其所欠的保费，使保单继续有效。

九、受益人条款

它是在人身保险合同中关于受益人的指定、资格、顺序、变更及受益人权利等内容的具体规定。

实践训练

比较财产保险和人寿保险的发展情况

财产保险和人寿保险的保险保费收入情况见表3-1。

表3-1 财产保险和人寿保险的保险保费收入情况 金额单位：万元

年份	中资企业人寿保险	中资企业财产保险
2012	154 879 298.1	53 309 273.47
2013	172 222 375.2	62 122 577.83
2014	202 348 105.8	72 033 761.12
2015	242 825 194.6	79 949 687.36
2016	309 591 008.9	87 244 981.36
2017	365 810 073.9	98 346 579.05

【要求】从上表中，你可以得出什么结论？

任务2 掌握人寿保险实务

案例导入

在投保时隐瞒病情，是否可以索赔？

2022年1月，李某被查出患有高血压病，3月，其投保了保险金额为20万元、期限20年的人寿保险，投保时隐瞒了病情。2023年2月，李某病情发作，不幸去世。李某的丈夫作为家属请求保险公司给付保险金。

资料来源：作者根据相关资料整理。

思考题：保险公司是否应履行给付责任？

❖ 活动1 认识人寿保险

一、人寿保险的含义

人寿保险，是以被保险人的寿命为保险标的，以被保险人的生存或死亡为保险事故的人身保险。人寿保险所承保的风险可以是在生存期间发生的事故，也可以是死亡。在全部人身保险业务中，人寿保险占绝大部分，是人身保险主要的和基本的险种。

教学互动

（选择题）人寿保险以被保险人的（　　）为保险标的。

A.安全　　B.生命（或寿命）　　C.健康　　D.收入

二、人寿保险的特征

人寿保险的特征如图3-2所示。

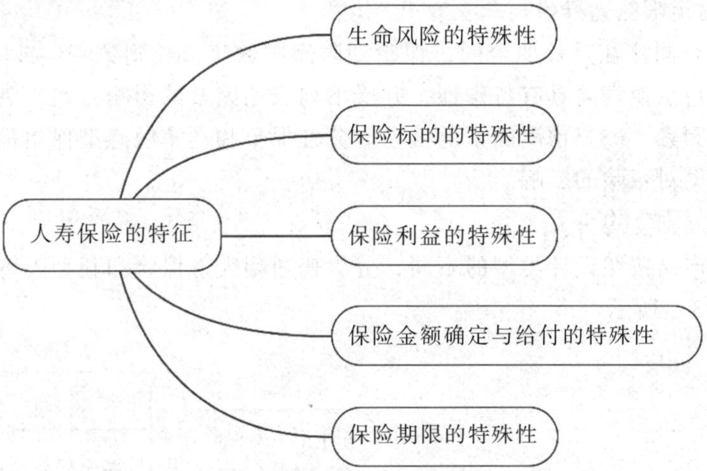

图3-2　人寿保险的特征

（一）生命风险的特殊性

以生命风险作为保险标的的人寿保险的主要风险是死亡，死亡率直接影响人寿保险的经营成本。就死亡保险而言，死亡率越高，保险费率越高。较其他非寿险风险发生概率的波动程度而言，死亡率是相对稳定的，所以人寿保险经营的稳定性较好。

（二）保险标的的特殊性

人寿保险的保险标的是人的生命，而人的生命是很难用货币衡量其价值的，所以人寿保险金额的确定没有实际价值作为客观依据，一般是由投保人和保险人双方协商确定。在协商时，主要考虑两个因素：（1）被保险人对人寿保险的需要程度，可以采用“生命价值”理论或者其他方法粗略测算；（2）投保人缴纳保费的能力，可以通过投保人所从事的职业和经济收入情况来判断。

（三）保险利益的特殊性

在人寿保险中，人的生命是无价的，不能用货币来衡量，因此人寿保险没有金额限制。但在实际中，人寿保险的保险金额要受投保人的缴费能力的限制。在人寿保险中，只要投保人在投保时对被保险人具有保险利益就可以投保，此后即使投保人与被保险人的关系发生了变化，投保人对被保险人已丧失保险利益，也并不影响保险合同的效力，发生保险事故后，保险人仍给付保险金。例如，企业为雇员投保人寿保险后，雇员与企业解除劳动合同时调离原企业。在这种情况下，虽然投保人对被保险人已丧失了保险利益，但人寿保险合同并不因此而失效，发生保险事故后，保险人仍要给付保险金。

（四）保险金额确定与给付的特殊性

人寿保险是定额给付性保险，这使得被保险人发生保险责任范围内的保险事故时，不能像财产保险那样根据事故发生时财产损失的实际程度支付保险赔款，并以保险金额为最高限额。人寿保险只能按照保险合同规定的保险金额支付保险金，不能有所增减。被保险人因第三者的行为而发生死亡、伤残或者疾病等保险事故的，保险人向被保险人或者受益人给付保险金后，不享有向第三者追偿的权利，但被保险人或者受益人仍有权向第三者请求赔偿。

（五）保险期限的特殊性

人寿保险合同往往是长期合同，保险期限短则数年，长则数十年或一个人的一生。这种长期性的特点使寿险具有特殊性，并受下列三项因素的影响：（1）利率因素；（2）通货膨胀因素；（3）预测因素的偏差。分红保单和利率敏感型保单都在一定程度上克服了利率波动对寿险的影响。

三、人寿保险的分类

人寿保险产品按照设计类型的不同，分为普通型人寿保险和新型人寿保险。人寿保险的种类如图3-3所示。

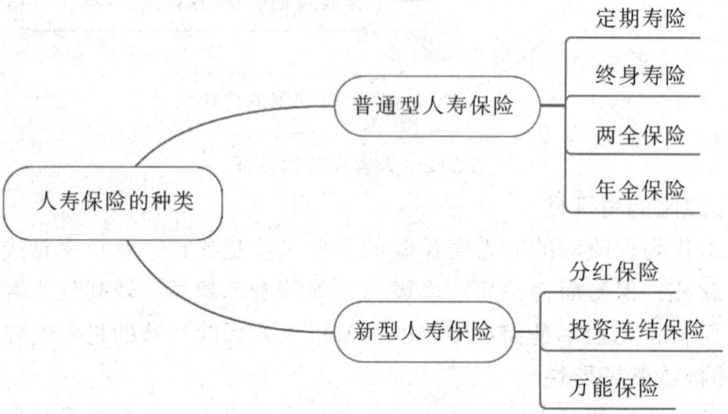

图3-3　人寿保险的种类

❖ 活动2　解读普通型人寿保险

一、解读定期寿险

微课 3-2

普通型人寿保险

定期寿险，是指以死亡为给付保险金条件，且保险期限为固定年限的人寿保险。定期寿险在合同中规定一定时期为保险有效期，若被保险人在约定期限内死亡，保险人即给付和受益人约定的保险金；如果被保险人在保险期限届满时仍然生存，契约即行终止，保险人无给付义务，亦不退还已收的保险费。

教学互动

对于被保险人而言，定期寿险最大的优点是（　　）。

A.保险期限届满后，保险费可以部分返还

B.保险费率相对适中

C.赔付保险金的限制条件较多

D.用极少的保险费获得较大的保险保障

二、解读终身寿险

终身寿险，是指以死亡为给付保险金条件，且保险期限为终身的人寿保险。终身寿险是一种不定期的死亡保险，保险合同中并不规定期限，自合同生效之日起，至被保险人死亡为止，保险人对被保险人要终身负责。

教学互动

终身寿险最大的优点是（　）。

A.保险费率比其他人寿保险要低很多

B.保险合同中并不规定期限，可以得到永久性保障

C.若投保人中途退保，可以得到固定数额的退保金

D.有两种交费方式可以选择

三、解读两全保险

两全保险，也称生死合险，是指在保险期间内以死亡或生存为给付保险金条件的人寿保险，即被保险人在保险合同规定的年限内死亡或合同规定时点仍生存，保险人按照合同承担给付保险金责任的生存与死亡混合组成的保险。危险保险费于当年死亡时给付；储蓄保险费则逐年积累形成责任准备金，既可用于中途退保时支付退保金，也可用于生存给付。

教学互动

在普通型人寿保险中，带有强烈储蓄性质的是（　）。

A.定期寿险　　B.终身寿险　　C.两全保险　　D.健康保险

四、解读年金保险

年金保险，是指以生存与否为给付保险金条件，按约定分期给付保险金，且分期给付保险金的间隔不超过一年（含一年）的人寿保险。投保年金保险，投保人要在开始领取之前，缴清所有保费，不能边缴保费，边领年金。当年金受领者死亡时，保险人立即终止支付。

❖ 活动3　解读新型人寿保险业务

一、解读分红保险

分红保险，是指保险公司将其实际经营成果优于定价假设的盈余，按一定比例向保单持有人进行分配的人寿保险产品。分红保险采用固定费用率的，其相应的附加保费收入和佣金、管理费用支出等不列入分红保险账户；采用固定死亡率方法的，其相应的死亡保费收入和风险保额给付等不列入分红保险账户。

分红保险的投保人不仅能够获得合同规定的各种保障，同时，保险公司每年要将经营分红保险产生的部分盈余以红利的形式分配给保单持有人。由于每年保险公司的经营状况不一样，被保险人所能得到的红利也不一样。在保险公司经营状况良好的年份，被保险人会分到较多的红利。分红保险的被保险人身故后，受益人可获得投保时约定的保

额的同时，还可以得到未领取的累积红利和利息。在满期给付时，被保险人在获得保险金额的同时，还可以得到未领取的累积红利和利息。分红保险的保单持有人在退保时得到的退保金，也包括保单红利及其利息之和。

教学互动

投保人投保分红保险后，若被保险人身故，保险公司将（　　）。

A.根据合同规定的保险金额扣除已分得的红利进行赔付

B.根据合同规定的保险金额进行赔付

C.根据合同规定的红利进行赔付

D.根据合同规定的保险金额加上未分得的红利进行赔付

二、解读投资连结保险

投资连结保险是指包含保险保障功能并至少在一个投资账户拥有一定资产价值的人身保险产品。投资连结保险的投资账户必须是资产单独管理的资金账户。投资账户应划分为等额单位，单位价值由单位数量及投资账户中资产或资产组合的市场价值决定。投保人可以选择其投资账户，投资风险完全由投保人承担。除特殊规定外，保险公司的投资账户与其管理的其他资产或其投资账户之间不得存在债权、债务关系，其也不承担连带责任。投资连结保险产品的保单现金价值与单独投资账户（或称“基金”）资产相匹配，现金价值与独立账户资产投资业绩相关，没有最低保证。

目前，投资连结保险大多引入了灵活的交费机制：一种方式是在固定交费的基础上增加保险费假期，允许投保人不必按约定的日期缴费，而保单照样有效，避免了因为超过60天宽限期而导致的失效；另一种方式是投保人可随时支付任意数额（有最低数额的限制）的保险费，并按约定的计算方法计入投资账户。

教学互动

投资连结保险中，投资风险由（　　）承担。

A.受益人　　B.投保人和保险人　　C.保险人　　D.投保人

三、解读万能保险

万能保险是一种缴费灵活、保额可调整、具有非约束性的寿险。保单持有人在缴纳一定量的首期保费后，也可以按自己的意愿选择任何时候缴纳任何数量的保费，只要保单中的现金价值足以支付保单的相关费用，有时甚至可以不用缴费。而且，保单持有人可以在具备可保性的前提下提高保额，也可以根据自己的需要降低保额。

教学互动

在人寿保险产品中，经营透明度最高的是（　　）。

A.万能保险　　B.分红保险　　C.年金保险　　D.定期保险

❖ 活动4 解读团体人寿保险

一、认识团体人寿保险

（一）团体保险的含义

团体保险是由保险公司用一份保险合同为团体内的许多成员提供保险保障的一种保险业务。团体内的成员为被保险人，保险公司签发一张总保单给投保人，为其成员因疾病、伤残、死亡以及离职退休等提供补助医疗费用、给付抚恤金和养老保障计划。

参加团体保险的团体，不能是为投保团体保险而组成的团体，而必须是已经存在的、有特定业务活动、实行独立核算的正式法人团体。我国规定，投保团体保险的人数等于或少于8人时，所有成员必须全部投保；投保团体保险的人数多于8人时，投保成员应占团体成员总数的75%（含75%）。保险公司可以在条款或合同中约定，被保险人数减少到团体成员总数的75%以下时，保险公司提前30日书面通知投保人后，有权解除保险合同。

一般来说，团体保险对每个被保险人的保险金额按照统一的规定计算，或者整个团体的所有被保险人的保险金额相同；或者按照被保险人的工资水平、职位、服务年限等标准，分别制定每个被保险人的保险金额。此外，对单个被保险人的投保金额设有上限，一般是以平均保险金额的数倍为上限（大多为3.5倍），雇主或雇员均无权自己增减保险金额。

教学互动

参加团体保险的团体，不能是（　　）。

A.已经存在的团体　　B.有特定业务活动的团体

C.实行独立核算的团体　　D.为投保团体保险而组成的团体

（二）团体保险的种类

按照团体保险合同的保障范围（保险责任）对团体保险进行分类，团体保险可以划分为团体人寿保险（含团体养老保险）、团体健康保险和团体意外伤害保险。

微课3-3

团体人寿保险

二、团体人寿保险的主要险种

团体人寿保险通常可分为团体定期人寿保险、团体信用人寿保险、团体养老保险、团体终身保险、缴清退休后终身保险和团体遗属收入给付保险等险种。

（一）团体定期人寿保险

团体定期人寿保险，常简称为团体定期保险，是指以经过选择的团体中的员工为被保险人，团体或团体雇主为投保人，保险期间为一年的人寿保险。

（二）团体信用人寿保险

团体信用人寿保险，是指为保全住宅贷款定期付款销售等分期偿还债权，由贷款提供机构或信用保证机构作为投保人（受益人），以与其发生借贷关系的众多分期付款债务人为被保险人，同保险人签订的一种团体保险合同。团体信用人寿保险的保险金额随债务的分期偿还而递减。

(三)团体养老保险

团体养老保险，是以某个企业、事业单位、机关和社会团体等组织的成员（可包括成员配偶、子女和父母）为被保险人（不少于5人），保险人用一份保险合同承保，在被保险人生存至国家规定的退休年龄后，保险人按照保险合同的约定给付养老金的人寿保险。团体养老保险必须同时符合下列条件：(1) 以提供养老保障为目的，并由保险公司以一份保险合同承保；(2) 保险合同约定被保险人生存至国家规定的退休年龄时，可以选择由保险公司分期给付生存保险金；(3) 分期给付生存保险金的，相邻两次给付的时间间隔为一年或者不超过一年。

(四)团体终身保险

团体终身保险，是指以团体或其雇主为投保人，团体员工为被保险人，一旦被保险人死亡，由保险人负责给付死亡保险金的一种保险产品。团体终身保险可以为团体员工提供退休后的死亡保障，以弥补团体定期保险期限较短的不足。

(五)缴清退休后终身保险

这是一种以企业年金方式设立的团体终身保险，团体的员工自行负担保险费，逐年按约定缴清，每年保障的差额由团体的雇主以购买定期保险的方式来弥补。如此，随着缴清保险保额的不断累积，团体定期保险的保额越来越小，雇主的负担也越来越轻，当员工退休时，保险单具有现金保值功能；而且，雇主支付的保险费被用于购买定期保险，因而不会产生员工的课税问题。

(六)团体遗属收入给付保险

在这种团体保险中，以团体或其雇主为投保人，团体所属员工为被保险人，员工的遗属为受益人，团体或其雇主与保险人签订保险合同，约定在员工死亡时，由保险人向死亡员工的遗属给付死亡保险金。保险金的给付方式通常为按月给付，给付金额通常根据该死亡员工的原工资额确定。

教学互动

通常雇主为雇员提供团体保险时，团体保险规定不能投保的雇员是（ ）。

A.全职员工　　B.专职员工　　C.退休员工　　D.正常在职员工

实践训练1

拓展阅读3-1

解读人寿保险合同

【要求】两人一组，根据拓展阅读3-1介绍这份保险的保险责任、除外责任、责任期间、保险金额等事项。

实践训练2

分析人寿保险案例

实训一

2022年5月11日，王某以自己为被保险人向A保险公司投保增额还本养老保险，保额为30万元，受益人栏空白。2023年9月12日，王某因小事与丈夫争吵、打骂，最后被丈夫扼死。19日晨，其丈夫向公安局自首，公安局结案为“激发性故意杀人”，保险公司接到报案后了解到，王某的父母健在，没有子女。那么，谁有权利领取这笔保险金？

实训二

2022年5月3日，胡某为自己投保了一份10年缴费终身寿险，当天合同即告生效。后来，因胡某未履行按期续保费的义务，此合同的效力于2022年7月4日中止。2023年4月7日，胡某补缴了所拖欠的保险费利息，经保险双方协商达成协议。2023年11月7日夜，胡某与家人吵嘴负气自杀身亡，其受益人向保险公司提出给付保险金的要求。而保险公司则认为“复效日”应为合同效力的起算日，于是以合同效力不足两年被保险人自杀，保险人不承担责任为由拒赔。

请问：保险公司的做法是否合理？

实训三

2022年9月5日、10月17日，李某分两次向人寿保险公司提出《得意理财两全保险（万能型，Ⅱ）》投保申请，经保险公司审查同意后，双方签订了保险合同，李某一次性缴纳了保费（趸交）。2023年3月，李某发生交通事故，当场死亡。此后，李某的法定继承人依保险合同保险条款的约定，要求人寿保险公司按照保险金额的两倍向其支付保险金40万元，但人寿保险公司以李某驾驶的助力车未上牌照为由不予赔偿，而交警部门认定“该种助力车在我辖区无须上牌照”。

请问：保险公司的做法是否合理？

实训四

2022年11月23日，王某在保险公司给丈夫屈某投保了分红保险，受益人为其子屈小某，王某当日交付了首期保险费，王某代被保险人屈某签了字。保险公司于2022年11月29日签发了保险单。2023年10月4日，被保险人屈某因疾病死亡，王某当日将此事电话通知了保险公司。2023年10月9日，王某提请理赔。2023年11月20日，保险公司以签约当日“未经被保险人屈某签字，保险合同无效”为由拒绝理赔，出具了拒赔通知书。

请问：保险公司的做法是否合理？

实训五

王某于2021年10月向保险公司投保了一份生死两全保险，被保险人为本人，受益人为其妻李某。2023年1月，王某被医院诊断罹患突发性精神分裂症。治疗期间，王某病情进一步恶化，终日意识模糊，狂躁不止，最终自杀身亡。事发之后，妻子李某以保险合同中列明“被保险人因疾病而身故，保险人应给付死亡保险金”为由向保险公司提出给付死亡保险金的索赔要求，而保险公司以死者系自杀身亡，且自杀行为发生在订立合同之后的两年之内为由，拒绝了李某的索赔要求，只同意退还保险单的现金价值。

请问：保险公司的做法是否合理？

实训六

2022年2月，林某为其妻子李某投保了保险金额为3万元的“康宁终身寿险”；同时，林某又为其女儿投保了“鸿福终身保险”，保险金额为3万元，均未指定受益人。2023年1月22日，被保险人李某与女儿遭遇车祸身故。投保人林某与被保险人李某之母几乎同时向保险公司提出给付保险金的申请。保险公司经调查了解到：被保险人李某及女儿死亡情况属实，构成保险责任，但投保人林某与被保险人李某已于车祸发生前协议离婚，女儿由李某抚养。

请问：保险公司应对谁进行赔偿？

任务3　掌握意外伤害保险实务

案例导入

有社会保险时，保险公司仅就剩余部分承担责任吗？

2023 年 8 月 6 日，江某向代理人于某购买了 A 保险公司的“意外伤害保险卡” 2 份。于某向江某介绍该卡是保险公司推出的一款自助保险卡，卡片附有账号密码，可以通过网上、电话或短信三种方式激活，并向江某详细说明了该保险产品的条款、投保的注意事项和方法。该保险产品的保险责任为意外事故导致的死亡、残疾以及由此产生的医疗费用，其中死亡残疾保险金额为 2 万元，医疗费用保险金额为 2 000 元，保险期限为 1 年。当天晚上，江某就上网激活了保单。填写投保单时，在被问及“您是否已参加社会医疗保险”时，江某选择了“是”，并在“本人已认真阅读并理解产品条款和责任免除、投保须知、投保声明书全部内容”项下签名以同意该声明。

微课 3-4

意外伤害保险的含义和特点

2024 年 3 月 8 日，江某因发生意外事故住院，支付住院费用 20 000 元（合理医疗费用）。其后，江某到保险公司申请理赔。保险公司认为，保险合同规定“被保险人如果已从其他途径获得补偿，则本公司只承担合理医疗费用剩余部分的保险责任”，被保险人江某应先向社保部门索赔，此后保险公司才就剩余部分承担责任。

资料来源：作者根据相关资料整理。

思考题：保险公司的说法是否合理？

❖ 活动1　了解意外伤害保险的含义和特点

一、意外伤害保险的含义

意外伤害，是指在被保险人没有预见到或违背被保险人意愿的情况下，突然发生的外来致害物明显、剧烈地侵害被保险人身体的客观事实。意外伤害包括意外和伤害这两层含义。仅有主观上的意外而无伤害的客观事实，不能构成意外伤害；反之，仅有伤害的客观事实而无主观上的意外，也不能构成意外伤害。只有在意外的条件下发生伤害，才构成意外伤害。

意外伤害保险，是指以意外伤害而致身故或残疾为给付保险金条件的人身保险。意外伤害保险的保障项目主要有死亡给付和伤残给付。投保人向保险人缴纳一定量的保险费，如果被保险人在保险期限内遭受意外伤害并以此为直接原因或近因，在自遭受意外伤害之日起的一定时期内造成死亡、残疾、支出医疗费或暂时丧失劳动能力，则保险人给付被保险人或其受益人一定金额的保险金。在申报意外伤害保险赔偿时，必须证明：(1) 有客观的意外事故发生，且事故原因是意外的、偶然的、不可预见的；(2) 被保险人必须有因客观事故造成人身死亡或残疾的结果；(3) 意外事故的发生和被保险人遭受人身伤亡的结果，两者之间有着内在的、必然的联系。

教学互动

（单选题）在意外伤害保险中，只有当伤害的发生违背被保险人的主观意愿时，保险公司才负责赔偿意外伤害造成的损失，其含义为（　　）。

A.伤害的发生是被保险人事先所不能预见或无法预见的

B.伤害必须是客观存在的

C.被保险人预见到伤害即将发生时，在技术上已不能采取措施避免

D.由于各种原因，被保险人不愿采取措施避免伤害

二、意外伤害保险的特点

(1) 在意外伤害保险中，保险事故发生时，死亡保险金按约定的保险金额给付，残疾保险金按保险金额的一定百分比给付。

(2) 意外伤害保险的纯保险费是根据保险金额损失率计算的。在其他条件相同时，被保险人的职业、工种、所从事活动的危险程度越高，应交的保险费就越多。

(3) 意外伤害保险的保险期较短，一般不超过一年，最多三年或五年。

(4) 意外伤害保险的未到期责任准备金可以按当年保险费收入的一定百分比（如50%）计算。

教学互动

（单选题）在意外伤害保险中，保险事故发生时，死亡保险金按（　　）给付。

A.保险金额的一定百分比　　B.医疗费用的多少

C.伤害原因　　D.约定的保险金额

❖ 活动2　了解意外伤害保险的种类

一、个人意外伤害保险的种类

（一）自愿意外伤害保险和强制意外伤害保险

按投保动因分类，个人意外伤害保险分为自愿意外伤害保险和强制意外伤害保险。

自愿意外伤害保险，是指投保人和保险人在自愿的基础上通过平等协商订立保险合同的意外伤害保险。投保人可以选择是否投保以及向哪家保险公司投保，保险人也可以选择是否承保，只有双方意思表示一致时才订立保险合同，确立双方的权利和义务。

强制意外伤害保险又称法定意外伤害保险，即国家机关通过颁布法律、行政法规和地方性法规强制施行的意外伤害保险。凡属法律、行政法规和地方性法规所规定的强制施行范围内的人，必须投保，没有选择的余地。

（二）普通意外伤害保险和特定意外伤害保险

按保险危险分类，个人意外伤害保险分为普通意外伤害保险和特定意外伤害保险。

普通意外伤害保险承保的危险是在保险期限内发生的各种意外伤害（不可保意外伤害除外，特约保意外伤害视有无特别约定），团体人身意外伤害保险、学生团体平安保险等，均属普通意外伤害保险。

特定意外伤害保险是以特定时间、特定地点或特定原因发生的意外伤害为保险危险的意外伤害保险。例如，保险危险只限定于在矿井下发生的意外伤害、在建筑工地发生的意外伤害、在驾驶机动车辆中发生的意外伤害和煤气罐爆炸发生的意外伤害等。

教学互动

（单选题）在意外伤害保险中，特约保意外伤害，在基本保险条款中一般列为（　　）。

A.保险责任　　B.附加责任　　C.除外责任　　D.共保责任

（三）一年期、极短期和多年期意外伤害保险

按保险期限分类，个人意外伤害保险可分为一年期、极短期和多年期意外伤害保险。

一年期意外伤害保险就是保险期限为一年的意外伤害保险业务，一年期意外伤害保险一般占个人意外伤害保险的大部分。个人人身意外伤害保险、附加意外伤害保险等均属一年期意外伤害保险。

极短期意外伤害保险是保险期限不足一年，往往只有几天、几小时甚至更短的意外伤害保险，公路旅客意外伤害保险、旅游保险、索道游客意外伤害保险等，均属于极短期意外伤害保险。

多年期意外伤害保险，是指保险期限超过一年的意外伤害保险。

（四）单纯意外伤害保险和附加意外伤害保险

按险种结构分类，个人意外伤害保险分为单纯意外伤害保险和附加意外伤害保险。

单纯意外伤害保险所承保的保险责任仅限于意外伤害保险，个人人身意外伤害保险、公路旅客意外伤害保险和驾驶员意外伤害保险等，均属单纯意外伤害保险。

附加意外伤害保险包括两种情况：一种是其他保险附加意外伤害保险；另一种是意外伤害保险附加其他保险。

二、团体意外伤害保险的种类

团体意外伤害保险，是以团体方式投保的人身意外伤害保险，其保险责任、给付方式均与个人投保的意外伤害保险相同。该保险即一个团体内的全部或大部分成员集体向保险公司办理投保手续，以一张保单承保的意外伤害保险。

团体，是指投保前即已存在的机关、学校、社会团体、企业和事业单位等，而不是为了投保而结成的团体。与人寿保险、健康保险相比，意外伤害保险最有条件、最适合采用团体投保方式。在团体意外伤害保险中，被保险人一旦脱离投保团体，保单效力对该被保险人即行终止，投保团体可以为该投保人办理退保手续，保单对其他被保险人仍然有效。

案例分析

团体人身意外伤害保险

2020年11月，强拢公司在中国太平洋财产保险股份有限公司广西分公司投保了团体人身意外伤害保险，保险名单中共有包括刑某在内的9人。2020年12月30日，邢某酒后驾驶电动自行车自工地出发，在路上发生交通事故死亡。邢某父母遂向保险公司提出理赔申请。

保险公司审查后认为，邢某系案外人刘某招来的工人，与强拢公司之间无劳动或劳务关系，故强拢公司投保时对刑某不具有保险利益，案涉保险合同应属无效，其不应承担相应的保险责任。双方因此发生纠纷，邢某父母遂向人民法院提起诉讼，请求判令保险公司向其支付刑某死亡赔偿金50万元。

法院审理后认为，强拢公司在投保时在投保人声明处已经明确，其填录的职业类别、投保人数等内容属实，而邢某确系保险名单中确定的被保险人之一，因此邢某与强拢公司在投保时存在劳动或劳务关系具有高度可能性。保险公司主张邢某并非投保人公司员工，但未能提供证据证明，亦未举出相反证据推翻保险合同中的上述内容，故法院判决保险公司支付刑某父母50万元死亡赔偿金。

资料来源：作者根据相关资料整理。

分析：该案件涉及团体人身意外伤害保险，其特点在于保险的对象是一个团体，例如机关、学校、企业等。这个案例强调了保险合同的适用范围，同时也提醒企业在进行团体保险投保时应对成员资格进行确认。作为学生，也需要明确投保的范围和条款，以及如何行使保险权利。这个案例也提醒学生：在校园中要了解学校的保险政策，以便在需要时能够得到及时的支持和帮助。

教学互动

（单选题）团体意外伤害保险和个人意外伤害保险的主要区别在于（　　）。

A.保单效力　　B.保险责任　　C.给付方式　　D.理赔方式

❖ 活动3　熟悉意外伤害保险的保险责任和保险费

一、意外伤害保险的保险责任

意外伤害保险的保险责任是被保险人因意外伤害所致的死亡或残疾，而不是疾病所致的死亡。只要被保险人遭受意外伤害的事件发生在保险期内，而且自遭受意外伤害之日起的一定时期内（责任期限内，如90天、180天等）造成死亡或残疾的后果，保险人就要承担保险责任，给付保险金。即使被保险人在死亡或确定残疾时保险期限已经结束，只要未超过责任期限，保险人仍要负责。

意外伤害保险的保险责任由三个必要条件构成：（1）被保险人在保险期限内遭受了意外伤害；（2）被保险人在责任期限内死亡或残疾；（3）被保险人所受意外伤害是其死亡或残疾的直接原因或近因。这三个条件缺一不可，如图3-4所示。

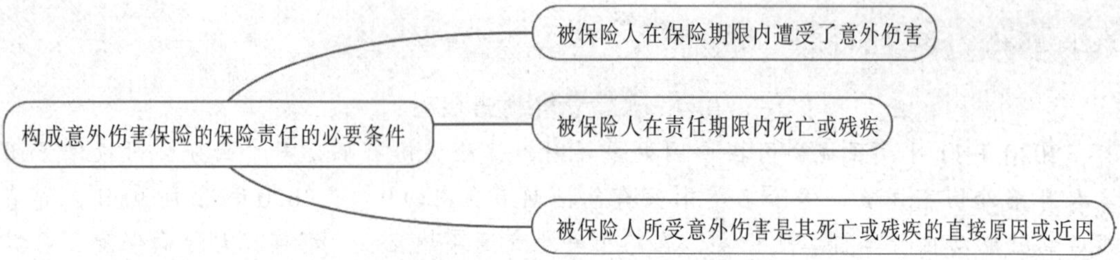

图3-4 构成意外伤害保险的保险责任的必要条件

二、意外伤害保险的保险费

意外伤害保险属于定额给付型保险，当保险责任构成时，保险人应按保险合同中约定的保险金额给付死亡保险金或残疾保险金。死亡保险金的数额是保险合同中规定的，当被保险人死亡时，如数支付。残疾保险金的数额由保险金额和残疾程度百分率两个因素确定，其计算公式是：

残疾保险金=保险金额×残疾程度百分率

在意外伤害保险合同中，应列举残疾程度百分率；如有未列举的情况，由当事人之间按照公平合理的原则，参照列举的残疾程度百分率协商确定。协商不一致时，可提请有关机关仲裁或由人民法院审判。

在意外伤害保险中，保险人给付每一位被保险人的死亡保险金、残疾保险金累计以不超过该被保险人的保险金额为限。当一次意外伤害造成被保险人身体若干部位残疾时，保险人按保险金额与被保险人身体各部位残疾程度百分率之和的乘积计算残疾保险金，但如果各部位残疾程度百分率之和超过100%，则按保险金额给付残疾保险金。

被保险人在保险期限内多次遭受意外伤害时，保险人对每次意外伤害造成的残疾或死亡均按保险合同中的规定给付保险金，但给付的保险金累计不能超过保险金额。

教学互动

（单选题）意外伤害保险属于（　　）保险，当保险责任构成时，保险人按保险合同中约定的保险金额给付死亡保险金或残疾保险金。

A.不定额补偿性　　B.不定额给付性

C.定额补偿性　　D.定额给付性

教学互动

（案例题）李某投保了意外伤害险。他在森林中打猎时从树上跌下受伤，之后爬到公路边等待救助。因夜间天冷，李某染上肺炎死亡。请问：保险人是否应承担给付责任？

实践训练1

填写人身意外伤害保险单

人身意外伤害保险单

NO.

保险单号：

鉴于投保人已向本公司投保《人身意外伤害保险》，并按本保险单约定缴付保险费，保险人同意按照《人身意外伤害保险条款》的约定承担保险责任，特立保险单为凭，与本保险有关的附加条款、特约条款、批单以及投保单是本保险单不可分割的组成部分。

明细表

<table>
<tr><td rowspan="4">投保人</td><td>姓 名</td><td colspan="2"></td><td colspan="2">性别</td><td></td><td colspan="2">出生日期： 年 月 日</td></tr>
<tr><td colspan="8">证件类型： 证件号码：□□□□□□□□□□□□□□□□□□ 是被保险人的：</td></tr>
<tr><td colspan="8">工作单位：</td></tr>
<tr><td colspan="8">通讯地址： 邮编：□□□□□□ 电话：</td></tr>
<tr><td rowspan="6">被保险人</td><td>姓 名</td><td colspan="2"></td><td colspan="2">性别</td><td></td><td colspan="2">出生日期： 年 月 日</td></tr>
<tr><td colspan="6">证件类型： 证件号码：□□□□□□□□□□□□□□□□□□</td><td>婚姻状况</td><td></td></tr>
<tr><td colspan="8">职业（工种）： 兼职： 职业代码：□□□□□□□ 职业类别：级</td></tr>
<tr><td colspan="8">工作单位：</td></tr>
<tr><td colspan="8">通讯地址： 邮编：□□□□□□ 电话：</td></tr>
<tr><td colspan="8">住所： 邮编：□□□□□□ 电话：</td></tr>
<tr><td rowspan="5">受益人</td><td colspan="8">身故保险金受益人（若无指定，被保险人的继承人即为身故保险金受益人）</td></tr>
<tr><td>受益顺序</td><td>姓名</td><td>性别</td><td>出生日期</td><td>是被保险人的</td><td>受益份额</td><td>证件名称</td><td>证件号码</td></tr>
<tr><td></td><td></td><td></td><td></td><td></td><td></td><td></td><td>□□□□□□□□□□□□□□□□□□</td></tr>
<tr><td></td><td></td><td></td><td></td><td></td><td></td><td></td><td>□□□□□□□□□□□□□□□□□□</td></tr>
<tr><td></td><td></td><td></td><td></td><td></td><td></td><td></td><td>□□□□□□□□□□□□□□□□□□</td></tr>
<tr><td colspan="2">保险险种</td><td colspan="3">险种名称</td><td colspan="2">保险金额</td><td colspan="2">保险费</td></tr>
<tr><td colspan="2">主 险</td><td colspan="3">人身意外伤害保险</td><td colspan="2">元</td><td colspan="2">元</td></tr>
<tr><td colspan="2" rowspan="3">附加险</td><td colspan="3"></td><td colspan="2">元</td><td colspan="2">元</td></tr>
<tr><td colspan="3"></td><td colspan="2">元</td><td colspan="2">元</td></tr>
<tr><td colspan="3"></td><td colspan="2">元</td><td colspan="2">元</td></tr>
<tr><td colspan="2">保险费合计</td><td colspan="7">人民币（大写） ¥</td></tr>
<tr><td colspan="2">保险期间</td><td colspan="7">自 年 月 日零时起至 年 月 日二十四时止</td></tr>
<tr><td colspan="2">交费形式</td><td colspan="7">□现金 □银行转账 □其他 交费日期：</td></tr>
<tr><td colspan="2">争议处理</td><td colspan="7">□诉讼 □仲裁 仲裁委员会：</td></tr>
<tr><td colspan="2">特别约定</td><td colspan="7"></td></tr>
</table>

××财产保险股份有限公司

（盖章）

签单日期： 年 月 日 授权签字：

本公司联系地址：

邮政编码： 电话： 传真：

【要求】请说明如何填写这份保险单。

实践训练 2

分析意外伤害保险案例

实训一

2022年6月16日，甲单位为职工钱某投保人身意外伤害综合保险。2022年12月10日晚，钱某在工作中左足意外碰伤，进而左下肢大面积肿胀。2023年6月17日，钱某住院治疗，实行左大腿中下1/3截肢术，6月30日出院。

事后，钱某请求保险公司给付意外医疗保险金和意外伤残保险金。保险公司受理后，要求被保险人进行法医学伤残鉴定，鉴定结论为："被保险人钱某截肢的原因系糖尿病发导致周围血管病变引起的足部坏疽。"因此，保险公司以"造成钱某左下肢坏疽并截肢1/3的根本原因是糖尿病，而不是意外伤害事故"为由，拒绝给付保险金。

请问：保险公司是否应给予理赔？

实训二

李某在行走时因心脏病突然发作跌倒死亡，生前他投保了意外伤害险10 000元，单位为他投保了团体人身险（既保意外，也保疾病）3 000元。

请问：其受益人可获得多少保险金？

实训三

王某投保人身意外伤害险，保险金额为10万元。他在保险期内不幸遭受三次意外事故：第一次事故中，他一目失明，保险公司按合同的约定支付保险金5万元；第二次事故中，他折断一指，保险公司又按合同的约定支付保险金1万元；第三次事故中，他丧失左腿。

请问：保险公司应如何履行给付责任？

实训四

被保险人文某，男，30岁，2022年11月12日由珠海乘飞机至上海。文某之前购买了人身意外伤害保险，保额为20万元。在飞机下降时，文某忽觉右耳疼痛，轰鸣不止，经治疗后诊断为右耳突发性耳聋，听力丧失小于70分贝。据此，文某向保险公司提出，要求其全额给付意外伤害保险金20万元。保险公司认为文某罹患突发性耳聋并不属于意外伤害保险责任范围，造成其耳聋的真正原因为被保险人的内在因素，故而保险公司拒绝承担赔偿责任。

请问：保险公司的做法对吗？

实训五

2022年10月，被保险人穆某为自己向保险公司投保重大疾病保险和附加人身意外伤害保险，保额合计10万元。2023年3月16日，被保险人穆某纠集多人向他人索要拖欠的赌债，在争执过程中，被对方持刀捅至胸部，不治身亡。案发后，穆某的同伙被劳教，致害一方因构成故意伤害罪而被判刑，但劳教机关和人民法院都没有明确认定穆某是否构成犯罪。

事后，受益人提出索赔请求，保险公司以条款中约定"被保险人的违法犯罪行为属于责任免除范围”为由做出拒付决定，受益人不服决定，认为被保险人在凶杀案中是受害者，致害方已受到刑法处罚，而审判机关未认定被保险人负有法律责任。保险的目的在于规避风险带来的损失，如果违法，甚至轻微违法如闯红灯，即构成保险人免责，显然有失公平，也不是被保险人的投保本意。

请问：保险公司的做法合理吗？

实训六

2023年6月，吴某因心脏病发住院并投保“住院病员医疗责任及意外伤害保险”，保险金额为1万元。被保险人在住院期间与同病室另一个患者因是否关灯发生口角，一周后被保险人因心脏病发作而死亡。受益人以吴某是被气死的，属意外伤害为由，申请给付意外伤害保险金1万元。

请问：保险公司应如何处理？

任务4　掌握健康保险实务

案例导入

参加团体健康保险后旧病复发，可否获得理赔？

2022年3月12日，张某所在单位与保险公司签订员工福利团体健康保险合同，合同中关于保险责任一项约定：在保险期限内，被保险人因意外伤害或疾病在合同指定医院住院治疗的，保险公司从住院第一天起按约定金额给付住院补贴保险金。合同同时约定，如被保险人未经同意在非定点医院及外地就医，保险公司不承担保险责任。

2023年6月7日至9月16日，因前期工伤颈椎陈旧性骨折复发，张某住院100天。出院后，张某要求保险公司给付住院补偿保险金5 000元，但该保险公司以其颈椎骨折系投保前所患，此次住院系复发治疗，不在保险范围内，且未在指定医院治疗为由拒绝赔付。

资料来源：作者根据相关资料整理。

思考题：保险公司的说法是否合理？

❖ 活动1　了解健康保险的含义和特点

一、健康保险的含义

健康保险是以被保险人的身体为保险标的，使被保险人在疾病或意外事故所致伤害时发生的费用或损失获得补偿的一种保险。按照保险责任分类，健康保险分为医疗保险、疾病保险、失能收入损失保险和护理保险等。

构成健康保险所指的疾病要具备三个条件：（1）必须是明显非外来原因所造成的，若因饮食不慎、感染细菌引起疾病，则不能简单视为外来因素。一般而言，要以是否是明显外来的原因，作为疾病和意外伤害的分界线。（2）必须是非先天的原因所造成的，健康保险仅对被保险人的身体由健康状态转入病态承担责任。（3）必须是非长存的原因所造成的，即对人到一定年龄以后出现的衰老现象，则不能称为疾病，其也不是健康保险的保障范围。

教学互动

（单选题）健康保险的保险标的是（　　）。

A.被保险人的生命　　B.被保险人的身体

C.被保险人的疾病　　D.被保险人所受的伤害

二、健康保险的特点

（1）除重大疾病等保险以外，绝大多数健康保险尤其是医疗费用保险常为一年期的短期合同。

（2）健康保险费率的计算以保险金额损失率为基础，年末未到期责任准备金一般按当年保费收入的一定比例提存。

（3）费用型健康保险适用补偿原则，而定额给付型健康险则不适用，保险金的给付与实际损失无关。

（4）健康保险承担的是伤病发生的风险，核保要比人寿和意外伤害保险严格得多，计算保费时，除了要依据统计资料，还需要医学方面的知识。

（5）健康保险是对被保险人因意外伤害和疾病医治所发生的医疗费用支出，保险人按规定给付相应的医疗保险金，对所承担的医疗保险金的给付责任往往带有很多限制或制约性条款。

（6）在健康保险合同中，除适用一般寿险的不可抗辩条款、宽限期条款和不丧失价值条款等外，还采用一些特有的条款，如既存状况条款、转换条款、协调给付条款、体检条款、免赔额条款和等待期条款等。

（7）健康保险的除外责任一般包括战争或军事行动，故意自杀或企图自杀造成的疾病、死亡和残废，堕胎导致的疾病、残废、流产和死亡等。

教学互动

（单选题）健康保险的赔偿责任包括（　　）。

A.堕胎导致的疾病

B.战争或军事行动

C.车祸造成的疾病、死亡和残疾

D.企图自杀造成的疾病、死亡和残疾

❖ 活动2　了解健康保险的种类

一、个人健康保险的种类

个人健康保险是指以单个自然人为投保对象的健康保险。个人健康保险保单的投保人与被保险人通常为同一人。投保人对健康保险保单中包含的一些条款，如保险金额水平和续保规定，有一定的选择权。保险人一般根据投保人的选择计算或调整保险费。个人健康保险包括医疗保险、疾病保险、失能收入损失保险和护理保险，如图3-5所示。

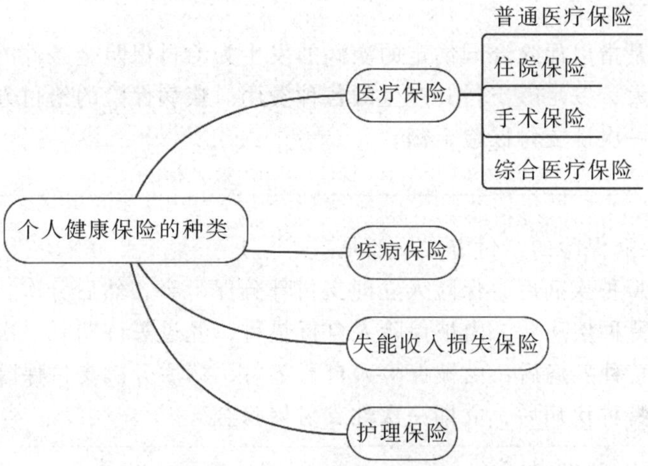

图3-5　个人健康保险的种类

（一）医疗保险

医疗保险是医疗费用保险的简称，是指以保险合同约定的医疗行为的发生为给付保险金条件，为被保险人接受诊疗期间的医疗费用支出提供保障的保险。按照保障范围的不同，医疗保险分为普通医疗保险、住院保险、手术保险和综合医疗保险等。

1.普通医疗保险

普通医疗保险给被保险人提供治疗疾病时相关的一般性医疗费用，主要包括门诊费用、医药费用和检查费用等。这种保险比较适用于一般社会公众，保费成本较低。每次疾病所发生的费用累计超过保险金额时，保险人不再负保险责任。

教学互动

（单选题）给被保险人提供治疗疾病时需要的一般性医疗费用的险种是（　　）。

A.普通医疗保险　　B.住院保险　　C.手术保险　　D.综合医疗保险

2.住院保险

住院保险的费用项目主要是每天住院房间的费用、住院期间医生费用、使用医院设备的费用、手术费用和医药费等。住院时间长短将直接影响其费用的高低。为了控制不必要的长时间的住院，这种保单一般规定保险人只负责所有费用的一定百分比（如90%）。

3.手术保险

手术保险提供因病人需做必要的手术而发生的费用。这种保单一般负担所有的手术费用。

4.综合医疗保险

综合医疗保险是保险人为被保险人提供的一种全面的医疗费用保险，其费用范围包括医疗和住院、手术等一切费用。这种保单的保险费较高，一般确定一个较低的免赔额连同适当的分担比例（如85%）。

（二）疾病保险

疾病保险，是指以保险合同约定的疾病的发生为给付保险金条件的保险。这种保单的保险金额比较大，以足够支付其产生的各种费用。疾病保险的给付方式一般是在确诊为特种疾病后，一次性支付保险金额。

教学互动

（单选题）疾病保险的给付方式一般是（　　）。

A.在确诊为特种疾病后，保险人立即支付部分保险金，然后分次付清

B.在确诊为特种疾病后，由被保险人自行垫付，经过等待期后一次性支付保险金

C.在确诊为特种疾病后，由被保险人自行垫付，然后分次支付保险金

D.在确诊为特种疾病后，立即一次性支付保险金

（三）失能收入损失保险

失能收入损失保险是指以因保险合同约定的疾病或者意外伤害导致工作能力丧失为给付保险金条件，为被保险人在一定时期内收入减少或者中断提供保障的保险。失能收入损失保险一般可分为两种：一种是补偿因伤害而致残疾的收入损失；另一种是补偿因疾病造成的残疾而致的收入损失。在实践中，后者更为多见。失能收入损失保险一般按月或按周进行补偿。失能收入损失保险存在免责期间，即残疾后的前一段时间不给付任何补偿，免责期从30天、2个月、3个月、6个月到1年不等，免责期越长的保费越便宜。

教学互动

（单选题）失能收入损失保险中给付额一般有一个最高限额，对此限额的规定为（　　）。

A.该限额低于被保险人在伤残以前的正常收入水平

B.该限额同被保险人在伤残以前的收入水平无关

C.对于低收入者，每月所偿付的保险金一般不得低于原收入的85%

D.其与被保险人在伤残以前的正常收入水平的比例随原收入的升高而升高

（四）护理保险

护理保险是指以因保险合同约定的日常生活能力障碍引发护理需要为给付保险金条件，为被保险人的护理支出提供保障的保险，最具代表性的是长期护理保险，分为医护人员看护、中级看护、照顾式看护和家中看护四个等级。典型长期护理保险要求被保险人不能完成下述五项活动中的两项：（1）吃；（2）沐浴；（3）穿衣；（4）如厕；（5）移动。

教学互动

（单选题）关于个人健康保险的表述，正确的是（　　）。

A.投保人与被保险人通常为同一人

B.投保人如没有按时缴纳续期保险费，保险合同即失效

C.投保人就是受益人

D.一般根据固定的投保模式来计算保险费

二、团体健康保险的种类

团体健康保险是指以团体或其雇主为投保人，同保险人签订保险合同，以其所属员工为被保险人（包含团体中的退休员工），约定由团体雇主独自缴付保险费，或由雇主与团体员工分担保险费，当被保险人因疾病或分娩住院时，由保险人负责给付其住院期间的治疗费用、住院费用、看护费用，以及在被保险人由于疾病或分娩致残疾时，由保险人负责给付残疾保险金的一种团体保险。

（一）团体（基本）医疗费用保险

在这种团体健康保险中，当被保险人在保险责任期开始后，因疾病而住院治疗时，保险人将负责给付其住院费用、治疗费用、医生出诊费用以及透视费用和化验费用等。

（二）团体补充医疗保险

团体补充医疗保险也称团体高额医疗保险，是一种以排除基本医疗保险中的诸多限制为主要目的的团体健康保险，由团体或雇主与保险人协商医疗费用的限额。

（三）团体特种医疗费用保险

团体特种医疗费用保险主要包括团体长期护理保险、团体牙科费用保险和团体眼科保健保险等。其中，团体长期护理保险是以团体或团体雇主为投保人，以团体下属员工（包括退休员工）及其眷属、年长的家庭成员为被保险人，承担被保险人的长期护理服务费用，保障他们退休后的财产或生活的一种团体保险。

（四）团体丧失工作能力收入保险

团体丧失工作能力收入保险，又称为团体残疾收入保险或团体失能收入损失保险，它是以团体或雇主为投保人，以团体下属员工为被保险人，由保险人承担补偿被保险人因遭遇意外伤害或疾病所丧失收入的责任的一种团体保险。一般情况下，团体丧失工作能力收入保险合同按月提供给付金额，此金额的高低与被保险人的正常收入呈正相关关系。保险给付则开始于保险合同约定的缺职期之后，并延续至合同约定的最长期间或被保险人的极限年龄。

教学互动

（单选题）以排除基本医疗保险中的诸多限制为主要目的的团体健康保险产品是（　　）。

A.团体医疗费用保险　　B.团体补充医疗保险

C.团体特种医疗费用保险　　D.团体丧失工作能力收入保险

❖ 活动3　解读健康保险的常用条款

一、解读个人健康保险的常用条款

（一）个人健康保险的续保条款

微课3-5

健康保险的常用条款

个人健康保险的续保条款描述了两个方面的内容：一是保险人有权拒绝续保或者有权解除健康保险单的环境因素或条件；二是保险人有增加健康保险单的保险费的权利。个人医疗费用保险和个人失能收入损失保险，可以根据这些保险单所包含的续保条款进行分类。

（二）个人健康保险的犹豫期条款

个人健康保险的犹豫期条款，是指投保人在收到保险合同后一段时期内，如不同意保险合同内容，可无条件要求退保。在此期间，保险公司同意投保人的申请，撤销合同，退还已收全部保费，除收取相关成本费以外，不得扣除任何其他费用。长期健康保险产品应当设置合同犹豫期，并在保险条款中列明投保人在犹豫期内的权利，犹豫期不得少于10天。

（三）个人健康保险的宽限期条款

个人健康保险的宽限期条款，是指投保人如没有按时缴纳续期保险费，保险人给予一定时间的宽限，在宽限期内，保险合同仍然有效，如发生健康保险事故，保险人应按规定承担保险责任，但要从中扣除所欠缴的保险费及利息。超过宽限期仍未缴付保险费的，保险合同即告失效。

教学互动

（单选题）个人健康保险中规定，如投保人没有按时缴纳续期保险费，保险人给予一定时间的宽限，以避免保险合同非故意失效，保全保险人的业务，这属于（　　）。

A.续保条款　B.宽限期条款　C.等待期条款　D.不可抗辩条款

（四）个人健康保险的复效条款

个人健康保险的复效条款，是指投保人在由于未缴纳保险费致使保险单效力中止以后的一段时间内，有权申请并与保险人达成复效协议，保险人恢复保险单效力的一种条款。健康保险单的复效是对原合同法律效力的恢复，不改变合同的各项权利和义务。

（五）个人健康保险的等待期或观察期条款

个人健康保险的等待期或观察期条款，是指健康保险合同生效一段时间后，或者被保险人已经由健康保险保单保障了一段时间后，保险人才对被保险人事先存在的条件履行保险赔付责任。事先存在的条件包括发生的伤残、第一次出现的疾病，或者健康保险单签约前未在保险单中给予披露的事件等。

教学互动

（单选题）常常与不可抗辩条款配合使用，两者既有联系又有区别的条款是（　　）。

A.续保条款　B.等待期条款　C.宽限期条款　D.复效条款

（六）个人健康保险的不可抗辩条款

个人健康保险的不可抗辩条款，是指健康保险单生效一段时期后，除非投保人或被保险人的误告是欺诈性的，否则保险人不能以保单中的实质性误告为由解除保险合同或拒绝赔付。

（七）个人健康保险的索赔条款

个人健康保险的索赔条款，是指被保险人的损失发生后，必须在规定的时间内（如30天），以书面形式向保险公司报告损失的发生和索赔要求；在规定的时间限制内（如60天）向保险公司提供损失证明等。保险公司在收到损失证明后，也必须在规定的时间内，对被保险人进行损失赔付。

二、解读团体健康保险的常用条款

（一）团体健康保险的转化条款

团体健康保险的转化条款，是指当团体中的被保险人不再是这个团体的成员或被保险人时，保险人将给予这个或这些被保险人购买个人医疗费用保险而不提供可保性证明的权利。被保险人获得的权利是有限的，当被保险人得到的个人医疗费用保险，加上在团体医疗费用保险中得到的保险保障的总和过多时，保险人可以拒绝签发个人医疗费用保险。

（二）团体健康保险的事先存在条件条款

团体健康保险的事先存在条件条款，是指只有被保险人受团体健康保险保障一段时间以后，或者被保险人的团体健康保险保单生效一段时间后，保险人才对事先存在的条件支付保险金。团体健康保险中事先存在条件，是指被保险人的健康保险生效前3个月内接受医疗治疗的条件。

（三）团体健康保险的调整保险金条款

团体健康保险的调整保险金条款，是指当被保险人受到不止一个团体健康保险单的保障时，通过调整被保险人获得的保险金，使得被保险人获得的保险金不超过其实际发生的损失。

教学互动

（单选题）个人健康保险和团体健康保险中都经常用到的条款是（　　）。

A.不可抗辩条款　B.转化条款　C.等待期条款　D.调整保险金条款

教学互动

（案例题）2017年6月1日，谢某购买了一份疾病保险，保险金额为1万元，缴费时间为3年，终身为保险期。2017年12月底，谢某感觉左腰腹疼得厉害，医院诊断为左侧输尿管下段结石、右肾小结石，需要进行手术治疗。2018年1月，谢某在医生的建议下，选择了输尿管镜下气压弹道碎石手术治疗。已交了半年保险费的谢某在手术前，向保险公司报告了病情。保险公司认为该项手术没列入赔付手术的范围内，按照合同，这不属于条款保险责任，所以公司决定拒赔。

请问：保险公司的做法合适吗？（按照合同，手术必须采取输尿管切开取石术方能赔付）

实践训练1

解读健康保险投保规则

健康人生重大疾病定期保障计划投保规则

一、本保障计划由《健康人生两全保险》及《附加健康人生定期重大疾病保险》组成。

二、本保障计划中的主险和附加险不可拆分销售。

三、本保障计划可以附加的附加险是《附加大学教育金两全保险（分红型）》《附加高中教育金两全保险（分红型）》《附加初中教育金两全保险（分红型）》《附加少儿住院费用补偿型医疗保险》《附加安心无忧意外伤害保险》《附加意外伤害医疗保险》《附加生命关怀提前给付定期寿险》。投保以上附加险时，应遵照相应投保规则。如果本保障计划主险和附加险的缴费方式选择为趸缴，则不能附加《附加安心无忧意外伤害保险》《附加意外伤害医疗保险》。

四、本保障计划的主险生存金领取年龄可以选择：70周岁、80周岁。如果主险生存金领取年龄选择为70周岁，被保险人投保年龄为0岁（出生满30天且出院）至55周岁（含）；如果主险生存金领取年龄选择为80周岁，被保险人投保年龄为0岁（出生满30天且出院）至65周岁（含）。

五、本保障计划的最低投保份数为一份，最低保费为500元；本保障计划的最高投保保额限制遵照《个人寿险投保规则》重大疾病保险金额及《关于提高未成年人投保限额的通知》的有关规定。

六、本保障计划的主险和附加险的缴费期间必须保持一致，为趸缴、5年缴、10年缴、15年缴、20年缴。

七、本保障计划的主险和附加险的缴费方式必须保持一致，为趸缴、年缴。

八、本保障计划以主险保险金额的1倍计入寿险风险保额、重大疾病风险保额及体检额度。

九、本保障计划体检规则遵照《个人寿险投保规则》。单独投保本保障计划的，如果被保险人体检额度达到体检规定，且同时满足以下两个条件，可以免做体检：

1.被保险人健康告知无异常；

2.被保险人重大疾病风险保额≤5万元。

十、投保本保障计划的被保险人，当25%≤额外死亡率≤100%时，不进行健康加费，以标准费率承保；当额外死亡率>100%时，拒保。

十一、职业类别为五、六类的被保险人投保本保障计划不进行职业加费，从事拒保职业的被保险人不能投保本保障计划。

十二、本保障计划可在家庭保障计划中销售；缴费期间、缴费频率、缴费方式须与其他长期寿险保持一致。

十三、投保单填写要求：

1.本保障计划的规范简称：健康人生；

2.在填写投保单时，仅填写本保障计划的规范简称，不必填写主险及附加险名称，按照首期投保保费的份数在“保险金额”处填写“×”份。

十四、本保障计划其他未尽事宜遵照《个人寿险投保规则》有关规定执行。

【要求】两人一组，运用学习过的知识，讲解保险规则。

实践训练 2

分析健康保险案例

实训一

2018年，李某去世前为自己的两个儿子分别投保了健康保险，保险金额均为10万元，上述保险能够同时为孩子和父母提供保障；李某拥有另一份全面的保险，包括保额10万元的终身保险、附加保额1万元的意外伤害保险、保额10万元的重大疾病保险和保额3万元的住院医疗保险。

请问：李某去世后，保险公司应如何予以赔偿？

实训二

2018年2月，郑某因其儿子考试不及格而对其进行殴打。殴打中，其子头部正中一棒当即昏迷不醒，经抢救无效死亡。法医鉴定为外力致颅伤而死。不久，郑某被刑事拘留。其子14岁，生前由所在学校投保了学生健康平安保险。案发后，郑某妻子向保险公司申请给付保险金。保险公司接案后发现保单上载明受益人为死者的父亲郑某，而被保险人是由身兼父亲、受益人的郑某殴打致死的。

请问：作为受益人的郑某是否有权领取保险金？

实训三

2015年4月15日，被保险人李某向保险公司投保重大疾病终身保险，基本保额为10万元，缴费期间为20年。健康告知栏目均选择"否"。保险公司以标准体承保（在保险公司指定医院做了体检）。该保单第三期续期保费应于2017年4月14日前缴纳，但投保人李某实际缴费日期是6月18日。保险公司业务人员并未提请客户办理复效手续，而是在电脑中保单为失效的状态下，强制予以正常续保，并将正常续保的收费发票送达投保人李某。2018年11月，李某被确诊为罹患胃癌，遂向保险公司提出重大疾病保险金索赔申请。保险公司以保险单已失效为由拒赔。

请问：保险公司拒赔理由是否成立？

项目小结

人身保险是以人的寿命和身体为保险标的的保险，当被保险人因疾病、年老、伤残、死亡或退休等情况导致经济困难时，保险人应根据合同的约定支付保险金。人身保险具有一些特征，包括承保风险的特殊性、保险标的的不可估价性、保险金额的定额给付性、保险利益的特殊性、保险期限的长期性以及保险的储蓄性。人身保险按照保障范围，可分为人寿保险、人身意外伤害保险和健康保险；按照保险期限，可分为长期保险和短期保险；按照投保方式，可分为个人保险和团体保险；按照保单是否分红，可分为分红保险和不分红保险。

人寿保险是以被保险人的寿命为保险标的，承保被保险人的生存或死亡风险，是人身保险的主要险种。其特征包括：生命风险的特殊性、保险标的的特殊性、保险利益的特殊性、保险金额确定与给付的特殊性、保险期限的特殊性。人寿保险产品按类型，分为普通型和新型，其中普通型人寿保险包括定期寿险、终身寿险、两全保险和年金保险；新型人寿保险包括分红保险、投资连结保险和万能保险。团体人寿保险是为团体成员提供保障的保险业务，团体成员为被保险人，保险公司签发总保单。

意外伤害保险是一种人身保险，主要对意外伤害导致的死亡或残疾提供经济保障。意外伤害的定义包括突发的外来致害物对身体造成的明显、剧烈侵害。保险费的计算基于保险金额损失率，被保险人的职业、工种和活动危险程度决定了保险费的多少。意外伤害保险的保险期限通常较短，最常见的是一年期，但也有极短期和多年期意外伤害保险。

健康保险是一种以被保险人的身体为保险标的，为被保险人在疾病或意外事故所致伤害时提供费用或损失补偿的保险。健康保险包括医疗保险、疾病保险、失能收入损失保险和护理保险等。

项目训练

（一）单选题

1.以下各项中，（　　）不属于人身保险对个人和家庭的作用。

A.提供经济补偿　　B.促进企业发展　　C.具有理财功能　　D.免交各种税金

2.在人身保险中，保险标的是（　　）。

A.无价的　　B.低价值的　　C.高价值的　　D.随时变化的

3.下列各项中，（　　）是指保险期限在1年以内（含1年）的保险。

A.长期保险　　B.短期保险　　C.团体保险　　D.分红保险

4.分红保险与不分红保险的主要区别在于（　　）。

A.是否提供风险保障　　B.是否具有储蓄性

C.是否具有分红功能　　D.是否承保意外伤害

5.以下条款中，（　　）是指保险合同在有效期间内，由于缺乏某些必要条件而使合同暂时失去效力。

A.不可争条款　　B.自杀条款

C.保险合同效力中止条款　　D.保单贷款条款

6.分红保险属于（　　）。

A.新型人寿保险　　B.普通型人寿保险

C.财产保险　　D.信用保险

7.团体养老保险属于（　　）。

A.团体健康保险　　B.团体意外伤害保险

C.团体人寿保险　　D.团体终身保险

8.保险人承担意外伤害保险的保险责任的首要条件是（　　）。

A.被保险人在保险期限内遭受意外伤害

B.被保险人在责任期限内死亡或残疾

C.被保险人所受意外伤害是其死亡或残疾的直接原因或近因

D.被保险人在责任期限内遭受意外伤害

9.（单选题）在保险的各个种类中，最有利于进行团体保险的险种是（　　）。

A.意外伤害保险　B.财产保险　C.人身保险　D.健康保险

10. 张某患有先天性心脏病，在一次外出中发生交通事故，在医院治疗过程中，心脏病突发死亡，则交通事故是张某死亡的（　　）。

A.直接原因　B.间接原因　C.近因　D.诱因

11.李某投保意外伤害保险，保险金额为10万元，在一次保险事故中致残，经鉴定，残疾程度为25%，则保险人应该赔偿李某意外伤害保险金（　　）。

A.10万元　B.7.5万元　C.2.5万元　D.0.5万元

12.通常不含医疗性质，属于最基本的看护的是（　　）。

A.医护人员看护　B.中级看护　C.家中看护　D.照顾式看护

13.如被保险人A分别参加了两个团体医疗费用保险计划B和C，这两个团体医疗费用保险计划都包含了调整保险金条款。被保险人A发生的6 000元医疗费用，按规定应当全部得到赔付。结合调整保险金条款对第一和第二赔付人的规定，B首先赔付了医疗费用3 500元，则C应赔付的医疗费用为（　　）。

A.6 000元　B.3 500元　C.2 500元　D.1 500元

（二）多选题

1.人身保险的主要作用包括（ ）。

A.提供经济补偿　B.促进社会稳定　C.提高企业吸引力　D.增加环境污染

2.以下各项中，（ ）属于健康保险的责任范围。

A.医疗费用支出　B.因疾病致残

C.因伤害不能工作减少收入　D.财产损失

3.以下因素中，（ ）影响人身保险的承保风险。

A.年龄　B.职业　C.家族遗传史　D.投保金额

4.以下各项中，（ ）属于人身意外伤害保险的特点。

A.意外伤害事件发生率低

B.投保简便

C.必须损失至死亡或残疾才可获得赔偿

D.投保人必须接受体检

5.关于健康保险特点的下列说法中，（ ）是正确的。

A.大多数健康保险是一年期的短期合同

B.健康保险费率的计算以保险金额损失率为基础

C.健康保险的核保比人寿和意外伤害保险更严格

D.健康保险费用型适用于补偿原则，定额给付型则不适用

6.个人意外伤害保险的类型有（ ）。

A.自愿和强制两种　B.普通和特定两种

C.一年期、极短期和多年期等类型　　D.普通和特殊两种

（三）简答题

1.请简述人身保险对企业的三大主要作用。

2.什么是不可争条款？其主要作用是什么？

3.人身保险按照保险期限可以如何分类？请举例说明。

4.解释意外伤害保险的保险责任，包括保险责任的条件和限制。

（四）综合实训

1.甲企业为职工投保团体人身保险，保险费由企业支付。职工张强指定妻子为受益人，半年后张强与妻子离婚，离婚次日张强意外死亡。对保险公司给付的2万元保险金，企业以张强生前欠单位借款为由留下一半，另一半则以张妻已与张强离婚为由交给张强的父母。请问：企业如此处理是否正确？

2.2016年10月，张大妈从A保险公司购买了一份人寿保险，因其与儿子住在一起，相互关系也还融洽，于是指定儿子为受益人。后儿子结婚生子，由于住房紧张而产生矛盾，关系不断恶化，最后母子闹翻，张大妈不得已搬到女儿家住，由女儿照顾生活。2018年秋，老人病危，召集家里亲戚朋友，决定让其女儿取代儿子作为受益人，由家人见证，但却忘记通知保险公司。不久，老人病逝，女儿和儿子同时向保险公司提出索赔，要求取得所有保险金。请问：究竟谁能得到保险金？

3.张某在行走时不幸被汽车撞死。生前他投保意外伤害险，保额为10万元。其受益人在获得10万元的保险金后，又以家属的身份向肇事车主索赔30万元。请问：家属是否需要把10万元还给保险公司？

4.2018年1月3日，王某与保险公司签订了一份终身重大疾病保险合同和两份增额终身重大疾病保险合同。缴费期限分别为20年、20年和30年。合同签订后，王某觉得缴费时间太长，想要变更缴费时间。请问：保险公司能够同意她的要求吗？

项目四

管理保险公司

学习目标

知识目标：1. 了解再保险的含义、特征、作用、安排方式；

2. 熟悉保险公司的投保、承保、防灾、理赔业务、再保险合同和业务种类；

3. 掌握厘定保险费率的原理，管理再保险业务。

技能目标：1. 模拟完成保险公司的投保、承保、防灾与理赔业务的办理；

2. 模拟完成再保险业务的分入、分出流程。

素养目标：1. 认识促进防灾防损的原则，培养学生的社会责任感；

2. 了解道德风险，增强学生的诚信意识；

3. 了解中再产险公司的再保险业务，培养学生的家国情怀。

项目思维导图

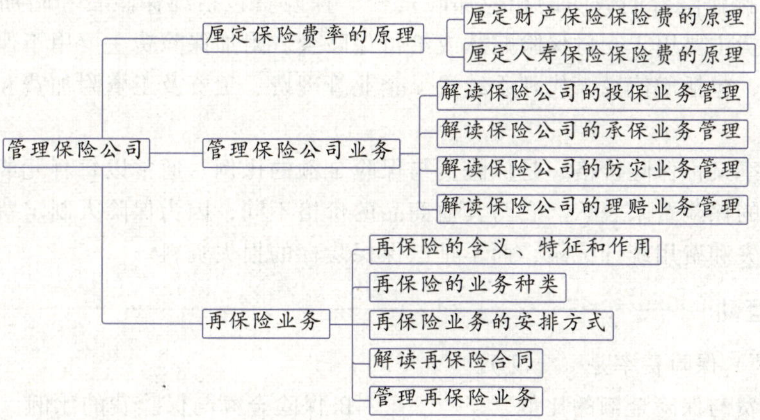

任务1 掌握厘定保险费率的原理

案例导入

保险费率的厘定

为防止各保险公司间保险费率的恶性竞争，一些国家对保险费率的厘定方式做出具体规定。《保险法》规定："关系社会公众利益的保险险种、依法实行强制保险的险种和新开发的人寿保险险种等的保险条款和保险费率，应当报保险监督管理机构审批"，"其他保险险种的保险条款和保险费率，应当报保险监督管理机构备案"。《保险公司管理规定》提出："保险行业协会可以根据实际情况，公布指导性保险费率"。

资料来源：作者根据相关资料整理。

思考题：保险费率的厘定对保险业的健康发展起到哪些积极作用？

❖ 活动1 厘定财产保险保险费的原理

一、保险费和保险费率

保险费（保费）是投保人为获得保险保障而缴纳给保险人的费用。保险人以收取的保险费为基础建立保险基金，对被保险人由于保险事故而遭受的损失进行经济补偿。所以投保人的基本义务包括缴付保险费，只有在投保人履行了约定缴费义务的前提下，保险人才能承担保险合同载明的相应保险责任。保险费包括纯保险费和附加保险费两部分。纯保险费主要用于支付保险赔款或给付保险金。附加保险费主要用于保险业务的各项营业支出，包括增值税、代理手续费、企业管理费、工资及工资附加费和固定资产折旧等。

保险费率又称保险价格，是保险费与保险金额的比例。通常以每百元或每千元保险金额应缴纳的保险费来表示。它与其他商品的价格不同，因为保险人制定费率时主要依据过去的损失和费用统计记录，而不是已保保险标的损失资料。

教学互动

（单选题）保险费率是（　　）。

A.保险费与保险金额的比例　　B.保险金额与保险费的比例

C.赔偿金额与保险金额的比例　　D.保险金额与赔偿金额的比例

微课4-1

厘定保险费率的原则

保险费率分为纯费率与附加费率两部分。纯费率是保额损失率，人寿保险纯费率的计算依据是利率和死亡率。附加费率是附加保费与保险金额的比率。把纯费率和附加费率加总，就构成了保险费率，即营业费率。

二、厘定保险费率的原则

在厘定保险费率时，保险人整体上要做到权利与义务对等，具体包括下列几个原则：

（一）公平合理原则

公平包含两个方面的含义：一方面，对于保险人来说，其收取的保费应与其承担的风险相当；另一方面，对于投保人来说，其缴纳的保费应与被保险人获得的保障相当。合理是指保险费率的制定应尽可能合理，保费的多少应与保险责任、保险期限、保险金额等相关联，严禁保险人为追求超额利润而制定过高的保险费率。

（二）充分原则

充分原则是指收取的保费在支付赔款、营业费用和税款等之后，仍有一部分结余。因此，充分原则体现出厘定的保险费率应保证保险人具备偿付能力。假如保险费率厘定过低，势必会降低保险人的偿付能力，导致保险人的经营处于不稳定状态，不利于其稳健发展。在当今竞争激烈的保险市场上，保险人常常不惜降低保险费率以招揽顾客，借以提高公司的竞争力。为了避免保险公司之间的恶性竞争，贯彻充分原则，很多国家都对保险费率进行管制，以确保保险公司的偿付能力。

（三）相对稳定原则

相对稳定是指在一定时期内控制保险费率的波动。稳定的费率有利于保险公司的业务核算，还能使投保人的保费支出保持稳定。保险费率频繁波动会给保险公司的经营活动带来负面影响。但是，坚持相对稳定原则，并非要求保险费率保持一成不变，当风险环境、利率、死亡率、保额损失率、营业费用或税款等因素发生变化时，保险费率应及时做相应的调整，以保证公平公正。

（四）促进防灾防损原则

促进防灾防损原则是指保险费率的厘定应有利于被保险人开展防灾防损工作。具体来讲，保险人对注重防灾防损工作的被保险人收取较低的费率。贯彻这一原则的好处包括两个方面：第一，可以减少保险人的赔款支出；第二，可以减少整个社会的财富损失。

案例分析

防雹增雨炮点建设，实施人工干预天气项目

近年来，山东省淄博市沂源县坚持把果业发展作为推动乡村振兴的主导产业，主抓全县果品产业规模和发展层次的持续提升，有效带动了农民增收致富，让“沂源红”插上高质量发展的翅膀。但受冰雹、风灾等严重自然灾害频发的影响，沂源果业发生损失，有的年份甚至损失惨重，给农民增收带来困难。

泰山保险沂源支公司自2013年开始参与该县苹果、桃等果业保险，公司始终围绕县委、县政府发展振兴全县果业工作大局，为果业发展提供保险保障，农险保费规模也由最初的100多万元提升至2022年的2 700万元，实现了服务、业务双提升。

泰山保险沂源支公司在提升农险业务规模的同时，致力于效益的提高，将风险关口前移，坚持预防为主，减少损失。公司与气象、农业农村等部门密切合作，在承包区域易发冰雹地带增设防雹增雨炮点，实施人工干预天气作业，同时利用气象数据，精准消雹。增设炮点以来，承包区域未受冰雹损失，有效减少了赔款支出，防灾防损效果明显。

分析：泰山保险沂源支公司的这一举措，一方面，使公司承担了社会责任，保护了果农的财产，减少了果农的损失，增加了果农收入，带动了果农脱贫致富；另一方面，为果农提供了良好的服务，使公司保费规模实现了跨越式增长，实现了果农和公司双方共赢。

资料来源：佚名．泰山保险沂源支公司防灾防损项目获评普惠金融优秀案例［EB/OL］．［2023-04-28］．http：//www.zbbx.org/article-7-6974.aspx.

教学互动

（单选题）促进防灾防损原则是指（　　）。

A.保险人对注重防灾防损工作的被保险人采取较低的费率

B.保险合同中规定被保险人有防灾防损义务

C.国家法规规定被保险人有防灾防损义务

D.被保险人为获得低保费采取防灾防损行为

三、确定保险费率

财产保险费率以保额损失概率为基础进行厘定。保险公司通过对保额损失概率和均方差的计算求出纯费率，然后再计算附加费率，最后将两者相加得出营业费率。

依照费率厘定的原则，确定纯费率应当考虑保险事故发生的概率以及保险事故发生后的赔偿金额。因此，在确定纯费率时，一方面计算有效索赔的概率，也就是未来发生理赔的可能性，即保额损失率；另一方面测算有效索赔的金额。我们通常按照统计的原理，利用历史数据来推断这两方面的指标，并由此得出有效索赔额的均值。通常采用的方法是，根据历年的有效索赔额数据计算出单位保额的平均有效索赔额，即平均保额损失率。然后，用其近似地估计未来单位保额的有效索赔额，进而确定纯费率。

（一）确定保额损失率

保额损失率是指单位保额的保险损失赔偿额，即有效索赔额或实际赔偿额与承保保险金额的比率。计算保额损失率时，应当注意：第一，保额损失率是保险赔偿金额与保险金额之比，而不是保险标的损失额与保险金额之比。在财产保险实务中，保险人并不是对所有保险标的损失都予以赔偿。根据保险赔偿方式和保险责任的具体规定，保险人实际赔偿的金额与保险标的实际损失金额经常不一致，所以在计算保额损失率时，应采用赔偿金额，而不是保险标的损失金额。第二，保险财产的损失率往往要高于社会平均财产损失率，所以计算未来的保额损失率，必须根据保险公司的经验数据，而不是根据全社会的财产损失统计资料。

风险是不确定的，保险人只能运用历史经验数据，对未来有效索赔额的规律做出统计分析。保险人对相同类型的若干个危险单位进行一定时间的考察，通过统计分析得知，保额损失率的影响因素包括：

（1）保险事故发生的频率，即保险标的发生保险事故的次数与承保的全部保险标的件数的比率。

（2）保险事故的损失率，即受灾保险标的的件数与保险标的发生保险事故次数的比率。

（3）保险标的损毁程度，即保险赔偿额与受灾保险标的的保险金额的比率。

（4）受灾保险标的的平均保险额与全部保险标的平均保险额的比率。

保险理赔与这四个影响因素有着内在的联系，通常保额损失率等于它们相乘的积。

（二）历年保额损失率的选择

为了使平均保额损失率能够比较精确地推测未来损失，必须合理选择历年保额损失率。对于过去真实情况的反映越详尽，推测出的未来损失状况就越准确。选择历年保额损失率时，应当注意以下问题：

（1）必须考虑足够年份的保额损失率。一般至少需要有保险事故发生比较正常的连续五年的保额损失率。

（2）参照的保额损失率必须是基于大量统计资料计算出来的。

（3）该组保额损失率必须是比较稳定的。

（4）全面地考虑保额损失率的逐年变化规律。

对于一组保额损失率数据，我们通常用其均方差与其算术平均值的比值来反映该组保额损失率的稳定性。为此，定义稳定性系数为：

$$稳定性系数=\frac{均方差}{平均保额损失率}$$

稳定性系数值越大，说明各年保额损失率差别越大，该组保额损失率的稳定性就越差，即保险人的损失赔付情况越不稳定；反之，稳定性系数值越小，说明各年保额损失率差别越小，该组保额损失率的稳定性就越好，即保险人的损失赔付情况越均匀。

（三）附加均方差，确定纯费率

根据适当的保额损失率，我们能够计算得出纯费率的近似值——平均保额损失率，但这并不相当于纯费率。事实上，平均保额损失率等于以往各年份保额损失率的算术平均值，那就意味着有些年份的保额损失率比它高，而有些年份的保额损失率比它低。假如我们直接把平均保额损失率作为纯费率，那么赔偿金额超过当年纯保费的可能性很大。

为了减少或避免赔偿金额超过纯保费收入的不利年份的出现，通常采用在平均保额损失率的基础上附加这组年保额损失率的一次、二次或若干次均方差的方法来确定其纯费率。

四、确定附加费率

附加费率主要是根据保险公司的营业费用来确定的。财产保险公司的营业费用主要包括：按保险费的一定比例支付的业务费、企业管理费、代理手续费及缴纳的税金；支付的职工工资及附加费用。附加费率的计算公式是：

$$附加费率=\frac{营业费用总额}{保险总额}$$

另外，附加费率还可以用纯费率的一定比例来表示，如规定附加保险费率为纯费率的 20% 等。

教学互动

（单选题）附加费率是指（　　）。

A.营业费用总额与损失赔偿额的比率　　B.损失赔偿额与营业费用总额的比率

C.营业费用总额与保险总额的比率　　D.保险总额与营业费用总额的比率

五、确定营业费率

财产保险的营业费率是由纯费率和附加费率相加构成的。其计算公式为：

营业费率=纯费率+附加费率

以上介绍了财产保险费率厘定的一般原理。需要强调的是，在保险实务中，财产保险费率的厘定比这里介绍的复杂得多。

❖ 活动2　厘定人寿保险保险费的原理

一、分析影响人寿保险费率的因素

影响人寿保险费率的因素如图4-1所示。

微课4-2

影响人寿保险费率的因素

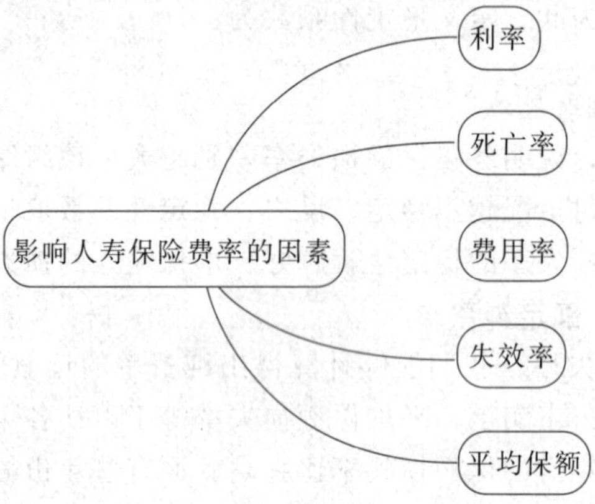

图4-1　影响人寿保险费率的因素

（一）利率

寿险业务一般都是长期性的。寿险公司预定的利率能否实现，关键在于其未来的投资收益的高低，因此，利率预定必须十分慎重。保险精算人员在确定预定利率时，首先要与投资部门进行协商，充分考虑本公司及其他公司过去的投资收益情况。

利率预定对于保险公司制定保险费率十分重要，特别是对于传统寿险，因为其在保单有效期内是固定不变的。寿险公司往往会十分谨慎地预定利率，但过于保守的态度同时也会损害被保险人的利益或使自身丧失市场竞争力。

（二）死亡率

寿险公司选择的经验死亡率对制定寿险费率十分重要。各家寿险公司之间的经验死亡率差异很大，高的经验死亡率可能是低的经验死亡率的1.5倍。国民生命表是以人口普查数据为基础，通过统计分析和修正而编制的，与总人口的寿命情况大体一致，但具体到某一地区、某一群体，就不一定准确了。各寿险公司选定死亡率的科学做法是将国民生命表与各公司的经验数据相结合，找出最适合本公司的死亡率数据。

（三）费用率

费用率根据不同的公司而有所不同，一般大型公司比小型公司费用率更低。寿险公司的费用一般包括：第一，合同初始费，比如签发保单费用和承保费用等；第二，代理人酬金，包括代理人佣金、奖金、竞赛费用、奖励、培训费和养老金计划支出等；第三，保单维持费用，例如缴费费用、会计费用、佣金管理费用、客户服务费用、保单维持的记录费用和保费收入税等；第四，保单终止费，包括退保费用、无现金价值失效费用、死亡给付费用和到期费用等。

（四）失效率

一般而言，影响保单失效率的因素有五个：第一，保单年度。保单失效率与保单年度呈反向变动关系。第二，被保险人投保时的年龄。十几岁至二十几岁的人口保单失效率较高，而三十岁以上的被保险人保单失效率较低。第三，保险金额。保险金额越高，保单的失效率通常越低。第四，保费交付频率。每年缴费一次与每月预先从工资中扣除保费的保单失效率较低，而每月直接缴费的保单的退保率较高。第五，性别。在其他情况一样的前提下，男性保单失效率要比女性的高。

（五）平均保额

平均保额以千元保额为一个单位，一般表示为几个单位保额，如5单位保额、10单位保额等。平均保额可以用于计算保单费用、单位保费费用和每次保单终止费用等。保单的特点及保单的最小单位都会影响平均保额的大小，一般可根据被保险人的年龄、性别及保单的特点对平均保额进行调整。

以上是影响人寿保险费率厘定的五大因素，但为了简化分析过程，我们在解释人寿保险费率厘定原理时，往往只考虑死亡率因素、利息率因素和费用率因素。通常，这三个因素被称为计算人寿保险费率的三要素。

二、分析生命表

生命表是依据过去一定历史时期内各年龄段的死亡统计资料编制的一种统计表。生命表中最主要的指标就是各年龄的死亡率。影响死亡率的因素包括年龄、性别、职业、生活习惯、以往病史和种族等。在设计生命表时，主要考虑年龄和性别两项因素。

生命表通常分为国民生命表和经验生命表。国民生命表是根据全体国民或者特定地区的人口死亡统计数据编制的，资料来源主要是人口普查的统计资料。经验生命表是根据人寿保险或社会保险以往的死亡记录分析编制的。国民生命表反映的是全体国民的生存状况，与保险公司使用的经验生命表相比，其死亡率较高，因为保险公司规定了被保险人的具体条件，进行了风险筛选。

制定生命表时，第一步要选择初始年龄；第二步要假定在该年龄生存的人数，也称为基数。一般情况下，选择0岁为初始年龄。

三、计算基本利息

利息是指一定时期内一定资金的收益。利息的计算包括三个基本要素：本金、利率和时间。利息的多少取决于本金的数量、利率的高低、存放时间的长短。一般来说，本金数量越大，利率越高，存放时间越长，则利息越多；反之，利息越少。

（一）单利的计算

单利的计算方法是以原有本金为基础计算利息，本金产生的利息不得用于计息。

（二）复利的计算

复利的计算方法是将原有本金及其所产生的利息一并计息，也就是俗语“利滚利”。复利计息的特点是：把上一期期末的本利和作为下一期的本金，每一期本金的数额是不同的。

（三）终值与现值的计算

由于利息因素的影响，资金是有时间价值的。资金在一定利率下存放一定时间后所得的本利和称为终值。在复利假设下，终值可表示为：

终值 = 本金 ×(1 + 利率)^n

现值与终值是相反的概念。现值可表述为：在一定利率条件下，要在将来某一时刻获得一定金额的资金，现在就要存放的金额称为现值。现值相当于本金。

四、年金的计算

年金是指在一定时间内以固定的时间间隔发生的一系列现金流入或现金流出。年金可分为确定年金和生命年金。支付起讫时间确定的年金称为确定年金。根据领款人生存与否，与生命相关的年金称为生命年金。按年金支付的时间划分，确定年金可分为期初确定年金和期末确定年金两种。

（一）计算期初确定年金的现值和终值

期初确定年金是指在每一给付周期的期初支付的年金。期初确定年金的现值和终值的关系为：

期初确定年金的终值 = 期初确定年金的现值 ×(1 + 利率)^n

（二）计算期末确定年金的现值和终值

期末确定年金是指在每一给付周期的期末支付的年金。期初确定年金与期末确定年金的现值和终值之间的关系为：

期末确定年金的现值/终值 = (1 + i) × 支付金额为1元的期初确定的年金的现值/终值

五、生命年金的计算

生命年金是指以年金受领人的生存状况为给付年金条件的年金。按其给付开始时间和给付期间长短分类，生命年金主要包括期初定期生命年金、期初终身生命年金、期初延期定期生命年金、期初延期终身生命年金、期末定期生命年金、期末终身生命年金、期末延期定期生命年金和期末延期终身生命年金。

（一）期末定期生命年金的现值

年龄为x岁的人，购买定期n年、期末年金为1元的生命年金的现值 = $\frac{N_{x+1} - N_{x+n+1}}{D_x}$

（二）期末延期终身生命年金的现值

年龄为x岁的人，购买期末年金为1元的终身生命年金的现值 = $\frac{N_{x+1}}{D_x}$

（三）期初定期生命年金的现值

期初定期生命年金的现值 = $\frac{N_x - N_{x+n}}{D_x}$

教学互动

（单选题）生命年金是指（　　）。

A.年金支付发生在每一给付周期的期初的年金

B.以年金受领人的生存状况为给付年金条件的年金

C.年金支付发生在每一给付周期的期末的年金

D.有确定的支付起讫时间的年金

六、人寿保险趸缴纯保费的计算原理

人寿保险费由纯保费和附加保费两部分构成。以预定死亡率和预定利率为基础计算的保险费称为纯保费。纯保费用于保险金的给付，纯保费总额与保险金给付总额应达到平衡。附加保费主要用于保险经营过程中的所有费用开支。纯保费与附加保费之和称为营业保费。营业保费是保险人在保险经营过程中向投保人实际收取的保险费。

制定人寿保险费的基本原则是等价交换、收支相等。此基本原则既适用于纯保费的制定，也适用于营业保费的制定。人寿保险纯保费制定的直接依据是：纯保费收入的现值等于未来支付保险金的现值。营业保费制定的直接依据是：营业保费的现值等于纯保费的现值与所有费用的现值之和。

由于趸缴是指在投保时一次付清保险费，所以趸缴纯保费在投保时的现值就是其本身。趸缴纯保费应与保险合同所规定的保险人在整个保险期内的给付义务的现值相等。

七、人寿保险期缴纯保费的计算原理

趸缴纯保费数额一般较大，很多投保人难以承受，因此在保险实际业务中，投保人一般都采用期缴纯保费的方式。不论是趸缴方式还是期缴方式，投保人所缴保险费的现值都应该相等，即期缴保险费的现值等于趸缴保险费的现值。

微课4-3

人寿保险营业保费的计算原理

八、人寿保险营业保费的计算原理

营业保费包括纯保费和附加保费两部分。人寿保险业务经营中，费用支出以等价交换、收支相等为依据。对于人寿保险营业保费的计算，常用的方法有以下三种：

（一）三元素法

三元素法是指将附加费用分为三大类：新契约费用、维持费用和收费费用。

（1）新契约费用是一次性费用，在签订保险合同的当年支出，每单位保险金额为α。

（2）维持费用，分摊于整个缴费期，每年每单位保险金额为β。

（3）收费费用，分摊于整个缴费期，按年营业保费的一定比例确定，用γ表示。

（二）比例法

由于三元素法计算过程过于复杂，在实际应用时，可用较为简单的比例法或常数及比例法。所谓比例法，是指将附加费用假定为营业保费的一定比例，我们定为k。设P

为纯保费，P′为营业保费，k表示附加保费，则：

$$P' = k \times \frac{P}{1-k}$$

（三）常数及比例法

常数及比例法将附加费用分成两部分考虑。一方面，根据每张保单的平均保险金额推算出每单位保险金额必须承担的固定费用，这部分作为一个固定常数，用c表示；另一方面，再确定营业保费的一定比例作为其余部分的附加费用，即：

$$P' = \frac{P+c}{1-k}$$

教学互动

（单选题）一投保人缴纯保费1 800元，附加保费比例为10%，则该投保人缴纳的营业保费为（　　）。

A.1 800元　　B.1 620元　　C.2 000元　　D.1 880元

九、人寿保险责任准备金的计算原理

（一）责任准备金

人寿保险的纯保费以死亡率和利率为依据计算而得。由于死亡率随着年龄的增长而增加，因此如果按照自然保费进行缴费，则保费逐年递增，并且每年的纯保费恰好用于死亡给付。在实际中，保险公司多采用均衡保费制度。在这种制度下，保险公司每年收取的纯保费与实际给付的保险金不相等。均衡保费前期大于自然保费，后期小于自然保险费。因此，对于保险人来说，尽管早期收取的纯保费大于保险金的给付额，但多出的部分会用于弥补后期不足的部分。所以，保险人必须将这一部分留存起来用于未来给付，也就是提取责任准备金。

责任准备金的计算包括理论责任准备金的计算和实际责任准备金的计算。

（二）理论责任准备金

1.过去法

过去法是指用过去所缴纯保费的终值减去过去已给付保险金的终值作为责任准备金的计算方法。

2.未来法

未来法是指用将来保险金给付的现值与将来可收取的未缴保费的现值的差额作为责任准备金的计算方法。

计算责任准备金所采用的精算假设（如死亡率、利率、费用率）与计算保险费时的精算假设相同，可以证明用过去法和用未来法所计算的责任准备金是相等的。

（三）实际责任准备金

1.实际责任准备金的含义

人寿保险的营业保费包括纯保费和附加保费两部分。在均衡保费的前提下，各年缴纳的保费是相等的，其中包含的纯保费部分也是各年相等的，且第一年的费用开支较大。如果按照理论责任准备金计提方法提存，再扣去相应的费用开支，那么第一年的纯保费收入将不足以满足第一年的死亡给付，会给保险公司的经营带来困难。为避免此类情况的出现，一般会对纯保费进行修正，这种不以均衡纯保费为责任准备金计算基础，而以修正后的纯保费为责任准备金计算基础而求得的责任准备金叫作实际责任准备金，也称为修正责任准备金。

2.实际责任准备金的计算

实际责任准备金是在对纯保费进行修正的基础上计算得出的，修正纯保费的目的是使第一年的纯保费小于均衡纯保费，以使留存的费用能够满足第一年的业务开支，故称为一般修正法。还有一种特殊的计算方法为一年定期修正法，即设第一年修正后的纯保费等于自然保费。

教学互动

（单选题）采用实际责任准备金的计算方法的原因是（ ）。

A.理论责任准备金的计算方法精确度不高

B.理论责任准备金计算方法的数据在现实中很难得到

C.理论责任准备金的计算方法过于复杂

D.早期费用开支特别是第一年费用开支较大

实践训练

完成以下单项选择题：

1.选择历年保额损失率时，至少需要有保险事故发生比较正常的连续（ ）年的保额损失率。

A.3　　B.4　　C.5　　D.6

2.从数值上看，稳定系数的值在（ ）之间表明该组保额损失率稳定性比较好。

A.10%~20%　　B.5%~10%　　C.15%~30%　　D.20%~30%

3.在平均保额损失率上附加这组年保额损失率的均方差的次数越多，（ ）。

A.赔偿金额超过纯保费的可能性越小

B.赔偿金额超过纯保费的可能性越大

C.赔偿金额超过纯保费的可能性没有变化

D.不影响赔偿金额超过纯保费的可能性

4.大额保单与小额保单相比，失效率（ ）。

A.更高　　B.更低　　C.相同　　D.时高时低

5.每年缴费一次与每月预先从工资中扣除保费的保单相比，失效率（ ）。

A.更高　　B.更低　　C.相同　　D.时高时低

6.国民生命表与保险公司使用的经验生命表相比，其死亡率（ ）。

A.较高　　B.较低　　C.相同　　D.时高时低

任务2　管理保险公司业务

案例导入

案例导入

马一陆在一家保险公司工作。由于工作出色，不久前，他被公司任命为索赔部经理，这是一个受到高度重视的部门。上任后，马一陆在索赔部第一个月的业绩很好，因此他对部门员工的素质及能力感到十分满意。于是，马一陆信心百倍地决定用培训员工及安装新计算机系统的计划来推动部门快速发展。

思考题：你理解理赔工作吗？

❖ 活动1　解读保险公司的投保业务管理

一、解读投保服务

投保，简单地说就是购买保险。具体来说，现代保险业务管理是将市场上潜在的客户转化为保险客户的工作，是保险人为被保险人全程服务和提供个性化服务的总目标的组成部分。服务是企业的一个组织功能，投保服务是保险业务经营管理的组织职能的一部分。

在通常情况下，投保人更愿意向资金雄厚、管理完善、保障和服务都能满足自己需求的保险公司投保。投保人衡量保险公司是否提供良好服务的标准之一是能否为自己提供多种选择的机会。在保险交易过程中，投保人享有的基本权利有：（1）得到准确保险信息的权利；（2）保证安全的权利；（3）可自由选择保险险种的权利；（4）遭遇不良待遇时，有申诉、控告的权利；（5）要求开发和改进险种的权利；（6）获得良好售后服务的权利；（7）要求提供的服务不得违反社会公共道德。

从一定意义上说，投保人的权利就是保险人的义务，也是保险人为投保人提供投保服务的内容，具体可以划分为以下几个方面：

（一）帮助投保人分析自己所面临的风险

不同类型的风险需要通过不同的保险计划降低损失。每个人的健康状况以及每个企业的生产状况、经营状况等都各不相同，所面临的风险也千差万别。例如，投保人面临着财产损失风险、责任风险、意外伤害风险、疾病风险、死亡风险和退休后的经济来源风险等。保险人要指导投保人分析不同风险可能带来的不同后果，对于这些风险，投保人应购买哪些保险更合理。

（二）帮助投保人确定自己的保险需求

投保人明确自己所面临的风险及其严重程度后，需要进一步确定自己的保险需求。保险人应当将投保人所面临的风险分为必保风险和非必保风险。必保风险是指对生产经营和生活健康产生严重威胁的风险。

一般来说，投保人确定保险需求的首要原则是高额损失原则，即某一风险事故发生的频率虽然不高，但一旦发生则损失严重，应优先为这种风险投保。

（三）估算投保人可用于投保的资金

对于投保人来说，确定保险需求后，还需要考虑自己究竟能拿出多少资金来投保，量力而行。资金充裕，便可投保保额较高、保障较全的保险险种；资金不足，就先为必保风险投保；资金紧张，就购买保险金额可以调整的险种。保险人在估算投保人可用于投保的资金时还应当注意，其并不完全取决于投保人本人的收入情况，更重要的是要考虑投保人的生活方式及其对未来风险预防的认识。有些人的实际收入并不低，但风险意识薄弱，将大部分收入用于物质生活享受，这样势必导致用于保险的资金大为减少。对于这种类型的人，保险人应帮助他们协调好生活水平与获得风险保障之间的关系。

（四）为投保人量身打造保险计划

保险人为投保人安排保险计划时，需要考虑的内容应包括：保险标的情况、投保风险责任的范围、保险金额的多寡、保险费率的高低和保险期限的长短等。在制订保险计划时，要处理好以下几个问题：

1.保额与免赔额

保险人与投保人协商确定保险金额时，应提醒他在尽可能适当的范围内根据财产的实际价值选择保险金额的额度。这是因为如果保险金额适度，可以使投保人得到最充分的保障；如果保险金额太低，则会使投保人在出险时得不到充分的赔偿；如果保险金额太高，则会使投保人承担过多保险费。对于投保人来说，还可以依据免赔额的规定减少保险费的支出。

2.综合投保与单项投保

如投保人需要保险的项目较多，且资金也充裕，保险人应当尽量安排综合性保单，或以一揽子保险方式投保。这样做有两个好处：一是可以避免多个单独保单出现的遗漏，从而导致保障不全；二是综合保险单的费率比各个单项保险单费率的总和要优惠得多，有利于投保人用较少的资金获得最佳的保障。

3.保障与收益

对投保人而言，保险不是一种以谋利为目的商业投资。保险人要提醒投保人注意，买保险不是为了赚钱，而是为了获得保障。尤其是在投保人身保险时，如果投保人一味追求高收益，就会削弱保险的保障功能，使自己在一些关键方面失去必要的保障，一旦这些风险发生，遭受的损失将大大超过收益。

教学互动

（单选题）对生产经营和生活健康产生严重威胁的风险，属于（　　）。

A.必保风险　　　B.非必保风险　　　C.可保风险　　　D.意外伤害风险

二、分析投保选择

投保人在购买保险时，应该做出最优选择，包括对保险公司和保险中介人的选择。

（一）选择保险公司

投保人在选择保险公司时，必须综合考虑各家保险公司在经营品种、保险价格、偿付能力、经营状况、理赔政策以及服务水平上的差异性，因为投保人在投保之后的整个保险期限内，都将与该保险公司保持合同关系。以下为选择保险公司的几点注意事项：

1.注意保险公司提供的险种与价格

投保人首先要选择那些能为自己提供适当的、切实可行保障的保险公司，同时保险的价格要公正。保险价格公正并非是指便宜。低价可能来自于财力雄厚的保险公司，也可能来自于经常拒绝被保险人合法索赔的保险公司，也可能来自于其代理人没有受过充分培训的保险公司，还可能来自于保险责任范围不如其他保险公司同类保单的保险公司等。

针对各家公司相同险种的费率进行比较是选择公正价格的主要方法之一。但在比较费率时，应注意两种情况：一是费率开价较高的保险公司。这类公司保持高费率的原因是其保单有特殊优点，或者是该公司有着不同于其他公司的优越之处。二是费率开价较低的保险公司。这类公司可能是采取先亏后盈的销售战略，即在投保人购买该公司保险后，将保险费提高，或是取消某些服务项目，或是不能及时进行理赔，或是随意增加一些限制性保险条款等。因此，选择保险价格的第一步是深入了解开出价格的保险公司的情况。从长远来看，经济效益好的保险公司，最有可能是价格最便宜且服务最好的公司。

2.关注保险公司的偿付能力和经营状况

选择保险公司应着眼于它的综合实力，具体表现在其偿付能力和经营状况两方面。

考察保险公司偿付能力的方法有两种：一是查询保险监管部门或评级机构对保险公司的评定结果。国际上有许多专门对银行、保险公司等金融机构的信用等级进行评估的机构，如美国的穆迪公司、标准普尔公司等。其评定的等级越高，表明该保险公司的偿付能力越强。二是分析保险公司的年终报表，重点分析公司净资产是否等于总资产减去总负债，如果净资产与总负债的比率为1：1，说明该公司有足够的偿付能力。此外，还要分析保险费与净资产的比率。通常情况下，财产保险公司的保险费与净资产的比率不超过2：1就被视为安全。如果超过这个比率，就说明公司保费收入过多，其相应承担的赔偿责任也过大，现有的准备金就会相对不足，偿付能力就会受到影响。

保险公司经营的稳定性与公司的利润率密切相关。保险公司的利润来源包括承保利润和投资利润。一般来说，利润高（尤其是投资利润高）的保险公司，其经营的稳定性较好。保险公司利用投资利润弥补承保亏损的能力越强，越可以避免被迫提高保险费率或更严格地限制承保标的等问题。而对于投保人来说，从利润率高的保险公司买保险，可获得更优惠的保险费率或更宽松的承保条件。

3.关注保险公司提供的服务

各家保险公司推行的保险单是极其相似的，但提供的服务却不尽相同。保险公司服务最主要的方面，就是发生保险事故时，能否对保险索赔尽快做出处理或赔偿。因此，投保人在选择时要格外注意这一因素。

投保人在选择保险公司服务时，要注意两个方面：一是从其代理人方面获得的服务；二是从该公司本部方面获得的服务。前者的服务水准可以确定保险公司对其代理人的培训与管理水平；后者对于投保人来说更为重要，尤其是购买人寿保险时，一旦与保险公司订立保险合同，就会长期与该公司保持合同关系，缴纳几十年的保险费，领取几十年的保险金。所以，保险公司在服务方面任何一点微小的差异，都会长期影响投保人。

（二）选择保险中介人

大部分的投保人是通过保险中介人来实现投保的。因此，投保人必须学会选择保险中介人。选择保险中介人时，必须了解他们的工作种类、工作性质以及资格限定等信息。保险中介人包括保险代理人和保险经纪人等。一名优秀的保险中介人应该具有丰富的专业知识和技能；应该具有较高职业道德，将委托人的利益放在首位；应该能及时准确地传递信息，帮助投保人理解自己需要的保障。

❖ 活动2 解读保险公司的承保业务管理

承保是指保险人对愿意购买保险的投保人所提出的投保申请进行审核，做出是否同意接受和如何接受的决定的过程。广义来说，保险业务的邀约、承诺、核查、订费等签订保险合同的全过程，都属于承保业务环节。保险人承保的目的主要有三个：一是减少保险风险；二是降低成本，获得利益；三是保证保单持有人之间的公平。同时，承保也是保险经营的一个重要环节。承保质量关系到保险企业经营的稳定性，同时也是保险企业经营管理水平的一个重要标志。

一、承保的内容

（一）审核投保申请

对投保申请的审核主要包括对投保资格的审核、对保险标的的审核和对保险费率的审核等内容。

1.审核投保人的资格

审核投保人的资格即审核投保人是否具有民事权利能力、民事行为能力以及对标的物是否具有保险利益。根据我国《保险法》的规定，投保人必须具备两个条件：一是具有相应的民事权利能力和民事行为能力；二是对保险标的应具有法律上承认的利益，即保险利益。审核投保人的资格主要是审核后者，即了解投保人对保险标的是否具有保险利益。一般来说，在财产保险合同中，投保人对保险标的的保险利益来源于所有权、管理权、使用权、抵押权和保管权等合法权益；在人身保险合同中，保险利益的确定是采取限制家庭成员关系范围并结合被保险人同意的方式。保险人审核投保人的资格，是为了防止投保人或被保险人故意破坏保险标的，以骗取保险赔款。

保险人不会接受所有的投保请求的原因是：（1）保险人只接受从整体上看损失风险与他们所收保险费相称的投保请求。换句话说，保险人要尽量避免逆选择。（2）保险人签发新保险单受其承保能力的限制。

教学互动

（单选题）审核投保人的资格主要是审核（　　）。

A.投保人是否具有相应的民事权利能力

B.投保人是否具有相应的民事行为能力

C.投保人对保险标的是否具有可保利益

D.投保人是否对保险标的具有所有权

2.审核保险标的

（1）对照投保单或其他资料核查保险标的使用性质、结构性能、所处环境、防灾设施和安全管理等情况。例如，承保企业财产时，要了解厂房地点、厂房结构、占用性质、建造时间、建筑材料、使用年限以及是否属于危险建筑等情况，并对照事先掌握的信息资料进行核实，或是对保险标的进行现场查验后，保险人方予以承保。

（2）保险人通过选择保险标的，承保不同类型或不同地区的保险标的，分散风险。也就是说，保险人必须使其承保标的多元化，保险单要覆盖不同的险种和不同的地理区域。例如，台风可能会使保险人在一个地区的赔偿金额大量地增加，但是这些索赔将由那些同年没有发生台风的其他地区的保险费来平衡，或是以承保其他险种所获的保险费来赔付这个地区的台风损失。

3.审核保险费率

审核保险费率的目的是按照保险人承担的风险收取合适的保险费。

一般的财产和人身可能遭遇的风险基本相同，因此可以按照不同标准，对风险进行分类，制定不同的费率等级，在一定范围内使用。例如，承保建筑物的财产保险，确定费率要考虑的因素有：（1）房屋的建筑类别，是砖结构还是木结构；（2）房屋的占用或使用性质，是商用还是民用；（3）周围房屋的状况；（4）房屋所在区域所能提供的火灾防护设施；（5）与房屋相关的任何安全保护设施，如是否安装自动洒水灭火装置或警报器等。保险人承保时，只需按风险程度将建筑物划分为不同的等级，套用不同的费率即可。但是，有些保险业务的风险情况不固定。如海上保险，因航程不同、运输工具不同、运输货物种类不同，承保的每笔业务都需要保险人根据以往的经验，结合风险的特性，制定单独的费率。因此，承保这类业务时，应对每一笔业务的实际情况与它所适用的费率条件进行核查，以保证保险费率的合理性。

（二）控制保险责任

控制保险责任是指保险人在承保时，依据自身的承保能力进行承保控制，并尽量防止与避免道德风险和心理风险。控制保险责任包括以下几项：

1.控制逆选择

所谓逆选择，是指面临较大风险的投保人企图以平均保险费率购买保险，换言之，最容易遭受损失的风险就是最可能投保的风险。从保险人的角度来看，这就是逆选择。保险人控制逆选择的方法是对不符合承保条件者拒保，或者有条件地承保。例如，投保人就自己易遭受火灾的房屋投保财产保险，保险人就会提高保险费率承保；又如，投保人患有超出正常风险的疾病，保险人就不会同意他投保定期死亡保险的要求，而劝他改为投保两全保险。这样一来，保险人既接受了投保，又在一定程度上抑制了投保人的逆选择。

2.控制承保能力

承保能力是指保险人能够承保业务的总量。对保险人承保能力的度量通常采用承保能力比率，即用承保保险费除以偿付能力额度。保险人的承保能力限制了保险公司签发新保险单的能力。因为卖出的新保险单会增加保险人的费用，从短期来看，会降低保险公司的偿付能力；从长期来看，如果新保险单所产生的保险费超过了损失和费用，新保险单会帮助保险公司增加偿付能力。所以，有计划地增加新保险单的销售量，能够保障保险公司的承保能力稳定而有序地增长。

（三）分析风险因素

从承保的角度来看，避免和防止逆选择和控制承保能力是保险人控制承保风险的常用手段。但是，对于实质风险、道德风险、心理风险和法律风险，保险人在承保时也要做出具体的分析。保险人在承保时必须评估以下四种风险因素，如图4-2所示。

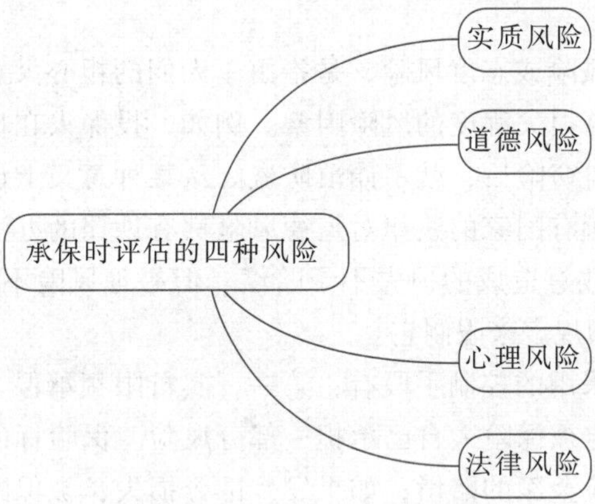

图4-2 承保时评估的四种风险

1.实质风险

在评估投保单时，保险人会考虑各种实质风险因素，如建筑物的结构、占用性质、防火措施和外部环境等。

2.道德风险

道德风险是指人们以不诚实或故意欺诈的行为促使保险事故发生或夸大索赔金额，从而通过保险获得额外利益的风险因素。从承保的角度来看，保险人有效控制道德风险发生的方法是将保险金额控制在适当范围内。因此，保险人在承保时要注意投保金额是否适当，尽量避免超额承保。

在人寿保险的承保中，如果投保人为他人购买保险，而指定自己为受益人时，也应注意保险金额是否与投保人的财务状况相一致。例如，一个月收入为3 000元的投保人，为他人购买了保险金额为100万元的人寿保险。在这种情况下，保险人除了要查清投保人与被保险人之间是否具有保险利益外，还要对投保人的收入来源和以往的保险史进行调查，并就保险金额征得被保险人的书面同意后，才能决定是否承保。

案例分析

2017年8月，Z某与其丈夫L某分别在A保险公司和B保险公司投保了重大疾病保险，保额合计23.2万元。2018年3月，Z某、L某为获得重大疾病赔付，冒用他人癌症病理组织形成自身病理报告，编造虚假保险事故，先后向两家保险公司递交理赔申请材料。其中，Z某、L某实际骗得A保险公司保险理赔金3.2万元；B保险公司及时发现疑点，经调查认为存在虚假理赔而拒付20万元理赔金，并主动向公安机关报案。

被告人Z某、L某等人以非法获取保险金为目的，违反保险法规，采用虚构保险事故的方法向保险公司骗取保险金，数额特别巨大，其行为已构成保险诈骗罪。根据某区人民法院的判决，被告人Z某、L某犯保险诈骗罪，均判处有期徒刑6年，并处罚金人民币5万元。

资料来源：作者根据相关资料整理。

分析：保险欺诈案件的发生，严重侵害了保险消费者的合法权益，同时也扰乱了保险金融市场秩序。这也警示着我们，在日常生活中，要严于律己，杜绝欺诈、骗保行为。

3.心理风险

心理风险也称行为风险或态度风险，是指由于人们的粗心大意和漠不关心增加了风险事故发生的可能性并提高损失程度的风险因素。例如，投保人在投保了财产保险后，就不再小心火烛；在投保了盗窃险后，就不谨慎防盗。从某种意义上说，心理风险是比道德风险更难以控制的问题。所有国家的法律对道德风险都有惩罚的办法，而且保险人在保险条款中规定，凡被保险人故意造成的损失不予赔偿。但心理风险不属于法律上的犯罪行为，保险条款难以制定适当的规定来限制它。

保险人在承保时常采用的控制手段有：第一，实行限额承保，即对于某些风险，采用不足额的保险方式，规定被保险人自己承担一部分风险。保险标的如果发生全部损失，被保险人最多只能获得保险金额的赔偿；如果发生部分损失，被保险人只按保险金额与保险标的实际价值的比例获得赔偿。第二，规定免赔额。免赔额包括绝对免赔额和相对免赔额两种。绝对免赔额是指在计算赔偿金额时，不论损失大小，保险人均扣除约定的免赔额。相对免赔额是指损失在免赔额以内，保险人不予赔偿；损失超过免赔额时，保险人不仅要赔偿超过部分，还要赔偿免赔额以内的损失。这两种方法都是为了激励被保险人克服心理风险因素，主动防范损失的发生。

教学互动

（单选题）保险人规定的相对免赔额是指（　　）。

A.在计算赔偿金额时，不论损失大小，保险人均扣除约定的免赔额

B.保险人按免赔额与保险金额的比率进行赔偿

C.损失在免赔额以内，保险人不予赔偿；损失超过免赔额时，保险人赔偿超过部分

D.损失在免赔额以内，保险人不予赔偿；损失超过免赔额时，保险人要全额赔偿

4.法律风险

法律风险是指影响保险人收取与损失风险相称的保险费的法律环境或监管环境。法律风险的主要表现有：主管当局强制保险人使用一种过低的保险费标准；要求保险人提供责任范围过广的保险；限制保险人使用可撤销保险单和不予续保的权利；法院可能做出有利于被保险人的判决等。

二、承保工作的程序

承保决定是在审核投保申请、适当控制保险责任、分析评估保险风险的基础上做出的。承保工作程序包括接受投保申请、审核验险、做出承保决策和缮制单证等步骤，如

图4-3所示。

（一）接受投保申请

投保人购买保险，首先要提出投保申请，即填写投保单，交给保险人。投保单是投保人向保险人申请订立保险合同的依据，也是保险人签发保险单的凭证。

（二）审核验险

审核是指保险人收到投保单后，对其进行的审查和核实。审核投保单的内容包括保险标的及其存放地址、运输工具行驶区域、保险期限、投保明细表和对特殊要求的申请等。验险是对保险标的风险进行查验，以便对其具有的风险进行分类。验险的内容因保险标的的不同而有所差异。

微课4-4

承保工作的程序

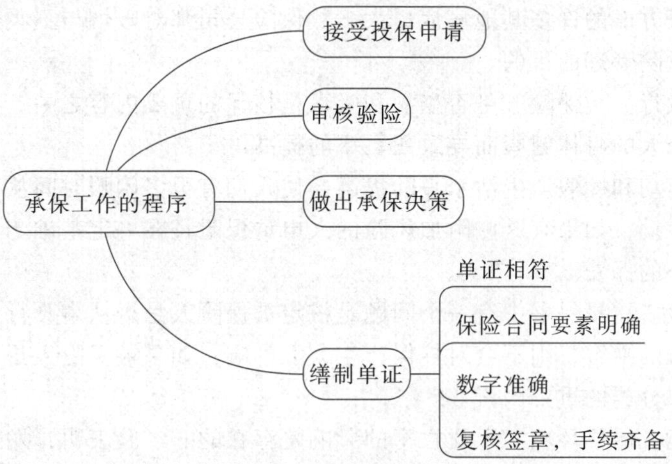

图4-3 承保工作的程序

1.财产保险的验险

财产保险的验险具体包括：查验投保财产所处的环境；查验投保财产的主要安全隐患和重要防护部位及防护措施状况；查验有无正处在危险状态中的财产；查验各种安全管理制度的制定和落实情况等。

2.人身保险的验险

人身保险的验险包括医务检验和事务检验。

（1）医务检验的内容包括：①健康状况。健康状况是重要的医疗风险因素，体格是健康状况确定的因素之一，包括身高、体重和体重的分布。②个人病史。被保险人的身体背景及其以往病史是保险公司验险的重要内容，它往往直接影响被保险人的死亡率。③家族病史。申请保险的被保险人的家族病史，对于确定被保险人目前和潜在健康风险是非常重要的，因为某些疾病的遗传性很强。特别是当家族病的某些特征已经在被保险人身上有所反映时，承保人更要注意。

（2）事务检验的内容包括：①年龄。未来预期死亡率与年龄有很大的关系。在寿险中，年龄因素是测算费率时考虑的最为主要的因素。有时，保险人会对年龄较大者进行限制或拒绝其参加某些种类的寿险。

②性别。相同年龄的女性死亡率小于男性死亡率，因此大部分保险公司对于以死亡

为保障的保单向女性收取较低的保费，对于女性年金保险则收取较高的保费。

③财务状况。财务状况要素是用来考虑投保人的保险愿望是否与其保险相一致。

④职业。职业至少可能以三种不同的方式提高死亡风险：一是职业可使被保险人置身于高风险的环境之中，如经常面对暴力活动、生活不规律或受到毒品和酒的诱惑等。二是工作环境对身体健康造成的影响，例如在封闭、脏乱或空气流动较差的环境中工作，或者工作环境容易受到化学污染的侵害等。三是由于职业关系容易发生意外事故，如职业驾驶人员、建筑工人等。

⑤吸烟。随着医疗技术的提高，医学已经证明，任何形式的吸烟，即使是在没有任何其他不良因素的前提下，也会使吸烟者的未来死亡率高于平均死亡率。正因为吸烟可以引发身体健康方面的许多其他病症，大多数保险公司都对吸烟与不吸烟者的费率分别计算，以实现风险管理的目的。

⑥酗酒和吸毒。被保险人是否酗酒和吸毒是核保的重要内容之一，因为酗酒和吸毒会严重危害一个人的身体健康而导致死亡率的提高。

⑦高风险运动和度假。生活水平的提高会使人们有很多闲暇时间从事一些较为危险的运动和度假活动，如果有这些附加风险的人申请保险且在一定基础上可承保，则这些人会被收取额外的保费。

⑧航空风险。在投保书中有一个问题是核定被保险人是否从事飞行活动。如果被保险人是正常航班的乘客，则不会对核保产生太大影响；如果被保险人是飞行员，则飞行的形式就是核保分类的重要因素。

⑨居住环境。居住环境对于死亡率的影响是存在的。经验表明，发达国家因环境因素导致的死亡率低于发展中国家，主要是因为其气候和一般居住环境更好。

⑩保险利益。为了能够保证合同保险利益存在，避免道德风险和逆选择，核保人员需要考虑的非死亡因素为：保险金额的大小、保险合同的种类、保费的缴纳方式、受益人情况等。

（三）做出承保决策

保险核保人按照规定的业务范围和承保权限，在审核验险之后，有权做出拒保或承保的决策。如果保险金额或标的风险超出了保险核保人的承保权限，核保人应向上一级主管部门提出建议，而无权决定是否承保。

（四）缮制单证

缮制单证是在做出承保决策后，填制保险单或保险凭证等手续的过程。保险单或保险凭证是载明保险合同双方当事人权利和义务的书面凭证，是被保险人向保险人索赔的主要依据。因此，保险单质量的好坏，影响保险合同能否顺利履行。填写保险单的要求有以下几点：

1.单证相符

要以投保单和验险报告为原始凭证，填制保险单。所谓单证相符，是指投保单、保险单、保险凭证、财产清单、人身保险的体检报告及其他单证都要符合制度要求，其重要内容如保险标的名称、数量、地址等都应相符。

教学互动

（单选题）所谓单证相符是指（ ）。

A.投保单与保险凭证内容相符

B.保险单与保险凭证内容相符

C.保险凭证与财产清单内容相符

D.投保单、保险单、保险凭证、财产清单、人身保险的体检报告内容相符

2.保险合同要素明确

保险合同的要素是指保险合同的主体、客体和内容。保险合同的主体包括当事人和关系人，即保险人、投保人、被保险人和受益人等，他们是合同中权利的分享者和义务的承担者。因此，保险单中要正确填写被保险人的姓名、单位名称和负责人姓名及详细地址。人身保险合同还须填上受益人姓名、地址及其与被保险人的关系。保险合同的客体是保险合同中权利义务所指向的对象，即保险标的的保险利益。因此，保险中应标明保险标的的范围及地址、保险利益等内容。保险合同的内容包括保险责任、保险金额、保险期限、保险费、被保险义务以及其他特约事项。

总之，明确保险合同要素是保证保险单质量的依据，否则将影响保险合同的法律效力和保险人的信誉，损害保险合同双方当事人的合法权益。

3.数字准确

填制保险单时，每一个数字都代表着保险人和被保险人的利益。在这些数字上的微小疏忽，都可能给保险合同双方当事人造成重大损失，或导致不该发生的纠纷。

4.复核签章，手续齐备

保险人签发的保险单是保险合同成立的依据，其他单证也是保险合同的重要组成部分。因此，每一种单证都应要求复核签章，如投保单上必须有投保人的签章；验险报告上必须有具体承办业务员的签章；保险单上必须有承保人、保险公司及负责人的签章；保险费收据上必须有财务部门及负责人的签章；批单上必须有制单人和复核人的签章等。

三、解读续保

续保是指在原有的保险合同即将期满时，投保人在原有保险合同的基础上向保险人提出续保申请，保险人根据投保人的实际情况，对原合同条款稍加修改后继续签约承保的行为。

续保对象是特定的合同和特定的被保险人。保险公司提高续保率、保持业务稳步增长的关键是在保险合同的履行过程中，与被保险人保持联系，做好售后服务工作，增强他们对保险企业的信心。

对于投保人来说，续保的优越性表现在，及时续保不仅可以得到不间断的、可靠的保险保障与服务，而且作为公司的老客户，还可以在体检、服务项目及保险费率等方面享受公司的通融与优惠。对于保险人来说，续保的优点是既可以稳定公司的业务量，还可以减少许多展业工作量与费用，因为续保比初次承保手续要简便一些。

保险人在续保时应注意的问题包括：(1) 及时对保险标的进行再次审核，以避免保险期间中断；(2) 如果保险标的的危险程度有变化，应对保险费率做出相应调整；(3) 保险人应根据上一年的经营状况，对承保条件与费率进行适当调整；(4) 保险人应考虑通货膨胀因素的影响，随着生活费用指数的变化调整保险金额。

❖ 活动3 解读保险公司的防灾业务管理

防灾是保险经营过程中不容忽视的重要环节。实施防灾防损，维护人民生命和财产安全，减少社会财富损失，既是提高保险公司经济效益和实现社会管理功能的重要途径，又是强化社会风险管理和安全体系的必要措施。

一、保险防灾

保险防灾是保险防灾防损的简称，是指保险人与被保险人对所承保的保险标的采取必要措施，消除或减少风险发生的因素，防止或减少灾害事故所造成的损失，从而降低保险成本，增加经济效益的一种经营活动。

防灾防损能减少社会财产损失，是一项社会性活动。保险防灾只是社会防灾工作的一部分。两者既有区别，又密切联系。

二、解读保险防灾的内容

（一）加强同各防灾部门的联系与合作

保险企业作为社会防灾防损组织体系中的重要一员，因其特有的经营性质和技术力量，受到社会各界的重视，发挥着越来越大的作用。因此，保险人一方面要注意保持和加强与各专业防灾部门的联系，并积极派人参加各种专业防灾部门的活动，如公安消防部门对危险建筑的防灾检查、防汛指挥部对防汛措施落实的检查、商检部门对进出口货物的商品检验等；另一方面要充分利用保险企业的信息和技术优势，向社会提供各项防灾防损服务，如防灾技术咨询服务、风险评估服务、社会协调服务、事故调查服务、灾情信息服务和安全技术成果推广服务等。

（二）进行防灾宣传和检查

目前，人们对风险的防范意识还比较薄弱，保险人应运用各种宣传方式，向投保人和被保险人宣传防灾防损的重要性，提高其安全意识，普及防灾防损知识。保险防灾宣传的内容包括：保险与防灾的关系、消防条例和有关法律规定、防灾防损的基本常识，如救火、抗洪和防震的常用措施。

保险防灾的检查应以所承保的单位和个人为主要对象，具体的做法有：

(1) 借助防灾主管部门的行政手段，对投保人提出切实可行的整改建议；

(2) 配合行业的主管部门，根据该行业的特点，进行有针对性的风险防范检查；

(3) 聘请专家和技术人员对某些专业性强、技术要求高的投保单位进行重点防灾检查；

(4) 保险人在承保前和出险时应对投保单位，尤其是一些重点防灾企业进行风险查验。

(三) 及时处理不安全因素和事故隐患

通过防灾防损检查，发现不安全因素和事故隐患时，保险人要及时向被保险人提出整改意见，并在技术上予以指导和帮助，将事故隐患消灭在萌芽状态。同时，保险人在接到重大保险事故通知时，应立即赶赴事故现场，直接参与抢险救灾。抢险救灾的主要目的在于防止灾害蔓延，并妥善处理残余物资。

(四) 提取防灾费用，建立防灾基金

保险企业每年要从保险费收入中提取一定比例的费用作为防灾专项费用。建立防灾基金，主要是为了增加社会防灾设施和确保保险公司在应对突发性的重大灾害时能够发挥作用。例如，用于资助地方消防、交通、航运、医疗卫生部门，帮助它们添置公共防灾设备，奖励防灾部门和人员。这充分体现了保险企业参与社会防灾工作的积极性。

(五) 积累灾情资料，提供防灾技术服务

保险人除了要搞好防灾工作以外，还要经常对各种火情进行调查研究，从而积累丰富的灾情资料，掌握灾害发生的规律性，提高防灾工作的效果。例如，有的保险公司要求对资产在500万元以上的投保人建立防灾档案。此外，保险人还应开展防灾技术服务活动，帮助事故发生频繁、损失额度大的投保人开展防灾技术研究。

三、保险防灾的方法

(一) 法律方法

法律方法是保险防灾管理的方法之一。它是指通过国家颁布有关的法律来实施保险防灾管理。例如，有些国家的法律规定，如投保人不加强防灾措施，保险人不仅不承担赔偿责任，还要追究投资人的法律责任。投保人、被保险人必须按约定履行其对保险标的的安全应尽的责任，否则，保险人有权增加保险费或解除合同。

(二) 经济方法

经济方法是当今世界普遍运用于保险防灾的重要方法。保险人在承保时，通常根据投保人采取的防灾措施情况来决定保险费率的高低，从而达到实施保险防灾管理的目的。换句话说，在相同的条件下，保险人通过调整保费来促进投保人从事防灾活动。对于那些防灾设施完备的投保人，采用优惠费率，即少收保险费，以资鼓励；反之，对那些懈怠于防灾，缺乏必要防灾设施的投保人，则采用较高的费率，即多收保费，以促使其加强防灾。

(三) 技术方法

保险防灾的技术方法可以从两个角度来理解：一是通过制定保险条款和保险责任等技术标准来体现保险防灾精神；二是运用科学技术成果从事保险防灾活动。

前者表现在三个方面：(1) 在设计保险条款时，订明被保险人防灾防损的义务。例如，我国现行的许多险种的保险条款，均规定被保险人必须保证保险财产的安全。(2) 在保险责任的认定上，也有防止道德风险的规定。例如，现行的保险条款中，都订有凡属被保险人的故意行为所造成的损失，保险人不负赔偿责任的条款。(3) 在保险理赔上，提出了抢救和保护受灾财产的要求。例如，财产保险合同中规定，如果灾害事故发生在保险责任范围内，被保险人应尽可能采取必要的措施进行抢救，防止灾害蔓延，对

未被破坏和损害的财产进行保护和妥善处理。没有履行这一义务而加重损失的部分，保险人不负赔偿责任。

后者通常是指保险企业专门设立防灾技术研究部门，对防灾进行技术研究。防灾技术研究部门运用有关的技术和设备对承保风险进行预测，对保险标的进行监测，研制各种防灾技术和设备以及制定有关的安全技术标准。这些防灾活动不仅使保险企业获得良好的经济效益，也使其在社会上获得了良好的声誉。由于这些保险防灾技术领先于社会防灾技术，从而促进了社会防灾技术的发展。

教学互动

（单选题）保险防灾防损的手段是（　　）。

A.对不执行或违反规定的单位和个人，可以给予行政处罚

B.对不采取措施防范风险的被保险人，不予承保或不承担赔付责任

C.对不执行或违反规定的单位和个人，可以给予经济处罚

D.对防灾对象的防灾工作提出要求，并督促检查

❖ 活动4　解读保险公司的理赔业务管理

在保险经营中，保险理赔是保险补偿职能的具体体现。理解保险理赔的含义，揭示理赔的本质和规律，可以帮助我们更好地掌握保险这个经济工具，充分发挥保险的作用。

一、保险理赔

保险理赔，是指保险人在保险标的发生风险事故后，对被保险人提出的索赔请求进行处理的行为。被保险人发生的经济损失有的属于保险风险引起的，有的则属于非保险风险引起的。即使被保险人的损失是保险风险引起的，由于存在多种因素和条件的制约，被保险人的损失不一定等于保险人的赔偿额或给付额。所以说，保险理赔涉及保险合同双方的权利与义务的实现，是保险经营的一项重要内容。

投保人投保的主要目的就是在发生保险事故的时候得到保险保障，所以保险事故发生后，保险人应及时履行赔偿、给付保险金的责任。因此，保险理赔的意义在于：（1）保险理赔能使保险的基本职能得到实现。（2）保险理赔能及时恢复被保险人的生产，安定其生活，促进社会生产的顺利进行与社会生活的安定，提高保险的社会效益。（3）保险理赔还可以检验展业承保工作的质量。

保险理赔工作主要由理赔人员完成。保险理赔人员是专门从事保险理赔工作的人员，可以分为四种类型：（1）保险公司的专职核赔人员，是指直接根据被保险人的索赔要求处理保险公司理赔事务的人；（2）保险代理人，是指接受保险公司的委托从事理赔工作的人；（3）理赔服务机构，是指某一地区保险公司联合组织的专门处理理赔案的机构，如美国的理赔局；（4）独立理赔人，是指有专业技术和经验的独立的理赔人员，如检验机构、保险公估人和律师行等。

二、保险理赔的原则

保险理赔是一项政策性极强的工作。为了贯彻保险经营方针，提高理赔质量，杜绝

“错赔、乱赔、滥赔”的现象，保险理赔应遵循以下原则：

（一）重合同、守信用的原则

保险理赔是保险人对保险合同履行义务的具体体现。在保险合同中，明确规定了保险人与被保险人的权利和义务，保险合同双方当事人应恪守合同的约定，保证合同的顺利实施。对于保险人来说，在处理各种理赔案时，应严格按照保险合同条款的规定，受理理赔案、确定损失。在计算赔偿金额时，应提供充足的证据，拒赔时，更应如此。

（二）实事求是的原则

被保险人提出的索赔案件形形色色，案发原因也错综复杂。因此，对于一些损失原因较为复杂的索赔，保险人除了遵循条款的规定外，还要实事求是、合情合理地处理，这样做才是既符合条款的规定，又遵循实事求是的原则。

微课4-5

保险理赔的原则

此外，实事求是的原则还体现在保险人的通融赔付方面。所谓通融赔付，是指按照保险合同条款的规定，本不应由保险人赔付的经济损失，由于一些其他特殊原因，保险人给予全部或部分补偿或给付。当然，通融赔付不是无原则的随意赔付，而是对保险损失补偿原则的灵活运用。

保险人在通融赔付时的要求有：（1）有利于保险业务的稳定与发展；（2）有利于维护保险公司的信誉和在市场竞争中的地位；（3）有利于社会的安定团结。

教学互动

（单选题）通融赔付是指（　　）。

A.保险人在赔付保险金的基础上对被保险人进行资金融通

B.保险人在未查明实际情况时先对被保险人进行全额赔付

C.保险人在保险金额不变的情况下降低保险人的保险费

D.保险人由于一些特殊原因，对本不应由保险人赔付的经济损失给予全部或部分补偿或给付

（三）主动、迅速、准确、合理的原则

这一原则的宗旨在于提高保险服务水平，争取更多客户。我国《保险法》第二十三条和二十五条规定：“保险人应当将核定结果通知被保险人或者受益人；属于保险责任的，在与被保险人或者受益人达成赔偿或者给付保险金的协议后十日内，履行赔偿或者给付保险金义务”；“保险人自收到赔偿或者给付保险金的请求和有关证明、资料之日起六十日内，对其赔偿或者给付保险金的数额不能确定的，应当根据已有证明和资料，可以确定的数额先予支付；保险人最终确定赔偿或者给付保险金的数额后，应当支付相应的差额”。

上述规定指出了保险人应当在法律规定和保险合同约定的期限内及时履行赔偿或给付保险金的义务，即应在理赔中坚持“八字”方针——主动、迅速、准确、合理。“主动、迅速”，是要求保险人在处理赔案时积极主动，不拖延并及时深入事故现场进行查勘，迅速计算损失金额；对属于保险责任范围内的灾害事故所造成的损失，应迅速赔付。“准确、合理”，是要求保险人在审理理赔案时，分清责任，合理定损，准确履行赔偿义务；对不属于保险责任的案件，应当及时向被保险人发出拒赔的通知书，并说明不

予赔付的理由。

三、保险理赔的程序

保险理赔的程序包括发出损失通知书、审核保险责任、进行损失调查、估算赔偿金额、赔偿给付保险金、损余处理及代位追偿等。

（一）发出损失通知书

保险事故发生后，被保险人或受益人应将事故发生的时间、地点、原因及其他有关情况，以最快的方式通知保险人，并提出索赔请求。发出损失通知书是被保险人必须履行的义务。发出损失通知书通常有时限要求，险种不同，对被保险人的要求也不同。例如，盗窃险的条款规定，被保险人在保险财产遭受保险责任范围内的盗窃损失后，应当在24小时内通知保险人，否则保险人有权不予赔偿。有的险种虽然没有明确的时限规定，但也要求被保险人在其可能做到的情况下，尽快将事故损失通知保险人。

被保险人发出损失通知的方式可以是口头的，也可用函电等其他形式，但随后应及时补发正式书面通知，并提供各种必需的索赔单证，如保险单、账册、发票、出险证明书、损失鉴定书、损失清单和检验报告等。如果损失涉及第三者责任，被保险人还需出具权益转让书给保险人，由保险人代位行使向第三者责任方追偿的权益。

接受损失通知书意味着保险人受理案件，保险人应立即将保险单与索赔内容详细核对，安排现场查勘等事项，然后将受理案件登记编号，正式立案。

（二）审核保险责任

保险人收到损失通知书后，应立即审核该索赔案件是否属于保险人的责任，其审核的内容可包括以下几方面：

1.保险单是否仍有效力

例如，我国财产保险基本险条款规定，被保险人应当履行如实告知义务，否则，保险人有权拒绝赔偿，或在解约通知书送达15日后终止保险合同。又如，在人身保险合同中，投保人在规定的时期（包括宽限期）内未缴纳保险费的，保险合同的效力将中止。除非投保人在两年内补交保险费及其利息，否则，保险合同将永久失去效力。因此，保险人在处理赔偿问题时，不可忽视这些条款的规定。

2.损失是否由所承保的风险引起

被保险人提出的损失索赔，不一定都是保险风险所引起的。因此，保险人在收到损失通知书后，应查明损失是不是保险风险所引起的。

3.损失的财产是否为保险财产

保险合同所承保的财产并非被保险人的一切财产，即使是综合险种，也会有某些财产被列入不予承保之列，例如，我国财产保险综合险条款规定，土地、矿藏、水产资源、货币、有价证券等不在保险标的范围之内；金银、珠宝、堤堰、铁路等要通过特别约定，并在保险单上载明，否则也不属于保险标的范围。可见，保险人对于被保险人的索赔财产，须依据保险单仔细审核。

4.损失是否发生在保单所载明的地点

保险人承保的损失通常有地点的限制。例如，我国的家庭财产保险条款普遍规定，只对在保单载明地点以内保险财产所遭受的损失，保险人才负责赔偿。

5.损失是否发生在保险单的有效期内

保险单上均载明了保险有效的起讫时间，损失必须在保险有效期内发生，保险人才予以赔偿。例如，我国海洋货物保险的保险期限通常是以仓至仓条款来限制的，即保险人承担责任的起讫地点，是从保险单载明的起运地发货人的仓库开始，直到保险单载明的目的地收货人仓库为止，并以货物卸离海轮后60日为最后期限。又如，责任保险中常规定“期内发生式”或“期内索赔式”的承保方式。前者是指只要保险事故发生在保险期内，不论索赔何时提出，保险人均负责赔偿；后者是指不管保险事故发生在何时，只要被保险人在保险期内提出索赔，保险人即负责赔偿。

6.要求赔偿的人是否有权提出索赔

要求赔偿的人一般应是保险单载明的被保险人，就人寿保险合同而言，应是保险单指定的受益人。因此，保险人在赔偿时，要查明被保险人或受益人的身份，以决定其有无领取保险金的资格。例如，在财产保险合同下，要查明被保险人在损失发生时，是否对于保险标的拥有保险利益。对保险标的没有保险利益的人，其索赔无效。

7.索赔是否有欺诈

保险索赔的欺诈行为往往较难察觉，保险人在理赔时应注意的问题有：索赔单证真实与否；投保人是否有重复保险的行为；受益人是否故意谋害被保险人；投保时期是否先于保险事故发生的日期等。

（三）进行损失调查

保险人审核保险责任后，应派人到出险现场进行实际勘查，了解事故情况，以便分析损失原因，确定损失程度。

1.分析损失原因

分析损失原因是调查中最重要的工作。在保险事故中，造成损失的原因通常是错综复杂的。例如，船舶发生损失的原因有船舶本身不具备适航能力、船舶机件的自然磨损、自然灾害或意外事故的影响等。只有对损失的原因进行具体分析，才能确定其是否属于保险人承保的责任范围。可见，分析损失原因的目的在于保障被保险人的利益，明确保险人的赔偿范围。

2.确定损失程度

确定损失程度时，首先，要确定损失发生之前保险财产的实际状况，特别是涉及不动产的损失时，保险人更需要详细调查有关情况。其次，要调查被损坏或损毁的财产是什么。保险人需根据被保险人提出的损失清单逐项加以查证，如对于货物短少的情况，要根据原始单据的到货数量，确定短少的数额；不能确定货物损失数量，或受损货物仍有部分完好或经加工后仍有价值的，要估算一个合理的贬值率来确定损失程度。

3.认定被保险人的求偿权利

保险合同中规定的被保险人的义务是保险人承担赔偿责任的前提条件。如果被保险人违背了这些事项，保险人可以此为由不予赔偿。例如，当保险标的的危险增加时，被保险人是否履行了通知义务；保险事故发生后，被保险人是否采取了必要的合理的抢救措施，以防止损害扩大。这些问题足以使被保险人丧失索赔的权利。

（四）估算赔偿金额

损失的估算是处理保险索赔中最困难的一个步骤。保险人在理赔中要回答这样两个问题：（1）保险财产应如何估价；（2）损失财产的价值是多少。通常，在财产保险条款中都有损失发生时如何确定保险财产价值的规定，最常见的估价方法是实际价值、重置价值和约定价值三种。在理赔时，保险人应根据保险条款规定的估价办法来确定保险财产的价值。一旦保险人确定了保险财产的估价方法，就可以对损失金额进行估算。一般在使用实际价值估价方法时，保险人必须对折旧做出估价。因此，保险人具有丰富的理赔经验和精湛的专业知识在估算赔偿金额方面是至关重要的。

（五）赔偿给付保险金

保险事故发生后，经调查属实并估算赔偿金额，保险人应立即履行赔偿给付的责任。对于人寿保险合同，只要保险人认定寿险保单是有效的；受益人的身份是合法的；保险事故的确发生了，便可在约定的保险金额内给付保险金。对于财产保险合同，保险人根据保险单类别、损害程度、标的价值、保险利益、保险金额和补偿原则等计算赔偿金额后，方可赔付。

保险人对被保险人请求赔偿或给付保险金的要求，应按照保险合同的规定办理，如保险合同没有约定，就应按照有关法律的规定办理。赔偿的方式通常是给付货币。在财产保险中，保险人也可与被保险人约定其他方式，例如恢复原状、修理、重置等。

（六）损余处理

一般来说，在财产保险中，受损的财产会有一定的残值。如果保险人按全部损失赔偿，其残值应归保险人所有，或是从赔偿金额中扣除残值部分；如果按部分损失赔偿，保险人可将损失财产折价给被保险人以充抵赔偿金额。

（七）代位追偿

如果保险事故是由第三者的过失或非法行为引起的，第三者对被保险人的损失须负赔偿责任。保险人可按保险合同的约定或法律的规定，先行赔付被保险人。然后，被保险人应当将追偿权转让给保险人，并协助保险人向第三者责任方追偿。

实践训练

2023年11月，匿名信访人向银保监会反映：S保险公司经理何某自2022年12月至2023年5月，利用收入保费不入账，对已收回应收保费保单进行违规注销处理。经查，2022年5月，该保险公司经理何某，为应付上级机构对其应收保费指标的考核，以清理死滞应收为名，向公司车险部请求清理垃圾数据。经上级公司批准后，分两次对公司200笔商业车险和50笔交强险业务进行违规批改，批退保费共计150万元。由于部分业务保险责任未终了，该公司又采取补录短期保单的方式，对未到期责任予以承保，以防止这些保单出险后无法赔付。经核实，该公司违规批退的应收以及现有存量应收中，部分保费已经收回，这部分保费未入公司财务系统，被用于账外列支。

请问：该保险公司存在什么问题？

任务3 认识再保险实务

案例导入

案例导入

1990年10月2日上午，广州白云机场发生飞机失事的空难事故。当时，一架从厦门飞往广州的客机途中被歹徒劫持，在广州白云机场着陆滑行时，出现异常，偏出主跑道，撞上了停机坪上的两架飞机。被撞的两架飞机中，一架有乘客待起飞的飞机被撞毁，一架无乘客的飞机严重受损，造成127人死亡、53人受伤、保险赔偿损失共8 000多万美元。

当时，接受中国人民保险公司再保险业务的主要是英国劳合社，劳合社赔付了其中60%的赔款，有效地发挥了风险转移的作用，大大减轻了国内保险公司的压力。

资料来源：作者根据相关资料整理。

思考题：再保险有什么作用？

❖ 活动1 认识再保险

一、再保险的含义

保险人将其承担的保险业务，以分保形式部分转移给其他保险人的，称为再保险。再保险又称分保，其实质是保险人将自己承担的风险和责任向其他保险人进行保险的行为。再保险是一种独立的保险业务种类。

再保险双方是通过订立再保险合同来建立再保险关系的。在再保险合同中，分出业务的保险公司称为分出公司、分保分出人或原保险人；接受再保险业务的保险公司称为分入公司、分保接受人或再保险人。分保接受人将接受的再保险业务再分保出去叫作转分保，分出方为转分保分出人，接受方为转分保接受人。一个保险人既可以是分保分出人，又可以是分保接受人。

在再保险合同中，分保双方责任的分配与分担是通过确定自留额和分保额来体现的，而自留额和分保额都是按危险单位来确定的。危险单位是指保险标的发生一次灾害事故可能造成的最大损失范围，它的划分既重要又复杂，应根据不同的险别和保险标的来决定。划分危险单位的关键是要和每次事故最大可能损失范围的估计联系起来考虑，其并不一定和保单份数相等同。危险单位的划分不是一成不变的，对于每一危险单位或一系列危险单位的保险责任，应由分保双方通过合同按照一定的计算基础进行分配。

分出公司根据偿付能力所确定承担的责任限额称为自留额或自负责任额；经过分保由接受公司所承担的责任限额称为分保额、分保责任额或接受额。自留额与分保额可以以保额为基础计算，也可以赔款为基础计算。计算基础不同，决定了再保险的种类不同。以保险金额为计算基础的分保方式叫比例再保险；以赔款金额为计算基础的分保方式叫非比例再保险。自留额与分保额可以用百分率表示，如自留额与分保额分别占保险金额的20%和80%；也可以用绝对数表示，如超过200万元以后的400万元。而且，根据分保双方承受能力的大小，对自留额与分保额均有一定的控制，如果保险责任超过自留额与分保额的控制线，则超过部分应由分出公司自负或另行安排分保。

案例分析

中再产险，为“保通保畅”提供再保险支持

中国财产再保险有限责任公司（以下简称“中再产险”）成立于2003年12月15日，是中国再保险（集团）股份有限公司（以下简称“中再集团”）旗下专业经营财产再保险业务的全资子公司。

作为支持货运物流保通保畅的再保险主力军，目前，中再产险在国内市场有超过30%的货运险业务再保险合同，并在包含货运险的水险业务再保险合同中担任首席再保人，首席数量居于市场首位。此外，该公司通过广泛深度参与各类再保险合同，为货运物流领域的交通工具、从业人员、营运责任、贸易信用等风险提供再保险保障。

2020年疫情发生以来，中欧班列已连续超20个月单月开行超千列，对保障国际产业链供应链的稳定发挥了重要作用。为保障中欧班列货物运输，中再产险为单一危险单位提供最高约6 000万元的再保险支持。

此外，该公司支持财产保险公司推出进口冷链新冠污染损失保险，并率先提供再保险支持，为价值40多亿元的冷链货物提供再保险保障，为进口冷链物流行业提供风险保障。

中再产险通过科技赋能实现货运物流风险减量管理，探索开展营运货车风控创新项目，通过“创新保险保障+科技赋能+风控服务”模式，助力精准化解货运物流企业经营风险，与财产保险公司和第三方科技公司合作，通过加装安全监控设备等方式实施主动风险管理，管控营运货车的行驶风险和第三者责任风险，实现风险减量，改善货运物流行业的风险状况。

资料来源：作者根据相关资料整理。

分析：中再产险持续加大保障力度、丰富保险产品供给、推动保险模式创新，多措并举为货运物流保通保畅提供再保险支持，为国家“一带一路”建设提供有力支持。

教学互动

（单选题）保险人将其承担的保险业务，以分保形式，部分转移给其他保险人的保险称为（　　）。

A.再保险　　B.共同保险　　C.特约保险　　D.互助保险

二、再保险的特征

再保险的基础是原保险，再保险的产生是基于原保险人在经营中分散风险的需要。再保险具有下列重要特征：

（一）再保险的固定性

保险人为了分散自己承保的风险，经常通过签订再保险合同，将其所承保的风险和责任的一部分转移给其他保险公司或再保险公司。再保险的固定性主要体现在再保险业务活动总是发生在保险人之间。

（二）再保险的独立性

原保险是再保险的基础，它们之间有密不可分的联系，但再保险又不同于原保险，具有相对独立性。再保险与原保险的主要区别包括：

1.合同主体不同

原保险合同主体一方是保险人，另一方是投保人（或被保险人），再保险合同主体双方均为保险人。

2.保险标的不同

原保险合同中的保险标的既可以是财产及其利益、责任和信用，也可以是人的生命与身体；再保险合同中的保险标的只能是原保险人承保被保险人的保险合同的保险责任的一部分。

3.合同性质不同

原保险合同中的财产保险合同属于补偿性质，人寿保险合同属于给付性质，再保险合同全部属于补偿性质，再保险人按合同的规定对原保险人所支付的赔款或保险金进行分摊。

教学互动

（单选题）再保险合同的主体是（　　）。

A.合同双方均为保险人　　B.合同双方均为被保险人

C.合同一方为保险人，一方为投保人　　D.合同一方为保险人，一方为经纪人

（三）再保险的合伙性

在再保险经济活动中，原保险人与再保险人具有共同利害关系，即利益共享，损失共担。再保险合同当事人之间的这种关系体现了他们之间存在合伙经营关系。其具体表现为：(1) 再保险人获得原保险人支付的分保费，原保险人获得再保险人支付的分保佣金；(2) 原保险人发生赔款，再保险人将根据再保险合同的约定分摊原保险人的赔款；(3) 原保险业务经营的盈亏由原保险人与再保险人共享或分担。

三、再保险的作用

（一）分散风险，控制损失

保险公司经营保险业务必须遵循大数法则的要求，使保险标的在数量上尽可能多，每一危险单位的保险金额尽可能均衡。但在实际经营中，保险人承保的保险标的在实物形态上千差万别，在价值上高低不等。例如，有价值量很小而危险单位较多的家庭财产保险，也有价值量大而危险单位较少的重大工程保险、核电站保险、卫星发射保险和海洋石油开发保险等，很难达到大数法则的要求。分保可以将巨额风险化为小额风险，从而达到对每个危险单位进行责任控制和对全年累积进行责任控制的目的。

（二）提高保险人承保能力

为了保障被保险人的保险利益，大多数国家的保险法都规定了保险人的保险业务量与净资产额（或实有资本金加公积金总额或偿付能力）的比例。一个小的保险公司是不能承保大额业务的，而且即使是大型保险公司，其资本额也是有限的，这样势必限制了

保险公司的承保能力。有了再保险，保险公司可通过将承保的业务分出去来提高自己的承保能力。

❖ 活动2 熟悉再保险的业务种类

一、解读比例再保险

按照责任限额计算基础划分，再保险可以分为以保险金额为责任限额计算基础的比例再保险（比例分保）和以赔款金额为责任限额计算基础的非比例再保险（非比例分保）两大类。比例再保险是指以保险金额的一定比例来确定分出公司自留额与接受公司分保额的一种再保险。比例分保又可分为成数分保和溢额分保。

（一）成数分保

成数分保是一种简单的分保方式。分保分出人以保险金额为基础，将每一危险单位按固定比例即一定成数作为自留额，其余的一定成数转让给分保接受人，保险费和保险赔款按同一比例分摊。成数分保的责任、保费和赔款的分配，表现为一定的百分比，但就具体分保合同而言，则表现为一定的金额。成数分保的分出公司和分入公司有着共同的利害关系，对每一笔业务，分出公司有盈余或亏损，分入公司也相应有盈余或亏损，这种分保方式实际上具有合伙经营的性质。

在成数分保合同中，对再保险人的数量一般没有限制，各再保险人的接受份额也不必相同，但分出公司的自留比例一般较高，通常为40%~50%。为了使再保险双方的责任控制在一定的范围内，成数分保合同对每个危险单位或每张保单都规定最高责任限额（或最高限额），分出公司和接受公司在最高责任限额内按照各自的比例承担责任。对于超过最高限额的部分，通常应列入其他合同或安排临时再保险，否则仍由分出公司自己承担。

成数分保是典型的比例再保险方式，因此具有一些明显的特点：保险合同双方利益一致；手续简便，节省费用；起不到均衡风险责任的作用；缺乏灵活性。成数分保的特点决定了其适用范围有限。一般来看，成数分保比较适用于新创办的保险公司、新开办的保险险种、互惠交换业务、各类转分保业务、集团分保业务和特殊性质的业务等。

（二）溢额分保

在溢额分保中，分出公司以保险金额为基础，规定每一危险单位的一定额度作为自留额，并将超过自留额的部分即溢额分给分入公司。分入公司按承担的溢额责任占保险金额的比例收取分保费、分摊分保赔款和分保费用等。

自留额是分出公司按业务质量的好坏和自己承担责任的能力，在订立溢额再保险合同时确定的，通常以固定数额表示。例如，承保金额为400万元，保险公司的自留额为100万元，则分保额为300万元。在溢额分保合同中，自留额与保险金额之间的比例称为自留比例，分保额与保险金额之间的比例称为分保比例，该笔业务的自留比例为25%，分保比例为75%。溢额分保中的分保比例并不是固定不变的，不同保险业务有不同的分保比例。

溢额再保险的分入公司不是无限度地接受分出公司的溢额责任，通常以自留额的一定倍数，即若干“线”数为限。这个自留额的一定倍数称为分保限额或合同限额，自留额和分保限额之和称为合同容量。假设有一个溢额再保险合同，双方约定，分出公司A的自留额为20万元，分保限额为五线，则分入公司最多接受100万元，即合同限额为100万元，合同容量为120万元。

溢额再保险与成数再保险都是比例再保险，两者的区别在于：溢额再保险的比例不是固定的，成数再保险的比例是固定的。溢额再保险便于分出公司根据危险程度的不同确定自留额，适用于各种保险业务的再保险，特别是火险和船舶险。溢额再保险对分出公司更为有利。

教学互动

（单选题）计算基础不同，决定了再保险的种类不同。以赔款金额为责任限额计算基础的分保属于（　　）。

A.比例再保险　　B.非比例再保险　　C.成数分保　　D.溢额分保

二、解读非比例再保险

非比例再保险又称超额损失分保，是指以赔款金额为责任限额计算基础的再保险。非比例再保险分为超额赔款再保险（超额赔款分保）和超额赔付率再保险（超额赔付率分保）。

（一）超额赔款分保

超额赔款分保是在超额赔款分保合同中，分保分出人与分保接受人签订协议，对每一危险单位损失或者一次巨灾事故造成的累积责任损失，规定一个自赔额，自赔额以上至一定限度由分保接受人负责。前者叫作险位超赔分保，后者叫作事故超赔分保。

1.险位超赔分保

它是以每一危险单位的赔款金额为基础确定分出公司自负赔款责任限额即自赔额，超过自赔额的一定赔款（接受公司分保责任额或险位限额），由分入公司负责。例如，某一危险单位发生赔款800万元，分出公司赔额为300万元，分入公司接受500万元的分入责任，则分出公司自赔300万元，分入公司赔付500万元。若赔款只有200万元，则全部由分出公司自赔。另外，在险位超赔分保中，通常有每次事故总赔款的限制，即每次事故再保险人最多赔付的危险单位数。一般情况下，事故总赔款限制为险位限额的2~3倍。

2.事故超赔分保

它是以一次巨灾事故中多数危险单位的积累责任为基础计算赔款，是险位超赔分保在空间上的扩展，其目的是确保分出公司在一次巨灾保险事故中财务稳定。事故超赔分保一般作为比例分保的补充，在火灾保险、海上保险、责任保险、汽车保险和意外伤害保险等方面有着广泛的运用。无论是险位超赔分保，还是事故超赔分保，分入公司可接受分出公司的全部分出责任，也可只接受部分分出责任。超过分入公司接受部分的保险责任，仍由分出公司自己负责。

（二）超额赔付率分保

超额赔付率分保是以一定时期（一般为一年）的积累责任赔付率为基础计算责任限额，即当实际赔付率超过约定的赔付率时，超过部分由分入公司负责一定限额。超额赔付率分保又称停止损失再保险或损失中止再保险。在超额赔付率分保中，正确确定赔付率限额是十分重要的。因为只有分出公司的赔付率超过规定的赔付率限额时，分入公司才负责赔偿。

通常情况下，在实收保费中，营业费用占25%，净保险费占75%。因此，划分分出公司和分入公司的责任时，可以75%的赔付率为标准：当分出公司的赔付率在75%以下时，由分出公司自己赔偿；当分出公司的赔付率超过75%时，超过部分由分入公司负责赔偿。分入公司也有接受分入责任的限额，一般为营业费用率的两倍，即50%。这就是说，分入公司仅对赔付率在75%~125%之间的赔款负责，并有赔付限额限制，在两者中以低者为限。

假设一赔付率超赔合同规定，赔付率超过75%以后的50%，由接受公司负责，并规定120万元为赔付限额。如果分出公司的净保费收入为200万元，已发生赔款160万元，则赔付率为80%。因为分出公司负责75%赔付率的赔款，即150万元，接受公司负责超过75%赔付率部分的赔款，即5%赔付率的赔款，计10万元。但倘若已发生赔款270万元，则赔付率达135%，分出公司先负责75%赔付率的赔款，计150万元，接受公司负责超过75%以后的50%赔付率的赔款，计100万元（小于120万元），超过125%赔付率部分的赔款仍由分出公司负责，计20万元。

在赔付率超赔分保合同中，经常有一项特别的规定，即再保险人对超过赔付率部分的赔款只负责若干比率，如90%或85%等，剩下比率的赔款仍由分出公司负责，这种做法称为共同再保险。共同再保险的目的是使分出公司与超过约定赔付率部分的每一赔款构成利害关系，从而防止因分出公司松懈核保核赔而损害再保险人利益。

赔付率超赔再保险是非比例再保险从点（险位超赔）到面（事故超赔）至空间（赔付率超赔）立体发展的结果。赔付率超赔再保险是以分出公司的经营成果为对象的再保险，其目的在于将分出公司可能的业务亏损控制在其财务能力的承受范围之内。所以，赔付率超赔再保险主要适用于单位损失金额不大，但损失频率较高的业务；或者损失较集中，累积责任沉重的业务，如农作物雹灾险等。

（三）超额赔款再保险费率的厘定

1.超额赔款再保险费率的构成

在众多再保险方式中，超额赔款再保险采取另定费率的单独费率制度，而成数再保险或溢额再保险则是按原保险费率的一定比例来确定再保险费率。超额赔款再保险费率与原保险费率不直接挂钩，通常按赔款成本计算。

2.超额赔款再保险费率的计算

分出公司根据过去一定时期的统计情况，计算出分出公司的赔付率，再加上包括各种营业费用在内的附加费用率。其公式一般用100/70或100/80表示，100/70即142.86%，100/80即125%。例如，公式为100/80即为（80+20）/80，其中赔款成本为80/80，附加费用为20/80，赔款成本与附加费用的总和为100/80，即125%。

常用的超额赔款再保险费率的计算方法有1年计算法、3年计算法和5年计算法。

3.超额赔款再保险保费的形式和选用

（1）固定保费

分保分出人和接受人之间协商一定的金额作为再保险费，并且在合同有效期内保持不变。这种形式在两种情况下经常应用：一种情况是在巨灾超赔分保中，因为过去的赔款经验很少，甚至没有任何赔款记录，所以采用这一办法；另一种情况是新开办或业务量很少的业务，这同样是由于赔款的经验不足，无法据以制定费率，所以采用“固定保费”的办法作为过渡，待业务发展并有了充分的赔款经验后，可逐渐转变为采取调整保费的办法。

（2）调整保费

这是将再保险保费与保险人直接业务的质和量联系起来自动地进行调整。调整的方法有两种：一是对根据保险人直接业务数量规定的费率进行调整；二是根据赔款成本并考虑安全系数和费用率，计算出再保险费率，然后在最高费率和最低费率的规定内加以调整。例如，某超赔再保险合同规定最低费率为1.5%，最高费率为4.5%。若上年度赔款成本为2%，安全系数和费用率为40%，则当年的超赔再保险费率为2.8%。若本年度赔款成本为4%，则求得的超赔再保险费率是5.6%。但是，因为合同中有最高费率4.5%的规定，所以下个年度该超赔再保险合同的保险费率应该是4.5%，而不是5.6%。

教学互动

（单选题）以每一危险单位的赔款金额为基础确定分出公司自负赔款责任限额即自赔额，超过自赔额的一定赔款（接受公司分保责任额或险位限额）由分入公司负责的保险是（　　）。

A.成数分保　　B.溢额分保　　C.险位超赔分保　　D.事故超赔分保

❖ 活动3　了解再保险业务的安排方式

再保险有临时分保、预约分保和合同分保三种基本的安排方式。

一、临时分保

临时分保是指对于保险业务的分出和分入，分出公司和分入公司均无义务约束的一种再保险安排方式。它是诞生最早的分保方式。临时再保险含有“可选择性”的意思，其合同是针对每笔再保险业务分别订立的，一般由保险公司或分保经纪人向其选定的分入公司提出再保险建议，开出“临时再保险要保书”（简称“要保书”），简要说明有关情况，包括保险标的细目、保险期限、保险费率、险别和保险金额等。分入公司收到要保书后，对有关内容，如保险利益、保险责任、双方权利和义务、分出公司的自留额和分保额等进行审查，然后决定是否接受。

临时再保险合同的订立手续繁琐，增加了营业费用的支出，一般适用于新开办的或不稳定的业务、固定再保险合同中规定除外的或不愿放入固定再保险合同的业务，以及超过固定再保险合同限额的业务。

二、预约分保

在预约分保安排方式中，分出公司对预约分保合同规定的业务是否分出，可以自由安排，无义务约束，而分入公司对合同规定的业务必须接受，无权选择。它是在临时再保险的基础上发展起来的一种再保险安排方式。预约再保险合同对分出公司来说，具有与临时分保合同类似的“选择性”，即分出公司对合同规定的业务，可以分给分入公司，也可以不分；而对分入公司来说，则具有与合同再保险合同类似的“强制性”，只要分出公司办理合同规定范围内的分保，分入公司就必须接受并承担保险责任，没有选择的余地。因此，预约再保险合同又称为临时固定再保险合同。

预约再保险合同克服了临时再保险合同手续烦琐的缺点，是对固定再保险合同的自动补充，适用于火险和水险的比例分保。

预约再保险合同与固定再保险合同一样，都是长期性合同，事先不规定合同终止日期，但合同双方当事人都有终止合同的权利。

三、合同分保

在合同分保安排方式中，分出公司和分入公司对于规定范围内的业务有义务约束，双方都无权选择。它是因临时再保险不能满足分出公司的需要而出现的一种再保险安排方式。合同再保险合同就是为固定再保险而签订的合同，是关于分出公司和分入公司双方权利、义务、再保险条件和账务处理等事项的书面契约。其特点是：凡经分出公司和分入公司议定，并在合同内明确规定的业务，分出公司必须按合同的规定向分入公司办理分保，分入公司必须接受并承担相应的保险责任。可见，合同再保险对分出公司和分入公司都有“强制性”，双方均无权选择。因此，合同分保也称为强制再保险或固定再保险。

固定再保险合同没有期限规定，是长期性合同。订约双方都有终止合同的权利，但必须在终止前的三个月向对方发出注销合同的通知。不过，在特殊情况下，如任何一方破产、所在地发生战争或不履行合同，另一方都有权通知对方立即终止合同。合同终止后，双方对在合同终止以前尚未享受的权利和履行的义务，均须如约完成。

❖ 活动4　解读再保险合同

一、再保险合同

再保险合同是指明确分出公司和分入公司之间权利与义务关系的协议。再保险合同种类繁多，不同的再保险业务种类，其再保险合同有所差别。

再保险合同在国际上并无标准格式，合同的主要条款均由当事人双方约定，经双方当事人签署后生效。合同通常由分保分出人编制，但是在单一分保接受人的情况下，也有由分保接受人编制的。一般地，在合同编制以前，双方对再保险的主要条件，都已由分保分出人用分保条约或摘要表等文件递送给再保险接受人，作为缔约的根据。

在再保险合同中，除这些已经约定的条款外，还有一些国际上通用的条款，其内容基本上为大家所熟知，所以不用事先约定，只在合同中列明。这里仅就比例再保险和非比例再保险合同的基本条款加以说明。

二、比例再保险合同的基本条款

基本条款是国际上通用的一些主要条款。比例再保险合同的基本条款包括明示的和约定俗成的两类。其中最常见的基本条款有：

（一）共命运条款

比例再保险合同规定再保险接受人要同分出保险人共命运，从而使分出保险人能充分发挥作用，在合同约定范围内灵活地开展业务。当然，这也强化了分出保险人谨慎选择业务、做好经营管理工作的责任。同时，也促使订约双方为共同利益争取良好的合作。

共命运条款的内容为：凡是有关保费收取、赔款结付、避免诉讼和提起诉讼等事项，都由分出保险人在维护共同利益的基础上做出决定，或出面签订协议，其后果由合同双方当事人共同承担。但是，对于基于分出保险人单独利益而刊登的广告、发布的公告等，再保险接受人不负共同责任，不承担所发生的费用。

（二）过失或疏忽条款

本条款规定在执行保险合同时，对分出保险人的过失或疏忽所造成的损失，再保险接受人仍应负责。而分出保险人一旦发现过失或疏忽，应立即通知再保险接受人，并迅速纠正错误。

过失或疏忽条款主要是对分出公司在办理再保险业务中由于非故意的过失或疏忽所造成的错误、遗漏或延迟，给予改正和弥补的机会。过失或疏忽条款对原保险人的诚信程度要求更高。

（三）仲裁条款

再保险合同大多是由原保险人起草，经过双方协商后达成的协议。再保险合同是按照双方各自独特的需要订立的，因此，合同的条文结构差异很大，在国际上很难提出一个统一的准则。而且，再保险合同常常涉及不同的法律制度，再保险当事人双方均为保险从业者，专业性很强，如发生争议，即使诉之于法，法官亦往往难以论断。所以，聘请有专业知识和经验的专家进行仲裁对双方更为有利。

我国的海上货物运输保险和远洋船舶保险分保合同条款规定："双方对本合同有关的一切争执应友好协商解决，如协商不能解决，则提请中国国际贸易促进委员会海事仲裁委员会仲裁，海事委员会的裁决是最终的决定，双方都应服从。"我国保险公司接受国外分入业务的分保合同一般尊重对方国家的商会或同业公会会长指定的仲裁人的仲裁，或者根据我国涉外《民法典》的规定，有争议时在第三国仲裁，并适用第三国或其他国家的法律。

裁判人究竟由谁指定，可视仲裁的险别、性质和内容等决定，并在合同中载明。裁判人的条件是立场公正、与合同本身无利害关系、具有丰富的商业知识与经验，并对保险、再保险具备专门知识等。裁判人通常由仲裁地的保险同业公会理事长或商会理事长等指定。仲裁地点通常约定在保险人所在地，也有约定在应诉方所在地的。我国船舶险和货运险等合同都规定在我国仲裁。仲裁的场所称为仲裁庭。

教学互动

（单选题）凡是有关保费收取、赔款结付、避免诉讼和提起诉讼等事项都由分出保险人在维护共同利益的基础上做出决定，或出面签订协议，其后果由合同双方当事人共同承担的条款是（　　）。

A.过失或疏忽条款　　B.仲裁条款

C.不可抗辩条款　　D.共命运条款

三、非比例再保险合同的基本条款

有些比例再保险合同的基本条款在非比例再保险合同中同样适用，但是一般不应用共命运条款。非比例再保险合同的基本条款如图4-4所示。

（一）责任恢复条款

责任恢复也是超赔分保的特点之一。在发生赔款后致使分保责任额减少的情况下，为了使原保险人获得充分保障，将分保责任额恢复至原有的额度，属于责任恢复。例如，有一个超过500 000元以后的500 000元超赔分保，其分保责任额为500 000元。现发生了750 000元的损失，超赔分保赔付了250 000元后，分保责任额由500 000元减少至250 000元。如果订有责任恢复条款，就可以在加费或免费的情况下，将分保责任额仍恢复至原有的额度，即500 000元。这样，总的分保责任额就两倍于原来的分保责任额，即1 000 000元。

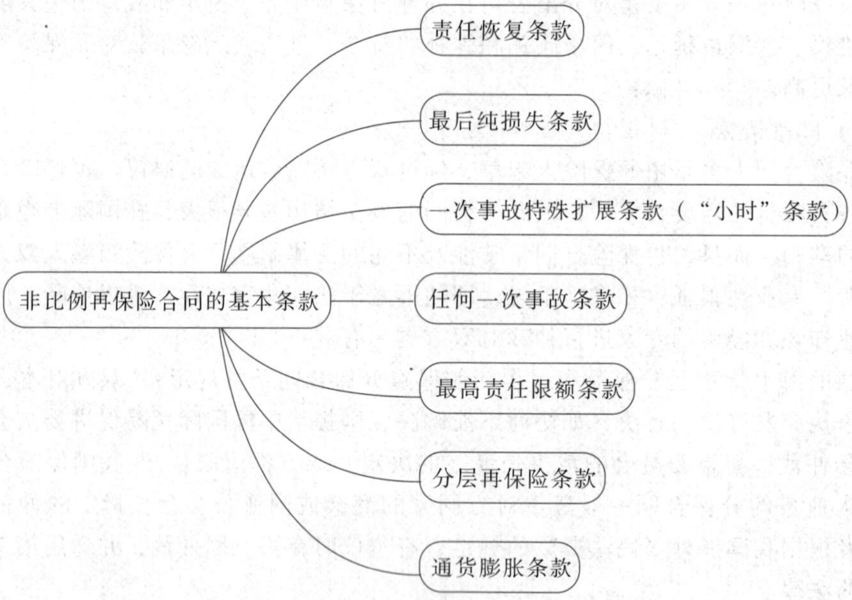

图4-4　非比例再保险合同的基本条款

1.关于恢复次数

这是对超赔分保中的事故超赔再恢复次数的限制。有的规定恢复一次分保责任额，也有的规定恢复两次。恢复次数的多少要视该超赔分保的具体成绩和市场情况而定。但有的超赔分保，如意外险的险位超赔分保合同，没有恢复次数的限制。

2.关于加费

有的规定恢复分保责任额是免费的，叫作自动恢复；有的规定以原保费的100%为基础并按实际未到期的期间来计算加费；有的规定以原保费的50%为基础并不考虑未到期的期间计算加费。

（二）最后纯损失条款

最后纯损失，是指保险人实际支付的一次事故的损失赔款净额。超赔再保险通常按确定的纯损失计算，就是说赔款中应减去损余价值和向第三者追回以及赔款后收回的其他款项。但是，再保险接受人不能因此而拖延赔付，这些收回的款项只能由分保分出人返还给再保险接受人。适用于超额赔款再保险的这个规定，是根据超赔再保险的赔款在自赔额内由原保险人自行承担而不是按责任比例分摊赔款的特点做出的。追回的款项首先归再保险接受人所有。关于最后纯损失，国际市场通用条款的基本内容为：最后纯损失是指在规定责任范围内的实际损失加上法律费用、专业技术人员费用和其他费用（不包括公司所有职工的工资和分保分出人与此有关的办公费用），减去合同项下受益的损余和追回款项或从其他分保合同摊回的赔款数额（如果有的话）后的余额。在赔款之后追回的任何金额，可以在以后调整。

（三）一次事故特殊扩展条款（“小时”条款）

现行保险条款中通常规定承保由一次事故引起的“任何一次损失，或一系列损失”，也就是一次事故引起的所有损失。例如，规定龙卷风、飓风、台风、暴风雨或冰雹持续48小时为一次事故；地震、海啸、潮汐或火山爆发持续72小时为一次事故，并有地区的限制；暴动或罢工持续72小时为一次事故，也有地区的限制。

当然，以上是指一般规定的持续“小时”数，也可以根据约定而变动，如有的合同规定冰雹持续24小时为一次事故。

（四）任何一次事故条款

这一条款是为了表述造成原保险人的最后赔款净额的任何一次事故或起因于同一原因的一系列的事故而制定，所以又称损失发生条款。它的含义为：“由同一事故造成的、不管由几张保单承保的个别损失，视为‘一次发生事故’。”例如，甲船和乙船相撞，导致乙船又撞沉两艘驳船及航标这一系列事件，即为一次事故。

（五）最高责任限额条款

最高责任限额是指超额赔款再保险对每一次事故的赔款净额，即约定由再保险接受人承担的最大金额。最高责任限额由订约双方协议确定，通常视分出保险人自负责任的大小、危险情况、业务内容、过去赔款记录和风险密集情况等因素而决定。

（六）分层再保险条款

此条款只适用于超额赔款再保险。分出分保人为了分散巨额风险，将其分割为若干层次的超额赔款再保险，使各层再保险接受人的责任限额不至于过高，还可降低再保险费率。这样，对保险人及各层再保险接受人均有利。

（七）通货膨胀条款

通货膨胀对保险业影响甚大，因为它与保险的直接承保、分保、赔款、保费、准备金和资金运用等方面都有密切的关系。近代科学技术的发展，使得风险集中，保额增大，损失率上升，出险频率和每次事故赔款的数额也大幅增加，再加上通货膨胀因素，使根据以往记录统计出来的赔款成本与实际赔款的情况不符。因为超额赔款再保险接受人的责任是净赔款超过规定数额以外的部分，这样，通货膨胀所造成的赔款上升的后果，全部落在了分保接受人身上。

超额赔款再保险接受人往往要求在合同中附加通货膨胀条款，规定其免赔额和责任额应按赔款支付时的通货膨胀率（物价指数）进行调整。在实务中，有的超额赔款再保险合同有一定的调整条件限制，如规定赔款发生赔付时的通货膨胀率与合同生效时的通货膨胀率相比较，若在10%的幅度之内，免赔额和责任额就无须进行调整；若超过10%，才进行调整等。

❖ 活动5　管理再保险业务

一、管理分入再保险业务

（一）分入再保险业务经营概述

分入再保险业务是指分保接受人接受其他保险公司所转让的风险或责任。分入业务经营管理是指为平衡风险、增加保费收入、争取盈利，对分入业务过程的计划、调节和控制，以及对分入保险业务的量、分保分出人的资信情况进行调查审核等。分入业务经营管理涉及面较广，其内容既包括承保前对分入业务的质量审核、对分保建议的审查、对分保分出人和分保经纪人资信情况的调查和研究，也包括分入业务承保后的核算与考核、对已接受业务的管理、对已注销业务的未了责任及应收未收款项的管理等。

承保前对分入业务质量的审核是再保险经营的重要环节，因为它是接受分入业务的依据，是分保业务成交的决定性工作。分入业务质量审核的项目有：分入业务来源的国家或地区的政治、经济和有关法律环境状况；业务所在地区的市场行情和趋势、保险费率和佣金等情况；分出公司提供的有关该业务过去的经营资料等。审核上述内容的目的在于避免大量分入风险因素大、风险集中和潜在损失巨大的业务。

在接受分入业务之前，对分保分出人提出的分保条件或建议，要认真分析和研究，然后做出承保决定。具体审核的主要内容包括：分出业务种类、分保的方式和方法、承保范围和地区；分出公司的自留额与分保限额；分保限额或责任限额与分保费之间的比率；支付分保费的保证条件；估计分入业务收益；保费准备金和赔款保证金；首席承保人条件等。

对分保分出人和分保经纪人资信情况和研究的内容包括：分保分出人的资金、财务力量；分保分出人在当地市场的地位和声誉；分保分出人业务经营规模、分保策略；分保分出人经营管理经验与业绩等。

分入业务承保以后，要加强对业务成绩的考核，严格检验接受业务的质量，核对和审查合同文本，做好摘要表，审好账单和结算情况，做好登记和业务统计，记录赔款处理、未决赔款和未了责任的情况，并将有关资料输入电脑。要注意与分出公司和经纪公司核对账务和办理结算。如果是通过经纪人办理结算，要特别注意账单寄送是否及时、有无截留保费和准备金等情况。对开出的信用证要加强管理，要注意货币兑换损益、兑换率的应用，密切注意通货膨胀对分入业务赔款计算的影响。

（二）承保额的确定

自留额是分出公司对于风险所承担的限额，承保额是接受公司对于分出公司转让的危险或责任所接受或承保的限额。所以，自留额和承保额都是对于风险所承担的责任限额。因此，关于确定承保额所要考虑的基本因素大致上与确定自留额考虑的基本因素相同。

根据不同的超赔分保方式，非比例分保合同的承保额的确定方式略有差别。关于财产险、水险、航空险和各种意外险的险位超赔，虽然合同的分保责任额是按每个危险单位或每次损失确定，但实际接受的承保额度应从两个方面考虑：一方面是分保责任额；另一方面是所估计的年度最高损失额减去分保费后的可能亏损额。

事故超赔一般是分层次安排分保。接受公司为了承保，可将事故超赔分为三个层次，即低层、中层和高层，分别考虑和确定关于所要接受的承保额度。层次划分的一般界限如下：低层是指预计有损失发生，且可能每年有一次赔付；中层是指仅在有较大的巨灾事故时才会有对损失的赔付，预计10年至39年的时间可能发生一次；高层是指当有严重的巨灾事故时才会有对损失的赔付，预计在40年或40年以上的时间可能发生一次。

（三）分入业务的手续

分入公司接到分出公司或经纪公司提出的分保建议，经审查后如不同意，应以电复婉言谢绝；如同意接受，应电告接受，并进行登记和填制摘要表。

对于分出公司或经纪公司寄来的分保条款、合同文本，接受公司认真核对、签署后，一份自留归卷，其余退还。接到有关修改合同条文和承保条件等函电，经审核后，应电复证实，并对摘要表有关栏目进行更改。对寄来的附约，经审核后一份自留，其余归还，自留的与合同一并归卷备查。接受公司收到业务账单，经审核无误后，要在统计表上登记，然后送会计部门记账和进行结算。

接受公司为了争取主动，在合同到期前，应在合同规定的期限内，向对方发出临时注销通知，如经洽商同意续转，可将临时注销通知撤回。如不同意续转，可将临时注销通知作为正式通知，于是分保合同告以终止。

二、管理分出再保险业务

（一）分出再保险业务管理概述

分出再保险业务管理的概念可以表述为：为了实现分出再保险业务的合理化、科学化，达到预期的最佳的经济效益目标，稳定保险人的业务经营所实施的计划、组织、指挥、协调和控制的一系列动态活动过程。分出再保险业务管理的核心是保险人的经济效益，宗旨是提高经济效益，降低费用成本和保证保险人经营稳定性，防止巨灾事故的累积责任，避免因重大事故的出现而破坏保险人的财务稳定性。

分出再保险业务管理的范围包括：自留额确定，分保原则，分保业务流程，分保手续，分保业务账单编制及分保业务的统计与分析等。分出再保险业务管理具有保险企业管理的一般特点，同时具有自身的特殊性。分出再保险业务管理的一般原则是：

1.最佳效益原则

为了实现最佳效益，需要对国际再保险市场进行调查研究，要搜集国际市场的信息，及时反馈到国内承保市场，并与直接承保部门协调合作，使直接承保环节与国际市场接轨。

2.管理现代化原则

分出再保险业务管理现代化体现为保险管理思想现代化、手段现代化和方法现代化。

3.面向国际市场的原则

面向国际市场就是在维护本国利益、本公司利益不受侵害的前提下，要按照世界同业间遵循的原则办事，要尊重国际上经营再保险业务的一般惯例。

（二）分出再保险业务的流程

1.提出分保建议

当分出合同条件确定，拟定了分保接受人的人选后，分保分出人应立即以最迅速、最准确的方式将分保条件发送给选定的接受公司或经纪公司。分保建议一般应将接受人需要了解的事实详细列明。非分保建议应提供的资料是由分保条件、统计数字、大赔款一览表和业务构成的详细资料，合同的承保范围及地区范围。分保分出人提供的信息越详尽，资料的质量越高，越有利于分保接受人做出决定，越缩短分保安排的时间。

2.办理分保手续

在分出谈判结束后，分保分出人和分保接受人双方应尽快完备缔约手续。分保分出人应在商定分保事宜后，将合同文本及摘要表或者修改条件的附件发送给接受人。每次发送的需签字的文件应一式两份或三份。合同文本及其组成部分是分保分出人和分保接受人之间签订的正式的具有法律效力的文件。合同文本一旦签订，双方的权利和义务就具有了法律依据。

3.分保赔款的处理

当分出部门接到承保部门的出险通知或赔款通知时，应先计算分保合同项下的分保接受人应承担的责任比例和赔款金额，然后向分保接受人发送出险通知。分出部门的出险通知应包括以下内容：合同名称及业务年度；保险标的名称及坐落地点；保险金额及分出比例；估计赔款金额及合同项下估计分摊金额；赔款发生日期、地点；损失原因及是否委托检验人以及可能产生的费用等。

（三）分出再保险业务的手续

分出业务手续按分保安排方法不同，可分为临时分保手续、合同分保手续及预约分保手续。

1.临时分保手续

当某笔业务需要进行临时分保时，分出部门根据已有的接受人的资料信息库，结合分出业务的性质，选择适合的接受人，发出分保建议，以保证临时分保安排的实现。

在分保账单方面，临时分保业务是由分出公司按照不同的项目逐项编制和发送的。其根据各个项目事先规定的付费方式编制账单。临时分保的分保账单项目较少，但其时效性强。临时分保账单的编制一般不迟于业务起期后的两周。按照付款方式的不同，分保账单可分为一次付清账单和分期付清账单。

临时分保的有效期限一般都在协议或分保条件中加以说明，这样临时分保一般在到期时责任终止。根据原保单，临时分保的许多业务都以12个月为一期。

2.合同分保手续

合同分保的手续与临时分保大致相同。首先，应确定分保的市场、分出的规模和选择经纪人，在选好市场后，用电传、电报或信件将分保建议及有关的资料通知或送给分保接受人，由他们考虑是否接受，然后，分保接受人和分保分出人双方用电函或书面承诺确认所接受的部分进而达成分保协议。

合同分保的安排与临时分保安排的不同之处在于：合同分保以年度为期限安排分保，而临时分保则要逐笔安排。因此，合同分保手续简单、省时、省费用。但合同分保的最初协商要比临时分保复杂得多。

在原保险业务中，发出损失通知是被保险人的义务。在合同分保业务中，并不是每一个原保险合同的损失无论数额大小一律通知分保接受人。一般在合同分保业务中，规定损失超过某一额度后，要立即通知再保险人；对于小额损失，则由分保分出人通过月报或季报通知分保接受人。

各种合同的期限在商定合同时已确定，其注销或终止方式也已明确，严格按规定办理即可。一般要注意终止和注销的时间性。在合同终止时，对于未了责任，包括未满期保费的转移和未决赔款的转移，均按议定的方式处理。

3.预约分保手续

预约分保主要适用于火险和水险的比例分保业务。对分出公司而言，主要可以增加其承保能力，在合同分保限额不足的情况下，可运用预约分保方式作为对合同分保的自动补充。在实务中，遇有大额业务时，若超过合同分保限额，则可以运用预约分保的限额，而不用与分保接受人临时磋商，逐笔分保。基于预约分保对于分保分出人具有临时性质，分保分出人将根据预约分保的业务，每月或每季提供业务清单，列明每笔业务的保户、保额和保费项目，以及赔款清单，以便分保接受人了解所承担的责任和对赔款的审核处理。

教学互动

（单选题）保险公司的分出业务由分出部门负责，其建立的基础是（　　）。

A.间接业务承保　　B.转分保　　C.联合承保　　D.直接业务承保

实践训练

一、请完成以下单选题：

1.原保险合同的承保金额为600万元，如果保险公司的自留额为100万元，则分保额为（　　）。

A.200万元　　B.300万元　　C.400万元　　D.500万元

2.原保险合同的承保金额为500万元，保险公司的自留额为100万元，则分保比例为（　　）。

A.20%　　B.40%　　C.60%　　D.80%

3.有一份溢额再保险合同，双方约定，分出公司自留额为20万元，分保限额为五线，即分入公司最多接受100万元，则合同限额为（　　）。

A.60万元　　B.80万元　　C.100万元　　D.120万元

二、假设一赔付率超赔合同规定，赔付率超过75%以后的50%，由接受公司负责，并规定120万元为赔付限额。如果分出公司的净保费收入为200万元，已发生赔款160万元。

1.赔付率为（　　）。

A.60%　　B.75%　　C.80%　　D.50%

2.接受公司负责的赔款应该是（　　）。

A.5万元　　B.10万元　　C.20万元　　D.30万元

3.倘若已发生赔款270万元，接受公司的赔款应该是（　　）。

A.100万元　　B.120万元　　C.80万元　　D.60万元

4.倘若已发生赔款270万元，分出公司的赔款应该为（　　）。

A.120万元　　B.150万元　　C.160万元　　D.170万元

三、设有超过1 000 000元以后2 000 000元的火险超赔分保，分保费固定为48 000元，两次责任恢复，保险期限为1年，保险责任从1月1日开始。2月28日，分保接受人发生一次赔款，赔款金额为1 200 000元；11月30日，分保接受人发生另一次赔款，赔款金额为800 000元。

1.按100%的原保费基础和实际未到期的期间计算2月28日的恢复责任保费为（　　）。

A.24 000元　　B.16 000元　　C.32 000元　　D.48 000元

2.按100%的原保费基础和实际未到期的期间计算11月30日的恢复责任保费为（　　）。

A.24 000元　　B.32 000元　　C.48 000元　　D.16 000元

3.按50%的原保费基础，不考虑未到期的期间计算2月28日的恢复责任保费为（　　）。

A.14 400元　　B.9 600元　　C.24 000元　　D.1 600元

4.按50%的原保费基础，不考虑未到期的期间计算11月30日的恢复责任保费为（　　）。

A.14 400元　　B.9 600元　　C.24 000元　　D.1 600元

项目小结

保险费（保费）是投保人为获得保险保障而缴纳给保险人的费用。在厘定保险费率时，保险人整体上要做到权利与义务的对等，遵循公平合理原则、充分原则、相对稳定原则、促进防灾防损原则。

管理保险公司业务要做到熟悉保险公司的投保业务管理、承保业务管理、防灾业务管理、理赔业务管理。

再保险是一种独立的保险业务种类，是指保险人将其承担的保险业务，以分保的形式部分转移给其他保险人。再保险具有固定性、独立性、合伙性等特征。

项目训练

一、单选题

1.反映一组保额损失率的稳定性采用的指标是（ ）。

A.均方差 B.算术平均值

C.均方差与算术平均值之比 D.算术平均值与均方差之比

2.倘若我们直接把平均保额损失率作为纯费率，则一般来说，赔偿金额很可能（ ）当年纯保费。

A.高于 B.低于 C.等于 D.低于或等于

3.保单失效率最高的年龄是（ ）。

A.十几岁至二十几岁 B.二十几岁至三十几岁

C.三十几岁至四十几岁 D.四十几岁至五十几岁

4.当其他情况相同时，与男性相比，女性保单的失效率（ ）。

A.更低 B.更高 C.相同 D.时高时低

5.保险防灾的经济方法是指（ ）。

A.规定投保人如不加强防灾措施，保险人不承担赔偿责任

B.规定投保人如不加强防灾措施，保险人有权增加保险费或解除合同

C.保险人在承保时，根据投保人采取的防灾措施情况来决定保险费率的高低

D.通过制定保险条款和保险责任等技术方法来体现保险防灾精神

6.再保险合同中的标的是（ ）。

A.财产及其利益

B.责任和信用

C.人的生命与身体

D.原保险人承保被保险人的保险合同的保险责任的一部分

7.以一次巨灾事故中多数危险单位的积累责任为基础计算赔款的保险是（ ）。

A.成数分保 B.溢额分保 C.险位超赔分保 D.事故超赔分保

8.有一份溢额再保险合同，双方约定，分出公司自留额为30万元，分保限额为五线，即分入公司最多接受150万元，则合同容量为（ ）。

A.180万元 B.150万元 C.120万元 D.90万元

9.在险位超赔分保中，某一危险单位发生赔款800万元，分出公司自赔额为300万元，分入公司接受500万元的分入责任，则分出公司自赔（ ）。

A.0元 B.300万元 C.500万元 D.800万元

10.在险位超赔分保中，某一危险单位发生赔款200万元，分出公司自赔额为300万元，分入公司接受500万元的分入责任，则分出公司自赔（ ）。

A.200万元 B.125万元 C.75万元 D.100万元

二、多选题

1.厘定保险费率的原则有（　　）。

A.公平合理原则　B.充分原则　C.相对稳定原则　D.促进防灾防损原则

2.影响保单失效率的因素有（　　）。

A.保单年度　B.被保险人投保时的年龄　C.保险金额

D.保费交付频率　E.性别　F.利率

3.保险人在承保时，必须评估的风险因素有（　　）。

A.实质风险　B.道德风险　C.心理风险　D.法律风险

4.保险理赔的原则有（　　）。

A.重合同、守信用的原则　B.实事求是的原则

C.主动、迅速、准确、合理的原则　D.灵活性原则

5.再保险合同的当事人有（　　）。

A.原保险人　B.经纪人　C.再保险人　D.被保险人

三、简答题

1.人寿保险营业保费的计算常用的方法有哪些？

2.保险人为投保人提供投保服务的内容有哪些？

3.简述保险理赔的程序。

4.再保险的特征有哪些？

5.简述再保险的作用。

四、综合实训

1.中国平安保险集团股份有限公司（以下简称“平安保险”）是一家以保险业为主，融证券、信托、投资为一体的综合性金融服务集团，是我国第一家国有控股的股份制保险公司，也是中国第一家有外资参股的全国性保险公司。21世纪初，平安保险又将争创“世界500强400优”视为自己的目标。平安保险吸收了中国优秀传统文化和西方现代管理思想的精华，形成了广为外界称赞的企业文化。

平安保险的企业使命是：对客户负责，服务至上，诚信保障；对员工负责，生涯规划，安居乐业；对社会负责，回馈社会，建设国家。平安保险倡导以价值最大化为导向，以追求卓越为过程，做品德高尚和有价值的人，公司形成了“诚实、信任、进取、成就”的个人价值观和“团结、活力、学习、创新”的团队价值观，平安保险为员工描绘的愿景和抱负是：成为中国企业改革的先锋和金融服务业学习的楷模，建设国际一流的综合金融服务集团。

请问：（1）哪些话描述了平安保险的生存目的？你认为对平安保险的企业生存目的的描述是否应当改进？请你用一句话描述平安保险的生存目的。

（2）在平安保险的企业使命中，哪些内容勾画了企业的经营哲学？

（3）哪些话是对企业愿景（未来展望）的描述？平安保险的企业战略目标是什么？

2.美国遭受“9·11”恐怖袭击后，保险公司也将面临赔付灾难。业内粗略估计，直接损失约有3 000亿美元，而保险公司的赔付额将达到几百亿美元。

首先面临灾难的将是世界许多大型的财产保险公司和再保险公司。它们必须赔偿世界贸易中心和周围建筑物的损失，以及大厦在修复或重建期间，因业务中断导致的利润损失。

广东某保险公估有限公司总裁吴某介绍，按目前最常用的市场评估价格，保守估计纽约世贸中心双子楼的赔付金额不低于40亿美元。大楼内各公司的办公设备、豪华装修、高价值的藏品等损失几乎“无法估计”，地下车库成千上万辆私家车也将成为保险公司赔付的主要对象，而这些曼哈顿精英们的“坐骑”大多都是名车。

寿险赔偿将创世界纪录。这次灾难中，寿险公司也不可避免面临“大出血”。吴某介绍，1998年，美国人的投保率高达132.49%，而保险密度（人均保费）为2 722美元。据统计，美国人寿保险业2000年全年保费收入为440亿美元，当年赔付额达到380亿美元。吴某说：“2001年，美国人寿保险业的赔付额将创下世界纪录”。在此之前，损失最严重的人为灾难是1992年的洛杉矶骚乱，保险赔偿高达7.75亿美元。

业内人士估计，美国国际集团、安联、慕尼黑再保险、瑞士再保险等国际性的大保险公司都将面临“大出血”。尽管此次损失不至于使一些巨型公司破产，但“后遗症”将十分明显，其日后的经营、资产质量、偿付能力都将受到影响。事发后，一些国际性的保险公司纷纷宣称自己实力雄厚，不会危及偿付能力，但日后的影响是深远的。目前，欧洲的保险公司和再保公司的股价在纽约世贸中心遇袭倒塌后纷纷下跌，最高跌幅达到10%，而股价下跌则意味着资产缩水。

请问：（1）保险公司会面临破产吗？

（2）在未来，保险公司应当如何防范风险？

附录　部分保险术语

insure保险；投保；保证

insurance保险；保险费；保险金额

insurance company保险公司

insurer保险人

insurance broker保险经纪人

insurance underwriter保险承保人

insurance applicant投保人

insurant，the insured被保险人，受保人

to cover （effect，arrange，take out）insurance投保

insurance coverage；risks covered保险范围

insurance slip投保单

insured amount保险金额

insurance against risk保险

insurance clause保险条款

insurance conditions保险条件

authorization核准

claim索赔

insurance expense保险费

premium rate保险费率

premium保险费

insurance proceeds保险金（保险收入）

insurance free of （from）particular average （FPA）平安险

insurance against all risks综合险

risk of breakage破碎险

risk of clashing碰损险

risk of rust生锈险

risk of hook damage钩损险

risk of contamination （tainting）污染险

insurance against total loss only （TLO）全损险

risk of deterioration变质险

risk of packing breakage包装破裂险

risk of spontaneous combustion 自然险
risk of contingent import duty 进口关税险
insurance against war risk 战争险
additional risks 附加险
risk of theft, pilferage and nondelivery（TRND）盗窃提货不着险
risk of fresh and/of rain water damage（wetting）淡水雨淋险
risk of leakage 渗漏险
risk of shortage in weight/quantity 短量险
risk of sweating and/or heating 受潮受热险
risk of bad odor（change of flavor）恶味险，变味险
risk of mould 发霉险
on deck risk 舱面险
overland transportation insurance, land transit insurance 陆上运输保险
insurance against air risk, air transportation insurance 航空运输保险
parcel post insurance 邮包运输保险
partial loss 部分损失
total loss 全部损失
health insurance 疾病保险，健康保险
sickness insurance 疾病保险
insurance for medical care 医疗保险
insurance during a period of illness 疾病保险
life insurance 人寿保险
endowment insurance 养老保险
insurance on last survivor 长寿保险
policy-holder 保险客户
extra premium 额外保险费
additional premium 附加保险费
insurance law 保险法
insurance act 保险条例
insurance industry 保险业
insurance division 保险部
insurance treaty 保险合同
cover note 临时保单
guarantee of insurance 保险担保书
premium rebate 保险费回扣
insurance claim 保险索赔
ceding, retrocession（for reinsurance）分保
reinsurance 分保（再保险）

ceding（insurance）company 分保公司
co-insurance company 共同保险公司
insurance document 保险单据
certificate of insurance 保险凭证
increasing coverage，extending coverage 加保
renewing coverage 续保
insurance commission 保险佣金
social insurance 社会保险
personal property insurance 个人财产保险
insurance of contents 家庭财产保险

参考文献

[1] 沈文华. 保险实务 [M]. 北京：中国人民大学出版社，2015：72-94.

[2] 胡锦娟. 保险实务 [M]. 天津：南开大学出版社，2017：1-23.

[3] 刘静. 保险理论与实务 [M]. 北京：中国科学技术大学出版社，2018：31-45.

[4] 黄素，王蓓. 人身保险实务 [M]. 2版. 北京：中国金融出版社，2018：45-67.

[5] 徐昆. 保险基础与实务 [M]. 3版. 北京：人民邮电出版社，2018：89-120.

[6] 王勇，陈辉，吕婷婷. 保险实务 [M]. 南京：东南大学出版社，2018：75-92.

[7] 李民. 保险原理与实务 [M]. 4版. 北京：中国人民大学出版社，2019：136-167.

[8] 张智勇，夏秀梅，岳书苇，等. 保险学：原理、实务、案例、实训 [M]. 北京：清华大学出版社，2019：15-32.

[9] 郑伟. 中国保险业发展报告2023 [R]. 北京：经济科学出版社，2023：331-367.

[10] 张虹，陈迪红. 保险学原理 [M]. 北京：清华大学出版社，2024：112-118.